# Materialien für den Musikunterricht in der Oberstufe

Band 3

Musik im 20. Jahrhundert

Musikwerkstatt

Arbeitsblätter, Informationen und Lösungen

Herausgegeben von

Ulrich Prinz

und

Bernd Sunten

zusammen mit

Rolf Caspari
Heinz Gallist
Adriana Hölszky
Jürgen Klenk
Peter Koch
Heinrich Kölbel
Bernd Riede

Ernst Klett Schulbuchverlag

Metzler

**Materialien
für den Musikunterricht in der Oberstufe**

Band III
Musik im 20. Jahrhundert
Musikwerkstatt
Arbeitsblätter, Informationen und Lösungen

Herausgegeben von
Prof. Dr. Ulrich Prinz
und Bernd Sunten
zusammen mit
Dr. Rolf Caspari
Heinz Gallist
Adriana Hölszky
Jürgen Klenk
Peter Koch
Heinrich Kölbel
Dr. Bernd Riede

Das Unterrichtswerk entstand in Zusammenarbeit des Schulbuchverlags
Ernst Klett und des Schroedel Schulbuchverlags

Als Begleitmaterial ist eine Hörbeispielcassette erhältlich.

## Ernst Klett Schulbuchverlag

ISBN 3 - 12 - **17875**0 - 0 (Materialband)
ISBN 3 - 12 - **17876**0 - 8 (Hörbeispielcassette)

## Schroedel Schulbuchverlag

ISBN 3 - 507-07254-8 (Materialband)
ISBN 3 - 507-07294-7 (Hörbeispielcassette)

© 1994 Ernst Klett Schulbuchverlag GmbH,
Stuttgart Düsseldorf Berlin Leipzig
und Schroedel Schulbuchverlag GmbH, Hannover
Alle Rechte vorbehalten.
Dieses Werk sowie einzelne Teile desselben sind
urheberrechtlich geschützt.
Jede Verwertung in anderen als den gesetzlich
zulässigen Fällen ist ohne vorherige schriftliche
Zustimmung der Verlage nicht zulässig.
Druck 1996, 1995, 1994
Die letzte Zahl nennt das Jahr des Drucks
Notensatz: Martin-Christoph Dieterich, Ulm
Layout: Computersatz Castera, Gehrden
Umschlagentwurf: Willy Löffelhardt
unter Verwendung einer Grafik von Adriana Hölszky
(aus: »Message« von Adriana Hölszky,
© 1993 Breitkopf & Härtel, Wiesbaden)/ Volkmar Rinke
Druck: Gulde-Druck, Tübingen
Printed in Germany

# Inhalt

Vorwort   – 7


## I. Musik im 20. Jahrhundert

**A  Wien um 1900** *(H. Gallist)*   – 8

Einführung   – 8
Das Skandalkonzert: Schönberg – Berg – Webern – Mahler   – 8
Gustav Mahler: Sinfonie Nr. 1, D-Dur   – 14
Gleichzeitigkeit des Ungleichzeitigen   – 18
Lösungen – Hinweise   – 21


**B  Stationen der Musik im 20. Jahrhundert**   – 22
*(U. Prinz, B. Riede, H. Kölbel, B. Sunten, A. Hölszky)*

Einführung I   – 22
Claude Debussy: Voiles   – 23
Claude Debussy: Prélude à l'Après-midi d'un Faune   – 24
Igor Strawinsky: Le Sacre du Printemps, ›Danse sacrale‹   – 25
Arnold Schönberg: Klavierstück, op. 19, Nr. 6   – 26
Arnold Schönberg: Suite für Klavier, op. 25, ›Trio‹   – 27
Pierre Boulez: Structure I a   – 28
Karlheinz Stockhausen: Studie II   – 29
Karlheinz Stockhausen: Zyklus für einen Schlagzeuger   – 30
Krysztof Penderecki: Anaklasis   – 31
Lösungen – Hinweise   – 32


Einführung II – Traditionsbezüge   – 35
Luigi Nono: La fabbrica illuminata   – 36
Lösungen – Hinweise   – 43
Manfred Trojahn: Architectura Caelestis   – 46
Lösungen – Hinweise   – 49
Wolfgang Rihm: Erscheinung, Skizze über Schubert   – 50
Wolfgang Rihm: Wölfli-Liederbuch   – 54
Lösungen – Hinweise   – 56
Arvo Pärt: Für Alina   – 58
Arvo Pärt: Kyrie und Christe aus der Missa sillabica   – 59
Arvo Pärt: Cantus in memory of Benjamin Britten   – 60
Lösungen – Hinweise   – 61
György Ligeti: Trio für Violine, Horn und Klavier   – 62
Lösungen – Hinweise   – 70
Adriana Hölszky: Jagt die Wölfe zurück!   – 73
Lösungen – Hinweise   – 79


Einführung III – Musikgeschichte der DDR   – 81
Friedrich Schenker: Landschaft I – Farben   – 82
Lösungen – Hinweise   – 84

## II. Musikwerkstatt

**Einführung** – 85
Generalbaß *(J. Klenk)* – 86
Überprüfen Sie Ihre Grundkenntnisse – 86
Der vierstimmige Satz – 87
Verbindung der Hauptdreiklänge – 87
Die Dreiklangsumkehrungen und weitere Akkordverbindungen – 89
Der Septakkord und seine Umkehrungen – 91
Harmoniefremde Töne und Vorhaltsbildungen – 92
Lösungen – Hinweise – 93

**Kontrapunkt** *(P. Koch)* – 96
Melodik. Vorübung zum Kontrapunkt – 96
Punctus contra punctum – Note gegen Note – 97
›Zwei, drei, vier Noten gegen eine‹ – 98
Synkopen / Vorhalte – 99
›Blühender Kontrapunkt‹ – 99
Kanon – 100
Lösungen – Hinweise – 101

**Charakteristische Melodien** *(R. Caspari)* – 103
Baupläne klassischer Themen – 103
Abwandlung klassisch-romantischer Themen – 104
Regeln für den Bau von Melodien – 105
Eine Melodie behauptet sich gegen eine Baßlinie – 106
Erfinden einer Oberstimme über einem Akkordgerüst – 107
Verwandlungen eines alten Kinderliedes – 108
Ein Evergreen begegnet seinen Verwandten – 109
It's Time for Ragtime – 110
Musikalische CharakTiere: Die Bremer Stadtmusikanten – 111
Lösungen – Hinweise – 113

**Liste der Hörbeispiele** – 117

# Vorwort

Diese »Materialien für den Musikunterricht in der Oberstufe« enthalten über 70 Arbeitsblätter, Kommentare und Lösungen. Ziel dieser Unterrichtshilfen ist ein handlungsorientierter Unterricht, der den Schülerinnen und Schülern eine möglichst selbständige Auseinandersetzung mit ausgewählten Werken und Themenstellungen ermöglicht.

Mit diesen Arbeitsblättern werden auch sinnvolle und notwendige Hausaufgaben und die Vorbereitung von Leistungsmessungen möglich. Auf diese Weise entlasten sie spürbar die Unterrichtsvorbereitung.

Die *Beiträge* konzentrieren sich auf Themen, die von den Richtlinien aller Bundesländer vorgegeben werden. Sie sind in der Unterrichtspraxis entstanden und spiegeln ganz bewußt die individuellen Ansätze und Lösungen der Autoren bei der Auseinandersetzung mit dem jeweiligen Thema wider. Sie bieten eine praxisnahe Ergänzung zu bereits eingeführten Unterrichtswerken.

Eine nuancen- und ideenreiche Methodenvielfalt entspricht der Pluralität unterschiedlicher Schüler- und Lehrermeinungen sowie individueller Hörerfahrungen und Leistungsniveaus.

Stuttgart und Hannover 1993  **Die Herausgeber**

# Wien um 1900

## Einführung

Der Beginn der Neuen Musik im ›Wien um 1900‹ ist von Konzertskandalen geprägt. Frustration, Verunsicherung und Agressionen eines Publikums, das eine Auflösung hergebrachter Werte auf allen Gebieten des Lebens erlebte. Im ›Wien um 1900‹ spielte sich die Auflösung einer Weltordnung ab. 1908 war noch das sechzigjährige Regierungsjubiläum Kaiser Franz Josephs I. gefeiert worden, zu dem sich zum letzten Mal alle Völker der Donaumonarchie zu einer festlichen Gesamtschau vereinigt hatten.

Sicherheit und Wohlstand war dieser Generation von den ›Gründervätern‹, der ›Ringstraßengesellschaft‹, mit ihrem strengen Moralkodex vererbt worden. Die ›Jungen‹ hingegen verdiskutierten Zeit und Geld im Schutzraum des Wiener Kaffeehauses, in dem sich geistige Führer wie Hermann Bahr oder der Kaffeehausliterat Peter Altenberg aufhielten, während sich wenige Straßenzüge weiter demagogisch aufgehetzte Massen erbitterte Straßenschlachten lieferten. Immer raschere Regierungswechsel offenbarten die Ohnmacht der Herrschenden, über denen der greise Kaiser wie eine unangefochtene Vaterfigur thronte und versuchte, der zunehmend erbitterten nationalistischen, antisemitischen und sozialistischen Bestrebungen Herr zu werden. Hitler, Stalin, Mussolini erhielten vor Ort in Wien jenen Anschauungsunterricht, der ihren politischen Stil in den Jahren nach dem ersten Weltkrieg prägte.

Das Theater-, Konzert- und Ausstellungspublikum dieser Zeit war an die Beständigkeit und Sicherheit gewährenden ›Klassiker‹ gewöhnt. Zur Ablenkung genoß man Operetten- und Walzerseligkeit und Heurigenmusik. Die künstlerische Abkehr von der überlieferten ›Schönheit‹ quittierte man mit heftigster Ablehnung und trieb damit die Künstler in eine geistige Isolation, eine ›innere‹ Emigration, der nach dem ersten Weltkrieg die ›äußere‹ Emigration folgte. Eine Folge dieses Boykotts war z. B. der »Verein für musikalische Privataufführungen« in Wien.

Von großer Bedeutung ist die Tatsache, daß der große Teil der intellektuellen Schicht assimilierter jüdischer Herkunft war und zum Wiener Großbürgertum zählte. In zunehmendem Maße sah sich diese Schicht den orthodoxen jüdischen Einwanderern aus galizischen »Schtedln« mit ihrem fremdländischen Aussehen und ungewohnten Gebaren gegenüber, von denen sie sich abgrenzen mußten, um ihren sozialen ›Besitzstand‹ zu wahren. Theodor Herzl (1860-1904; »Der Judenstaat. Versuch einer modernen Lösung der Judenfrage«, Wien 1896) erkannte als erster die Unvereinbarkeit beider Gruppen und forderte einen eigenen Staat für die orthodoxen Juden. Auf diesem von Angst kleinbürgerlicher Kreise und allgemeiner Unsicherheit erfüllten Boden fand der fanatische Rassenhaß Adolf Hitlers seine geistige Nahrung.

## I. Das Skandalkonzert (31. März 1913)

### Webern – Schönberg – Berg – Mahler

(Archiv der Gesellschaft der Musikfreunde in Wien)

»Bei einer turbulenten Vorstadt-Wählerversammlung kann es nicht schlimmer zugehen, können die Gegensätze der feindlichen Parteien nicht brutaleren Ausdruck finden als im gestrigen Konzerte, welches Arnold Schönberg dirigierte. Sofort nach dem ersten Teile des Programms, einem Orchesterstücke von Anton v. Webern, lieferten sich die Beifallspender und Zischer einen minutenlangen Kampf. (…) Nach dem zweiten Orchesterstücke ging ein Lachsturm durch den Saal, der von den Anhängern der nervenabspannenden und provokanten Musik mit donnerndem Applaus übertönt wurde. (…) Nach dem Op. 9 von Schönberg, seiner schon vor einigen Jahren abgelehnten Kammersymphonie, mischten sich leider in das wütende Zischen und Klatschen auch die schrillen Töne von Hausschlüsseln und Pfeifchen und auf der zweiten Galerie kam es zur ersten Prügelei des Abends. Von allen Seiten wurde nun in wüsten Schreiereien Stellung genommen und schon in dieser unnatürlich langen Zwischenpause gerieten die Gegner hart aneinander. Zwei Orchesterlieder nach Ansichtskartentexten von Peter Altenberg von Alban Berg raubten aber auch den bisher Besonnenen die Fassung (…) es ist nur der Gutmütigkeit der Wiener zuzuschreiben, daß sie sich bei ihrem Anhören mit herzlichem Lachen begnügen wollten. Dadurch aber, daß Schönberg inmitten des Liedes abklopfte und in das Publikum die Worte schrie, daß er jeden Ruhestörer mit Anwendung der öffentlichen Gewalt abführen lassen werde, kam es neuerlich zu aufregenden und wüsten Schimpfereien, Abohrfeigungen und Forderungen. (…) Das Toben und Johlen im Saale hörte nun nicht mehr auf. Es war gar kein seltener Anblick, daß irgend ein Herr aus dem Publikum in atemloser Hast und mit affenartiger Behendigkeit über etliche Parkettreihen kletterte, um das Objekt seines Zornes zu ohrfeigen.« *(Aus einer Tageszeitung, April 1913)*

*Wien um 1900 – Das Skandalkonzert*

Arbeitsblatt 1/1

# Gustav Mahler: ›Nun will die Sonn' so hell aufgeh'n!‹, Nr. 1 aus: ›Kindertotenlieder‹

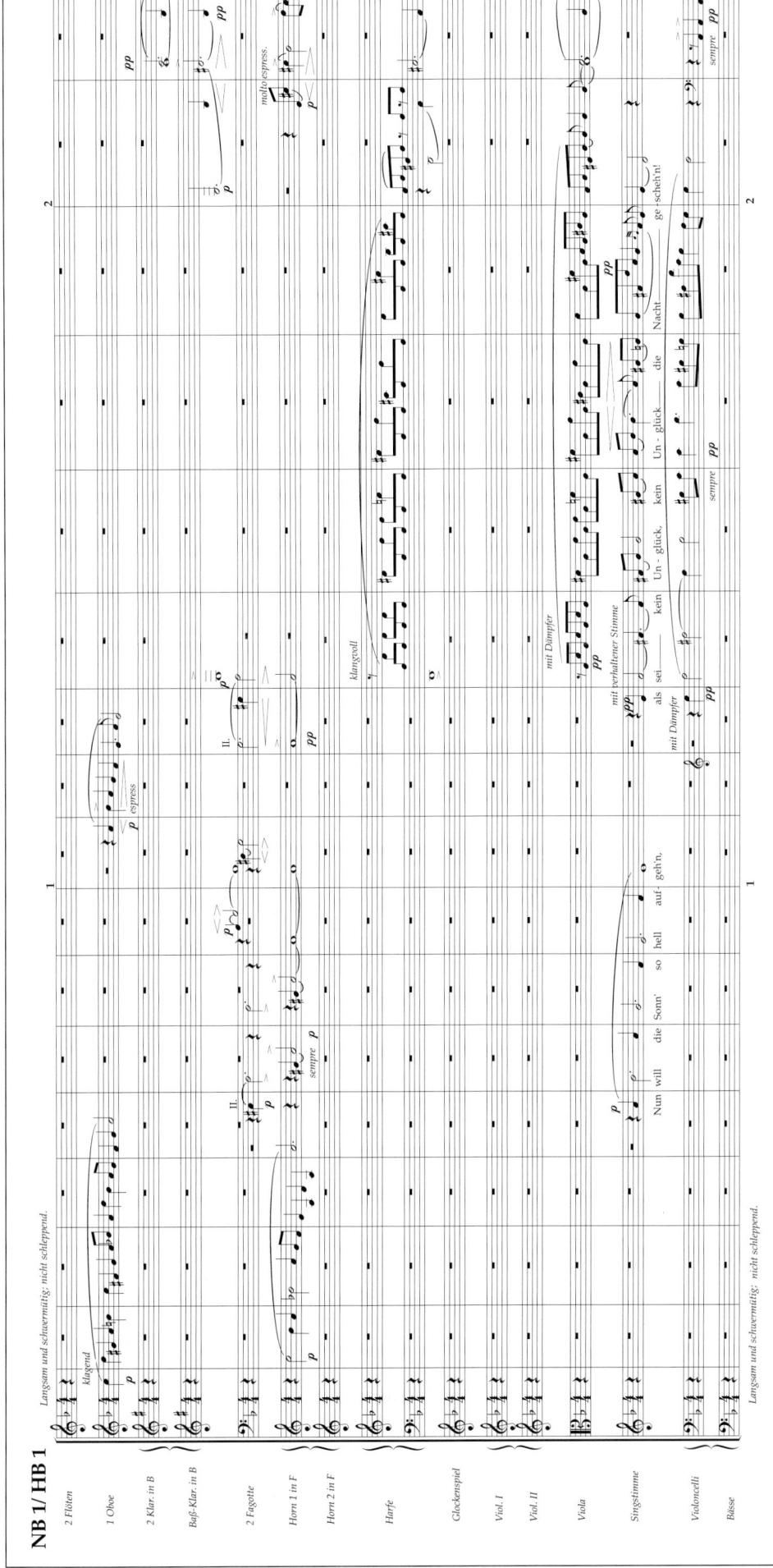

**Aufgaben**
1. Orientieren Sie sich über das Thema ›Wien um 1900‹ (vgl. Seite 8).
2. Vergleichen Sie die Behandlung der Singstimme bei MAHLER (NB 1) und BERG (NB 2).
3. Stellen Sie Beziehungen zwischen stimmlichem Ausdruck und Text her.
4. Vergleichen Sie die Instrumentation der NB 1-4. Zeigen Sie Gemeinsamkeiten und Unterschiede auf.
5. Untersuchen Sie melodische Strukturen und achten Sie dabei auf besonders häufig verwendete Intervalle. Benutzen Sie bei NB 3 den ›Akkordaufbau‹.
6. Untersuchen Sie bei WEBERN (NB 4) einzelne Tongruppen, ihre Beziehung und Verwandlung.

Arbeitsblatt 1/2

Wien um 1900 – Das Skandalkonzert

# Alban Berg: ›Über die Grenzen des All …‹, op. 4, Nr. 3

(© 1953, 1981 by Universal Edition A. G., Wien)

7. Wie sind in BERGS Lied (NB 2) der Text und die Musik gegliedert?
8. Untersuchen Sie im gleichen Lied die Anfangs- und Schlußakkorde.
9. Stellen Sie eine Verbindung zwischen den Akkorden und dem Liedtext her.
10. Finden Sie Elemente in den Beispielen von BERG, SCHÖNBERG und WEBERN heraus, die den Konzertskandal ausgelöst haben könnten.

Wien um 1900 – Das Skandalkonzert

## Arnold Schönberg: ›Kammersinfonie‹, Nr. 1, op. 9

Arbeitsblatt 1/3

NB 3
HB 3

Flöte
Oboe
Engl. Horn
Klar. in D
Klar. in A
Baß-Klar. in A
Fagott
Kontra-Fag.
1., 2. Horn in F
Viol. I
Viol. II
Viola
Violoncello
Kontrabaß

Akkordaufbau

(© 1912 by Universal Edition A. G., Wien, Copyright renewed)

Wien um 1900 – Das Skandalkonzert

# Anton von Webern: ›Sechs Stücke für Orchester‹, op. 6, Nr. 3

**NB 4**
**HB 4**

Arbeitsblatt 1/4

© 1961 by Universal Edition A. G., Wien

*Wien um 1900 – Das Skandalkonzert*

# Altenberg – Kuh – Schönberg – Schiele

**Arbeitsblatt 1/5**

PETER ALTENBERG (1859–1919), Wiener ›Kaffeehausliterat‹, Sohn eines reichen jüdischen Kaufmanns. ALTENBERG wohnte viele Jahre im »Graben-Hotel«, das noch heute eine Gedenkplakette ziert und ›residierte‹ im »Café Central«, wo er Post empfing, Briefe schrieb, korrespondierte, diskutierte und arbeitete. Er galt als Sonderling, war Vegetarier, trug eine selbst entworfene »Reformkleidung«, die heutige ›Freizeitkleidung‹, Gesundheitssandalen. Literarisch entwickelte er einen ›Telegrammstil‹ und widmete sich inhaltlich den Wünschen und Sehnsüchten der Menschen seiner Zeit, die sie selbst noch nicht an sich wahrgenommen hatten. ALTENBERG war mit fast allen Intellektuellen der Kaffeehäuser befreundet (ADOLF LOOS, KARL KRAUS, HUGO VON HOFMANNSTHAL, STEFAN ZWEIG u. a.). ALTENBERG prägte in seinem Lebensstil jenen für diese Zeit typischen Müßiggänger, diesen passiven, ganz auf Beobachtung ausgerichteten flanierenden Großstadtmenschen. Die Natur vor den Toren der Städte weitete seine Beobachtungen. Er sammelte und bildete ihre Schätze ab und gab in seinen Texten und Eindrücken die Atmosphäre der von ihm besuchten Orte wieder.

### Anton Kuh

»Was ist ein Kaffeehausliterat? Ein Mensch, der Zeit hat, im Kaffeehaus über das nachzudenken, was die anderen draußen nicht erleben.« *(ANTON KUH, 1890-1941, Zeitgeist im Literaturcafé, Wien 1983; aus: dtv Reise-Textbuch, Löcker-Verlag, Wien, München 1987, S. 120)*

*Arnold Schönberg Selbstbildnis um 1909*

### Arnold Schönberg

»Weg vom Pathos! Weg von den 24pfündigen Dauermusiken, den gebauten und konstruierten Thürmen, Felsen und sonstigen gigantischem Kram. Meine Musik muß *kurz* sein, knapp! in zwei Noten: nicht bauen, sondern *ausdrücken*!! Und das Resultat, das ich erhoffe: keine stylisierten und sterilisierten Dauergefühle. Das giebts im Menschen nicht: dem Menschen ist es *unmöglich*, nur *ein* Gefühl gleichzeitig zu haben. Man hat *tausende* auf einmal. (…) Und diese Buntheit, diese Vielgestaltigkeit, diese *Unlogik*, die die Associationen aufweisen, die irgend eine aufsteigende Blutwelle, irgend eine Sinnes- oder Nerven-Reaktion aufzeigt, möchte ich in meiner Musik haben. Sie soll Ausdruck der Empfindung sein, so wie die Empfindung wirklich ist, die uns mit unserem *Unbewußten* in Verbindung bringt und nicht wie ein Wechselbalg aus Empfindungen und ›bewußter Logik‹« *(Brief an Ferrucio Busoni, August 1909; aus: Briefwechsel zwischen Arnold Schönberg und Ferrucio Busoni 1903-1919 (1927), hrsg. von Jutta Theurich, in: Beiträge zur Musikwissenschaft 19, Verlag Neue Musik, Heft 3, Berlin 1977, S. 171)*

### Peter Altenberg

»Die Kunst ist Individualismus, und der Individualismus ist eine zerstörende, zersetzende Kraft. Darin liegt seine ungeheure Bedeutung. Denn was er zu zerstören, zu zersetzen sucht, ist die armselige Eintönigkeit des Typus, die Sklaverei der Gewohnheit, die Tyrannei der Sitte und die Erniedrigung der Menschen auf die Stufe ›Maschine‹. Thatsächlich benutzt das Publikum die Klassiker eines Landes als Mittel, den Fortschritt in der Kunst zu verhindern. Sie *degradiren* die Klassiker zu *Autoritäten*. Sie benutzen sie als Knüppel, um den *freien Ausdruck* der Schönheit in *neuen bisher unbekannten Formen* zu verhindern. Sie fragen jeden Schriftsteller, weshalb er denn nicht wie Der oder Jener schreibe, jeden Maler, weshalb er denn nicht wie Der oder Jener male. Sie vergessen die Thatsache, daß Jeder, der etwas dieser Art täte, dadurch bereits aufhöre, ein Künstler zu sein! Je vollständiger ein empfänglicher Betrachter eines Kunstwerkes seine eigenen albernen Ansichten, seine eigenen thörichten Vorurtheile, seine eigenen dummen Ideen über das, was die Kunst sein soll und nicht sein soll, unterdrücken kann, umso geeigneter ist er, das Kunstwerk zu verstehen und zu würdigen. Denn die Ideen über die Kunst sind doch naturgemäß aus dem genommen, was die Kunst eben bis zu diesem Augenblick gewesen ist, während das *neue* Kunstwerk eben dadurch schön ist, daß es ist, was die Kunst bis dahin nie gewesen ist, und wer es mit dem Maaßstabe des Vergangenen mißt, legt einen Maaßstab an, auf dessen *Überwindung* gerade seine Vollkommenheit beruht.« *(Manuskript: Wiener Stadtbibliothek; entnommen aus: Arnold Schönberg Gedenkausstellung 1974, Universal Edition, Wien 1974, S. 26)*

### Arnold Schönberg

»Kunst ist der Notschrei jener, die an sich das Schicksal der Menschheit erleben. Die nicht mit ihm sich abfinden, sondern sich mit ihm auseinandersetzen. Die nicht stumpf den Motor ›dunkle Mächte‹ bedienen, sondern sich ins laufende stürzen, um die Konstruktion zu begreifen. Die nicht die Augen abwenden, um sich vor Emotionen zu behüten, sondern sie aufreißen, um anzugehen, was angegangen werden muß. Die aber oft die Augen schließen, um wahrzunehmen, was die Sinne nicht vermitteln, um innen zu schauen, was nur scheinbar außen vorgeht. Und innen, in ihnen, ist die Bewegung der Welt; nach außen dringt nur der Widerhall: das Kunstwerk.« *(Frühe Aphorismen, Die Musik, IX, Schuster & Löffler, Leipzig 1909/10, aus: Schönberg – Webern – Berg. Bilder – Partituren – Dokumente, Ausstellungskatalog des Museums des 20. Jahrhunderts, Schweizergarten, Wien 1969, S. 16)*

11. Lesen Sie die Texte von ALTENBERG und SCHÖNBERG, und deuten Sie die Stellung des Künstlers zum Kunstschaffen und zur Kunstauffassung.

*(Wiener Stadt- und Landesbibliothek)*

12. Welche Auffassung von zeitgenössischer Kunst spricht aus dem Konzertplakat »Musikfestwoche«, das einen Teil aus einem Selbstbildnis EGON SCHIELES verwendet?

## II. Gustav Mahler: ›Sinfonie Nr. 1‹, D-Dur, 3. Satz

Die Musik GUSTAV MAHLERS stellt ein Bindeglied zwischen der romantischen Musiktradition und der Musik des zwanzigsten Jahrhunderts dar. Verständnis für diese Musik (Sinfonie Nr. 1, 3. Satz) wird erweckt durch die Verwendung eines Kinderliedes in parodistischer Manier, ferner durch die Radierung »Des Jägers Leichenbegängnis« von MORITZ V. SCHWIND (s. Seite 15). Die Materialebene bietet genügend Anhaltspunkte für MAHLERS musikalisches Denken und seinen musikgeschichtlichen Rang. Unumgänglich ist eine Einbeziehung des biographischen Umfeldes in die Betrachtung.

MAHLER (1860–1911), Böhme jüdischer Herkunft, war assimilierter Jude (übergetreten zum katholischen Glauben). Von 1875 bis 1878 studierte er am Wiener Konservatorium. 1897 wurde er Chefdirigent, wenig später Direktor der Wiener Hofoper (heutige Staatsoper), die er mit kompromißloser Strenge zu höchstem künstlerischem Niveau führte. Die gegen ihn gerichteten Angriffe und Intrigen führten zu seiner Auswanderung nach Amerika. In Wien schloß er sich dem Kreis kultureller Avantgardisten um ADOLF LOOS (»Haus am Michaelerplatz« »Ornament und Verbrechen«), GUSTAV KLIMT (Skandal der »Universitätsbilder«) und BERTA ZUCKERKANDL (bedeutender Salon, in dem sich die meisten Intellektuellen dieser Zeit trafen) an. Wichtig ist die Begegnung mit SIGMUND FREUD im Jahre 1910, den Mahler konsultierte und der an ihm neben einem übertriebenen Ordnungsdrang auch das Leiden des entwurzelten Juden feststellte. ARNOLD SCHÖNBERG pflegte zu MAHLER eine intensive Beziehung. Allerdings blieb MAHLER das revolutionäre musikalische Denken SCHÖNBERGS weitgehend fremd. Dennoch war SCHÖNBERG von dieser Persönlichkeit so beeindruckt, daß er MAHLERS Begräbnis in einem Bild festhielt, einen wichtigen Vortrag über MAHLER nach dessen Tod in Prag hielt und seine »Harmonielehre« von 1911 (Universal Edition, Wien) dem Andenken GUSTAV MAHLERS widmete:

> »Seinem Werk, seinen unsterblichen Kompositionen wollte es die Verehrung ausdrücken und bezeugen, daß, woran die gebildeten Musiker mit überlegenem Achselzucken, ja mit Verachtung vorübergehen, daß dieses Werk von einem, der vielleicht auch etwas davon versteht, angebetet wird.«

Beide Komponisten sahen sich einem Publikum konfrontiert, das sie ablehnte und beide kamen aus der romantischen Musiktradition mit allerdings unterschiedlichen Ausprägungen ihres Stils. MAHLERS Musik tönte den Zeitgenossen durch ihre Zitate und Parodien, ihre riesigen Ausmaße und den umfangreichen Orchesterapparat als banale, sentimentale Gigantomanie entgegen; SCHÖNBERGS Musik wurde als Ausgeburt eines kranken Gehirns abgelehnt. MAHLERS künstlerische Laufbahn vollzieht sich als Dirigent und Opernchef in ständiger Auseinandersetzung mit den etablierten ästhetischen Ansprüchen eines bürgerlichen Publikums (MAHLER: »Tradition ist Schlamperei«), während der Autodidakt SCHÖNBERG die Forderung der musikalischen Sache (»Kunst ist der Notschrei«; »Musik (...) soll Ausdruck der Empfindung sein«; vgl. S. 13) unbeirrbar und kompromißlos vertritt und sich gegenüber ihrer Wirkung und Publikumserfolgen blind zeigt.

### Mahlers Erste Sinfonie in Wien

#### Aufführung im philharmonischen Konzert vom 18. November 1900

»Am 18. November nun war die Aufführung von Mahlers Erster Symphonie. Seinem Werke voran hatte er die Beethovensche ›Prometheus‹ und die Schumannsche ›Manfred-Ouvertüre‹ gesetzt in der Meinung, daß das Beste dem Guten nicht schaden, sondern es nur heben und schönstens vorbereiten könne.

Nun aber die Erste! (Wehe, wenn man sich nach den Erfolgen, die Mahler immerhin mit einigen seiner Werke schon errungen hatte, in der Erwartung eines ähnlichen Beifalls gewiegt hätte!) Vom ersten Augenblick an, da Mahlers schwirrendes Flageolett-A den Saal erfüllte, war das Publikum unruhig, gelangweilt, erschreckt, hustete und räusperte sich, ja lachte vor Befremden und Nichtverstehen, kurz man wußte nicht, wie einem geschah. Am ärgsten war es im Parterre des Saales und in den Logen, wo das erbgesessene ›feine‹ Wiener Publikum zum Teil mehr aus Mode- als musikalischen Gründen den Konzerten beiwohnte. Auf den Galerien und besonders im Stehparterre war, wie immer, das bessere Auditorium, das um der Sache selbst willen kommt: Studenten, Konservatoristen und Musiker und hör- und lernbegierige Mädels, bei denen Wille und Hingabe zu folgen, nicht schon *vor* dem Hören der Wunsch zu richten und zu verdammen vorhanden ist. Hier fand sich auch ein namhafter Teil, dem Mahlers Werk Entzükken und Begeisterung einflößte, die durch den Widerspruch der andern zur hellen Flamme wurde, so daß es zu den wütenden Ausbrüchen des Für und Wider kam und beide Parteien fast tätlich über einander her fielen.

Schon nach dem ersten Satz mischte sich in den Applaus Zischen. Nach dem zweiten, der für die Leute verständlicher war, ertönte ungeteilter Beifall. Aber gar nicht zu fassen wußte sich die Hörerschaft beim ›Bruder Martin‹-Satz, wo sie geradezu hörbar lachten. Da nach dem dritten Satz keine Pause ist, dies allein verhütete, glaube ich, eine Massenflucht vor den ›Schrekken‹ des letzten Satzes, welcher gleichwohl nach dem vorigen Satz, der sie vor Verwunderung und Entsetzen ganz aus dem Häuschen gebracht hatte, fast beruhigend auf die Gemüter wirkte. Dennoch brach nach dem Schluß der größte Tumult los, in dem die Klatscher und Zischer sich gegenseitig ausdauern zu wollen schienen. Mahler, bei dem ein Zeichen des Widerspruchs sonst genügt hätte, den Taktstock hinzuwerfen und sich nicht mehr blicken zu lassen, kam doch wieder und wieder heraus, den Applaus denen, die sich so stürmisch für ihn einsetzten, zu danken. – Natürlich war es für uns, Mahlers nächste Freunde, eine Qual dem Konzert beizuwohnen. Man hörte das Werk nur noch mit den Ohren des Publikums. Alles Entzücken und seligsichere Genießen, das man bei den Proben hatte, war vorbei; man wußte im voraus jede Stelle, jedes ungewohnt klingende Instrument, welches Befremden hervorrufen würde, und wünschte nur, es möchte schon vorbei und überstanden sein. Mahler selbst sagte, daß er gleich nach der Einleitung kaum das Ende erwarten konnte und fast gedrängt war, raschere Tempi zu nehmen, damit es nur aus würde; so ansteckend wirkte selbst auf ihn die Unruhe und Mißgestimmtheit der Hörenden! Wie sehr mußte sich diese Stimmung durch Suggestion erst denen mitteilen, die das Werk nicht, wie wir, schon kannten, sondern es bei dieser Gelegenheit zum ersten Male hörten!« (*GUSTAV MAHLER. Erinnerungen von Nathalie Bauer-Lechner, hrsg. von Herbert Killian, Verlag der Musikalienhandlung Karl Dieter Wagner, Hamburg 1984, S. 176f.*)

*Wien um 1900*

# Gustav Mahler: ›Sinfonie Nr. 1‹, D-Dur, 3. Satz

**Arbeitsblatt 2/1**

MORITZ VON SCHWIND: »Des Jägers Leichenbegängnis«

**Die allgemein bekannte Melodie des Kanons »Frère Jacques«:** *mündlich überliefert*

(Liedtext siehe unten: Jöde)

**Die Fassung von Gustav Mahler im 3. Satz der 1. Sinfonie**

**Zwei Fassungen aus Kanonbüchern von Reinhold Schmidt und Fritz Jöde**

Schmidt: Bru-der Mar-tin, Bru-der Mar-tin, schläfst Du noch, schläfst Du noch? Es läu-ten die Glo-cken, es läu-ten die Glo-cken bim, bam, bum, bim, bam, bum.

(Reinhold Schmidt, aus: 50 Kanons Wien, Ph. No. 86
© Universal Edition A. G., Wien – Mit freundlicher Genehmigung)

Jöde: Mei-ster Ja-kob, Mei-ster Ja-kob, schläfst Du noch, schläfst Du noch? Hörst Du nicht die Glo-cken, hörst Du nicht die Glo-cken: Bim— bam, bim— bam.

## Aufgaben

1. Lesen Sie die Texte zu MAHLERS 1. Sinfonie (s. Seite 14), und unterstreichen Sie die wichtigsten Informationen.
2. Worin unterscheiden sich die einzelnen Melodiefassungen der obigen Notenbeispiele?

*Wien um 1900*

# Gustav Mahler: ›Sinfonie Nr. 1‹, D-Dur, 3. Satz

Arbeitsblatt 2/2

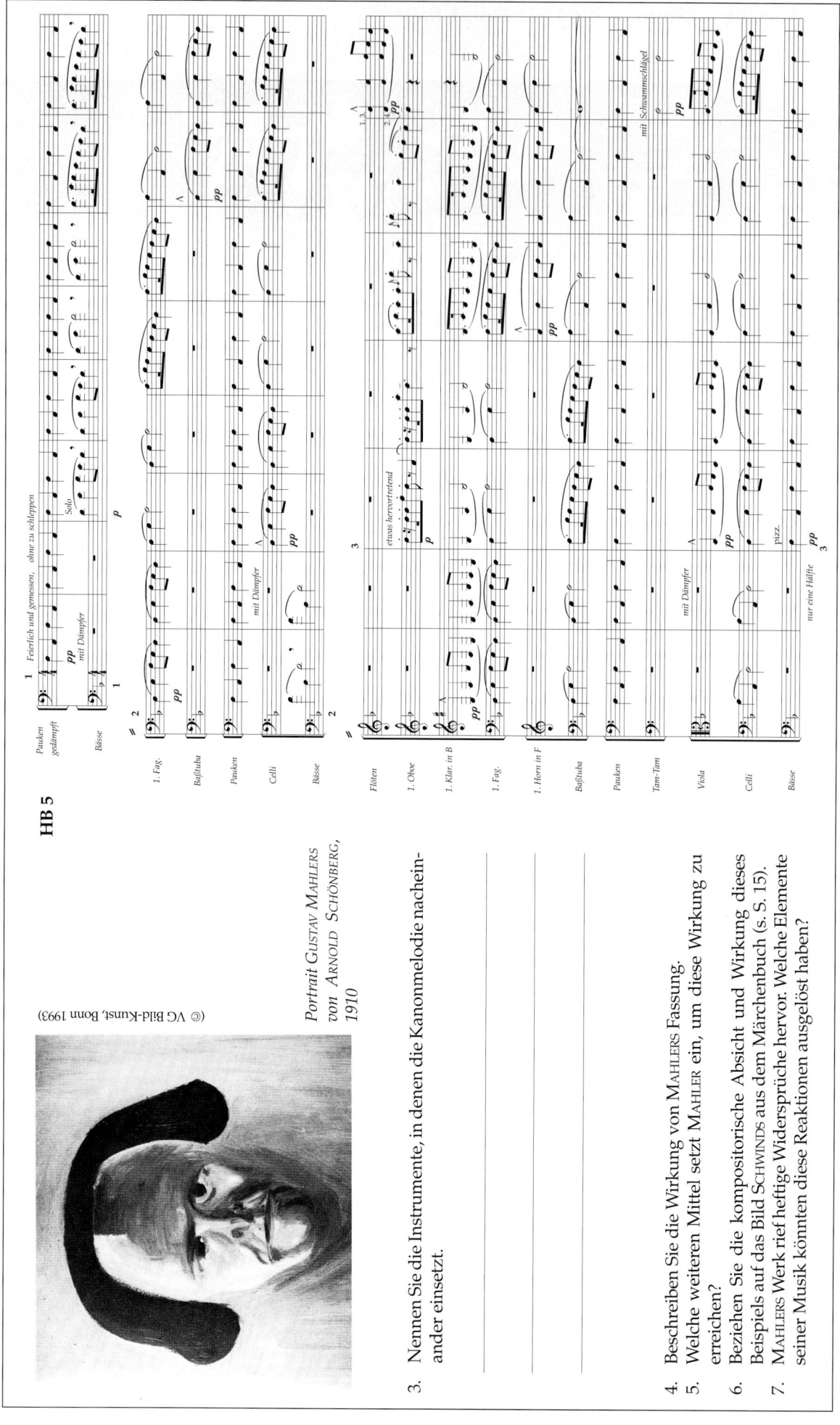

*Portrait Gustav Mahlers von Arnold Schönberg, 1910*

3. Nennen Sie die Instrumente, in denen die Kanonmelodie nacheinander einsetzt.

4. Beschreiben Sie die Wirkung von Mahlers Fassung.
5. Welche weiteren Mittel setzt Mahler ein, um diese Wirkung zu erreichen?
6. Beziehen Sie die kompositorische Absicht und Wirkung dieses Beispiels auf das Bild Schwinds aus dem Märchenbuch (s. S. 15).
7. Mahlers Werk rief heftige Widersprüche hervor. Welche Elemente seiner Musik könnten diese Reaktionen ausgelöst haben?

*Wien um 1900*

# Gustav Mahler: ›Sinfonie Nr. 1‹, D-Dur, 3. Satz

Arbeitsblatt 2/3

## III. Gleichzeitigkeit des Ungleichzeitigen

»Versuchsstation für den Weltuntergang«, »Die fröhliche Apokalypse«, »Kakanien!« Diese Schlagworte zeitgenössischer Intellektueller sollen die unfaßbaren Ereignisse der Jahre vor Ausbruch des ersten Weltkriegs konkretisieren.

Hier wurde nun zu einer fächerverbindenden Gesamtschau das Jahr 1908 gewählt mit folgenden bedeutungsvollen Ereignissen:

Der Kaiserhuldigungsfestzug zum sechzigjährigen Regierungsjubiläum des greisen Monarchen KAISER FRANZ JOSEPH I. vereinte ein letztes Mal in einer bunten Parade sämtliche Völker der bereits zerfallenden Donaumonarchie.

(Peter Urbanitsch, Wien)

Zu diesem Jubiläum gestalteten die »Wiener Werkstätten« eine Postkarte (s. Abb. u. r.). Diese Institution verarbeitete in handwerklicher Tradition edelste Materialien zu Gebrauchsgegenständen und Schmuckstücken, die von Künstlern wie KOLO MOSER, GUSTAV KLIMT oder JOSEF HOFFMANN entworfen worden waren. Zunächst für alle Bevölkerungsschichten gedacht (vgl. Katalog der »Kunstschau«, AB 3/2), waren ihre Produkte nur einer reichen, elitär denkenden Bürger- und Adelsschicht zugänglich. Im gleichen Jahr wurde die 1. Internationale Kunstschau durch GUSTAV KLIMT eröffnet, die der Präsentation zeitgenössischer Künstler dienen sollte. Das »Haus am Michaelerplatz« des Architekten ADOLF LOOS gibt ebenso programmatisch seine Forderung nach strenger Funktionalität durch Absage an jegliches schmückende Element wieder wie der Titel »Ornament und Verbrechen« seines Aufsatzes. In krassem Gegensatz steht das »Loos-Haus« zum gleichzeitig eingereichten Wettbewerbsentwurf sowie zum - die offizielle ›Baukultur‹ vertretenden - Bau des Kriegsministeriums am Stubenring.

Das Secessionsgebäude wurde 1898 von JOSEPH MARIA OLBRICH (1867–1908) erbaut. Seine versetzbaren Innenwände bieten eine optimale Darstellung künstlerischer Absichten im Gegensatz zu den herkömmlichen Museumsbauten mit ihrer Fülle von Bildern an oft nur einer einzigen Wand. Da die Pavillons der Kunstschau 1908 nur als Ausstellungsprovisorien errichtet wurden, ist das Secessionsgebäude als ›Heimat‹ des neuen Kunststils abgebildet, zu dem das Motto von KLIMTS »Nuda Veritas« eine wichtige Ergänzung bildet ebenso wie die über dem Portal angebrachten Worte: »Der Zeit ihre Kunst – Der Kunst ihre Freiheit«.

Durch die Triebkräfte des Unbewußten entriß SIGMUND FREUD erstmals mit seiner »Traumdeutung« (1900) das bislang herrschende Gefühl der Sicherheit und Geborgenheit. Die »Revolution« von OTTO FRIEDRICH zeigt, daß schöpferische Unruhe einer neuen Künstlergeneration die brüchigen Fassaden einer vermeintlich ›heilen‹ Welt schonungslos aufdeckt. EMIL KLÄGER beschrieb in »Durch die Quartiere der Not und des Verbrechens« (Hannibal Verlag, Wien o. J., S. 14), daß die Obdachlosen auch im Kanalisationssystem des Wien-Flusses, der unter dem Secessionsgebäude floß, Unterschlupf gesucht hätten. Der »Bodensatz unseres Lebens, der heimlich und ängstlich verhüllt dahinzieht unter den Wunderwerken und Prächten unserer Kultur« (Kläger, a.a.O.) ist nichts anderes als das unter der schützenden Decke des Bewußtseins bislang im Zaum gehaltene Unterbewußte, das sich zunehmend mit unberechenbaren Aktionen artikuliert. OTTO FRIEDRICHS Menschen sind die anonyme Masse, Randschichten, mit revolutionärer Energie aufgeladen und willkommenes Potential für die demagogischen Führer der neuen Massenparteien. KLÄGER, FRIEDRICH, LOOS, SCHÖNBERG, SCHIELE ging es um die Demaskierung der großen Kulturlüge, welche sich die herrschenden Kreise zu ihrer eigenen Beweihräucherung aufgebaut hatten.

Im krassen Gegensatz zu den Elendsquartieren, in denen zahlreiche Menschen auf wenigen Quadratmetern hausten, steht die ›moderne Wohnung‹ mit ihrem durchgestylten Interieur, in dem man vor lauter Unbequemlichkeit nicht mehr wohnen kann.

KAISER FRANZ JOSEPH I., *von* JOSEF DIVEKY, *Wiener Werkstätten*

*Wien um 1900*

# Gleichzeitigkeit des Ungleichzeitigen

**Arbeitsblatt 3/1**

*Wettbewerbsentwurf von ALOIS AUGENFELD für das Haus am Michaelerplatz, 1909*

*ADOLF LOOS: Haus am Michaelerplatz, Wien, 1909-1911*

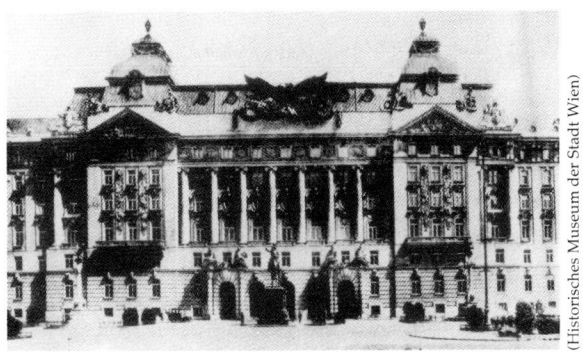

*LUDWIG BAUMANN: Kriegsministerium, Wien, Stubenring, 1909-1913*

*JOSEPH MARIA OLBRICH: Das Secessionsgebäude, 1898*

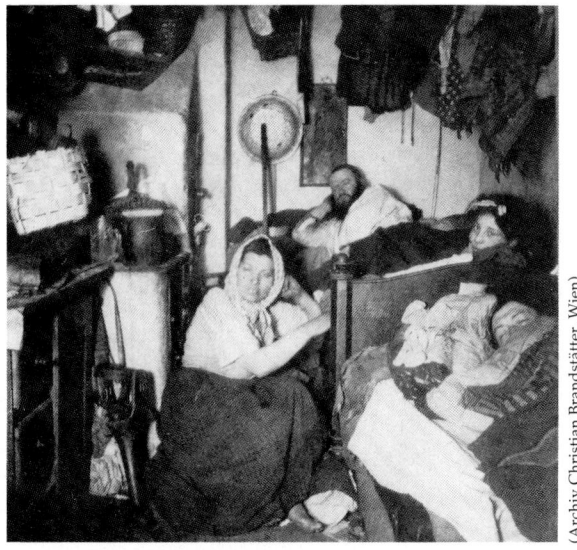

*Küche in einem Massenquartier*

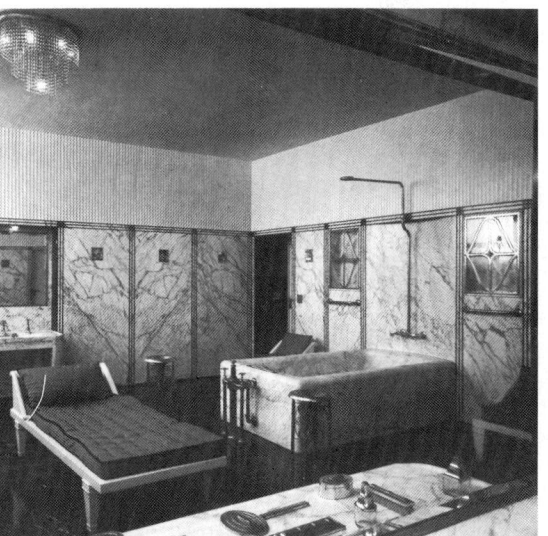

*JOSEF HOFMANN: Palais Stoclet, Brüssel, 1905-1911, Hauptbaderaum*

**Aufgaben**

1. Untersuchen Sie die ›Gleichzeitigkeit des Ungleichzeitigen‹ an den vorliegenden Bildern.

Wien um 1900

# Gleichzeitigkeit des Ungleichzeitigen

Arbeitsblatt 3/2

»Aber der mensch unserer Zeit, der aus innerem drange die wände mit erotischen symbolen beschmiert, ist ein verbrecher oder ein degenerierter. Es ist selbstverständlich, daß dieser drang menschen mit solchen degenerationserscheinungen in den anstandsorten am heftigsten überfällt. Man kann die kultur eines landes an dem grade messen, in dem die abortwände beschmiert sind. [...] Ich habe folgende erkenntnis gefunden und der welt geschenkt: evolution der Kultur ist gleichbedeutend mit dem entfernen des ornamentes aus dem gebrauchsgegenstande.«
(ADOLF LOOS: Ornament und Verbrechen, 1908, aus: Trotzdem, Verlag Georg Prachner, Wien 1982, Neuauflage 1988, S. 79)

»Das Kunstwerk ist ewig, das werk des handwerkers ist vergänglich. [...] Das kunstwerk wird geistig konsumiert, [...] der gebrauchsgegenstand wird materiell konsumiert und dadurch verbraucht. Denn ich halte es für eine barbarei, wenn man bilder angreift, aber dieselbe barbarei ist es, bierkrügeln herzustellen, die nur in die vitrine gestellt werden können.«
(ADOLF LOOS: Antworten auf Fragen aus dem Publikum, 1918, aus: Trotzdem, Verlag Georg Prachner, Wien 1982, Neuauflage 1988, S. 154)

»Adolf Loos und ich, er mit Taten und ich mit Worten, haben nichts weiter getan, als zu zeigen, daß es einen Unterschied gibt zwischen einer Urne und einem Nachttopf und daß Kultur mit diesem Unterschied zu tun hat. Die anderen aber, die Verteidiger positiver Werte, lassen sich in zwei Gruppen aufteilen: diejenigen, die eine Urne mit einem Nachttopf verwechseln, und jene, die einen Nachttopf für eine Urne halten.«
(KARL KRAUS, aus: »Nachts«, 1918 in: Ornament und Askese im Zeitgeist des Wien der Jahrhundertwende, hrsg. von Alfred Pfabigan, Verlag Christian Brandstätter, Wien 1985, S. 175)

»Wir kennen keine Unterscheidung zwischen ›hoher Kunst‹ und ›Kleinkunst‹, zwischen Kunst für die Reichen und Kunst für die Armen. Kunst ist Allgemeingut.«
(aus: CHRISTIAN M. NEBEHAY (Hrsg.): Ver sacrum 1898-1903, Edition Tusch, Wien 1975, S. 24))

»Über dem Tore wäre ein Vers geschrieben: der Vers meines Wesens, und das, was dieser Vers in Worten ist, müßten alle Farben und Linien sein und jeder Stuhl, jede Tapete, jede Lampe wären immer derselbe Vers. In einem solchen Haus würde ich überall meine Seele wie in einem Spiegel sehen. Dies wäre mein Haus. Hier könnte ich mir leben, mein eigenes Antlitz anschauend und meiner eigenen Musik lauschend.«
(HERMANN BAHR, Ver Sacrum, 1. Heft, Verlag von Gerlach & Schenk, Wien, Januar 1898)

»So häßlich kann nur ein Staat bauen, der an sich selbst nicht mehr glaubt.«
(HUGO VON HOFMANNSTHAL in: Ornament und Askese im Zeitgeist des Wien der Jahrhundertwende, a.a.O. S. 196)

»Nicht nur die Vernunft von Jahrtausenden – auch ihr Wahnsinn bricht aus uns aus.«
(FRIEDRICH NIETZSCHE)

»Wir sind keine Genossenschaft, keine Vereinigung, kein Bund, sondern haben uns in zwangloser Form eigens zum Zweck dieser Ausstellung zusammengefunden, verbunden einzig durch die Überzeugung, daß kein Gebiet menschlichen Lebens zu unbedeutend und gering ist, um künstlerischen Bestrebungen Raum zu bieten, daß, [...] auch das unscheinbarste Ding, wenn es vollkommen ausgeführt wird, die Schönheit dieser Erde vermehren hilft und daß einzig in der immer weiter fortschreitenden Durchdringung des ganzen Lebens mit künstlerischen Absichten der Fortschritt der Kultur gegründet ist. Demgemäß bietet Ihnen diese Ausstellung nicht die abschließenden Endergebnisse künstlerischer Lebensläufe. Sie ist vielmehr eine Kräfterevue österreichischen Kunststrebens, ein getreuer Bericht über den heutigen Stand der Kultur in unserem Reiche. Und weit wie den Begriff ›Kunstwerk‹ fassen wir auch den Begriff ›Künstler‹. Nicht nur die Schaffenden, auch die Genießenden heißen uns so, Sie, die fähig sind, Geschaffenes fühlend nachzuerleben und zu würdigen. Für uns heißt ›Künstlerschaft‹ die ideale Gemeinschaft aller Schaffenden und Genießenden. Und daß diese Gemeinschaft besteht und stark und mächtig ist durch ihre Jugend und Kraft und durch die Reinheit ihrer Gesinnung, das beweist die Tatsache, daß dieses Haus gebaut werden konnte, daß jetzt diese Ausstellung eröffnet werden kann.«
(GUSTAV KLIMT: Katalog der »Kunstschau Wien 1908«)

»Wahrheit ist Feuer und Wahrheit reden heißt leuchten und brennen.« (GUSTAV KLIMT: »Nuda Veritas«)

»Ein Nebenraum mit angeblich ›dekorativen‹ Malereien von Kokoschka ist mit Vorsicht zu betreten. Menschen von Geschmack sind hier einem Nervenchoc ausgesetzt«
(ADALBERT FRANZ SELIGMANN: »Die Kunstschau« 1908, in: Neue Freie Presse, Wien, 2.6.1908, S. 13f.)

»Man hatte nämlich an einigen der von Schiele gemalten Bildnisse erkannt, daß er das Innere des Menschen nach außen zu stülpen vermag, und man graute sich nun vor dem möglichen Anblick des sorgsam Verborgenen, das jauchig und milbig ist und von fressender Zersetzung ergriffen [...] Antlitze von Besessenen, deren Seelen schwären und die unsäglichen Leiden zu maskenhafter Starre gerinnen ließen. [...] Er hat die edelsteinkalten Augen in Menschengesichtern gemalt, die in den fahlen Farben der Verwesung schimmern, und den Tod unter der Haut.«
(ARTHUR ROESSLER, Arbeiter-Zeitung, Wien, 14.5.1912, Ausstellungsbesprechung)

### Aufgaben

2. LOOS, KRAUS! Suchen Sie in deren Zitaten nach Aspekten von Kunst und Gebrauchsgegenständen.
3. Beziehen Sie die herrschende ›offizielle‹ Kunstauffassung auf die Verhaltensweise gegenüber Neuer Musik. (Vgl. den Konzertbericht auf Seite 8)
4. Stellen Sie anhand einzelner Zitate eine Entwicklung der Kunstauffassung dar.
5. Suchen Sie aus historischen Zusammenhängen und den vorliegenden Zitaten Gründe für den Gegensatz von Schönheit und Wahrheit.

*Wien um 1900*

# Lösungen – Hinweise

**Zu Arbeitsblatt 1/1** (s. Aufgaben S. 9)

2. BERG: Chromatik (T. 2/3, T. 14/15, T. 19/20), rezitativisch (T. 9/10), tonloses Sprechen (T. 16).
   MAHLER: überwiegend diatonisch; Chromatik (›Schmerz‹).

3. BERG: »plötzlich ist alles aus« = tonloses Sprechen; »Sinnend« (T. 6/7) = Melisma, Chromatik, Tonwiederholungen.
   MAHLER: überwiegend Stufenmelodik (gesanglich), bei Sprüngen Dreiklangsbrechungen.

4. Spätromantisches Sinfonieorchester (MAHLER, BERG), bei BERG noch zusätzliche Instrumente (Klavier, Harmonium, Celesta); überwiegend Soloinstrumente bei SCHÖNBERG, WEBERN (ungewöhnliche Besetzung).

5. SCHÖNBERG: Quarten und Ganztonschritte
   WEBERN: Stufenschritte, Akkorde in Terzen, Quarten
   BERG: Chromatische Linien
   MAHLER: weitgehend diatonisch (kleine Intervalle).

6. Akkorde: Terzen und Quarten
   Melodisch: Halbtonschritte (Solo-Br. T. 1) erweitert zu gr. Terz (T. 2), Quarte/verm. Quint (1. Hr. T. 5), reduziert auf Tonwiederholungen (Hrf. T. 10/11), Klarinettenmotiv (T. 3) wird in T. 7/8 und T. 11 modifiziert.

**Zu Arbeitsblatt 1/2** (s. Aufgaben S. 10)

7. Drei Teile: A B A; strophenlos, ohne festes Versmaß im Text. Zentrale Achse: »Leben und Traum vom Leben« = Traum und Wirklichkeit (Bezug zum Lebensgefühl der Zeit um 1900).

8. Zwölfton-Akkord zu Beginn als gehaltener Akkord mit Farbwechsel, am Ende als allmählich aufgebauter Akkord.

9. Zwölfton-Akkord: »Grenzen des Alls« = Grenzen des tonalen Raumes; Einheit aller zwölf Töne der chromatischen Tonleiter = musikalisches »All«.

10. BERG: extreme, ›unsangliche‹ Behandlung der Singstimme.
    SCHÖNBERG: Durch Quartenschichtung fehlen tonartliche Bezüge.
    WEBERN: Knappe Motive, ungewöhnliche Klangkombinationen, extreme Kürze, Taktwechsel.

**Zu Arbeitsblatt 1/5** (s. Aufgaben S. 13)

11. ALTENBERG: Bedeutung der Kunst als individuelle, die herkömmliche Ordnung zerstörende Kraft.
    SCHÖNBERG: »Kunst ist Notschrei«, kommt aus dem Innersten des Künstlers als Widerhall der mit den Augen geschauten Außenwelt. Zwang des Schaffens.

12. Kantig, harter Ausdruck; Grimasse, Stil einer ›Maske‹, stechende Punktaugen; unangenehm bis aggressiv. (Vgl. Zitat von A. Roessler, S. 20.)

**Zu Arbeitsblatt 2/1** (s. Aufgaben S. 15)

2. SCHMIDT: Moll, 2/4 -Takt.
   JÖDE: Dur, Punktierungen, Tonwiederholungen, Quartsprung, gebrochener Dreiklang nach unten.
   MAHLER: Moll; bis auf die beiden letzten Takte Stufenmelodik; Punktierungen in T. 5/6, Oktavsprünge am Ende.

**Zu Arbeitsblatt 2/2** (s. Aufgaben S. 16)

3. Kb., 1. Fg., Vc., Baßtb., 1. Klar., Vla., 1. Hr., Fl., Baßklar. + Klar. + Englhr. + Fg., Hrf. + 3.-6.Hr.

4. Traurig, ›holprig‹, kein schnelles Tempo möglich.

5. Langsam; Pauken geben Marschrhythmus vorweg; hohe Kontrabaßmelodie (mit Dämpfer) klingt ›gequält‹, ›komisch‹.

6. Ironische Darstellung (Umkehrung der Wirklichkeit) im Bild; Musik wirkt dagegen ernst, ›gequält‹, ›komisch‹(?); Wirkung bewegt sich in ›Grauzone‹ zwischen Humor und Ernst (›gequältes Lachen‹/Grinsen); Schmerz, Trauer, Lachen sind nicht zu unterscheiden. Doppeldeutigkeit, Doppelbödigkeit, keine eindeutige Stellungnahme des Komponisten.

7. Das Vertraute erscheint in völlig neuem Zusammenhang; Abwehrreaktion aus Unsicherheit, Lachen über vermeintliche Komik der Aussage.

**Zu Arbeitsblatt 3/1** (s. Aufgabe S. 19)

1. Ornamentik/Pompöses gegen schmucklose Klarheit. Secessionsgebäude als Kunsttempel. Elend kontra Luxus.

**Zu Arbeitsblatt 3/2** (s. Aufgaben S. 20)

2. Trennung von Kunst und Gebrauchsgegenstand; Kunst ist ewig, Alltag vergänglich; Gegenstände sind nach ihrer Funktion eindeutig zu bezeichnen und zu gestalten.

3. Bewahrung der Tradition, Kultur als Darstellung von Vergangenem; Ablehnung einer Kunst, die den individuellen Ausdruck bevorzugt.

4. Kunst als Einheit von Mensch und Leben, als Zeichen menschlicher Schönheit, Lebenshilfe; Allgemeingut, gestaltet gesamtes Leben künstlerisch aus. Kunst als Ausdruck auch ›häßlicher‹ Wahrheit.

5. Allgemeine Verunsicherung durch politisch-soziales Chaos, Rückzug ins Private (›Kaffeehauskultur‹), Machtlosigkeit des Individuums gegenüber Machtansprüchen der Massenparteien. Einheit wird durch revolutionäres Gedankengut in Wissenschaften zerstört (Seele, Unterbewußtsein).

# Stationen der Musik im 20. Jahrhundert

## Einführung I

Keine Stilwende in der Musikgeschichte hat die Zeitgenossen und die folgenden Generationen - bis heute - so erschüttert wie der Umbruch zu Beginn des 20. Jahrhunderts. Hauptursache sind die harmonischen Veränderungen, die Ende des 19. Jahrhunderts zur Auflösung der Tonalität und kurz nach der Jahrhundertwende zur »Emanzipation der Dissonanz«, zur Gleichberechtigung und schließlich zur Alleinherrschaft der Dissonanz führen. Zentrum dieser Entwicklung ist die Zweite Wiener Schule (ARNOLD SCHÖNBERG, ALBAN BERG, ANTON WEBERN) mit ihrer kompromißlosen Verwirklichung der *Atonalität*: Alle 12 Halbtöne sind gleichberechtigt und werden ohne Rücksicht auf tonale Gesetze miteinander zu Akkorden verbunden oder linear fortgeführt; es gibt keinen Grundton, keine Tonart, keine tonalen Beziehungen mehr.

Nach dem Zweiten Weltkrieg greift der Entwicklungsprozeß auf das Tonsystem selbst über. Der ›natürliche‹ Ton, bisher kleinste Einheit aller musikalischen Vorgänge, wird mit Hilfe von elektronischen Geräten in seine Teil-Töne aufgelöst. Die Sinus-Schwingung wird zum kleinsten Baustein, zum Ausgangspunkt ungeahnter Klang- und Geräusch-›Synthesen‹. Das bisherige Gegensatzpaar ›tonal – atonal‹ sinkt zur Bedeutungslosigkeit ab. Auch Drittel- und Vierteltöne werden seit Ende der 50er Jahre zunehmend in Kompositionen verwendet.

Vergleicht man die musikalische Entwicklung des 20. Jahrhunderts mit der früherer Jahrhunderte, so fallen - abgesehen von der Harmonik - vor allem zwei Aspekte auf:

1. die Vielzahl der Stilrichtungen, die teils auseinander hervorgehen und bestimmte kompositorische Ansätze weiterführen, teils in bewußtem Gegensatz zueinander entstehen;

2. die Schnelligkeit, mit der sich die stilistischen Wandlungen vollziehen.

Das folgende Schaubild gibt einen Überblick über die wichtigsten Strömungen der Musik im 20. Jahrhundert. Durch die unterschiedliche Schraffierung in der Grafik werden verwandte und gegensätzliche Strömungen angedeutet.

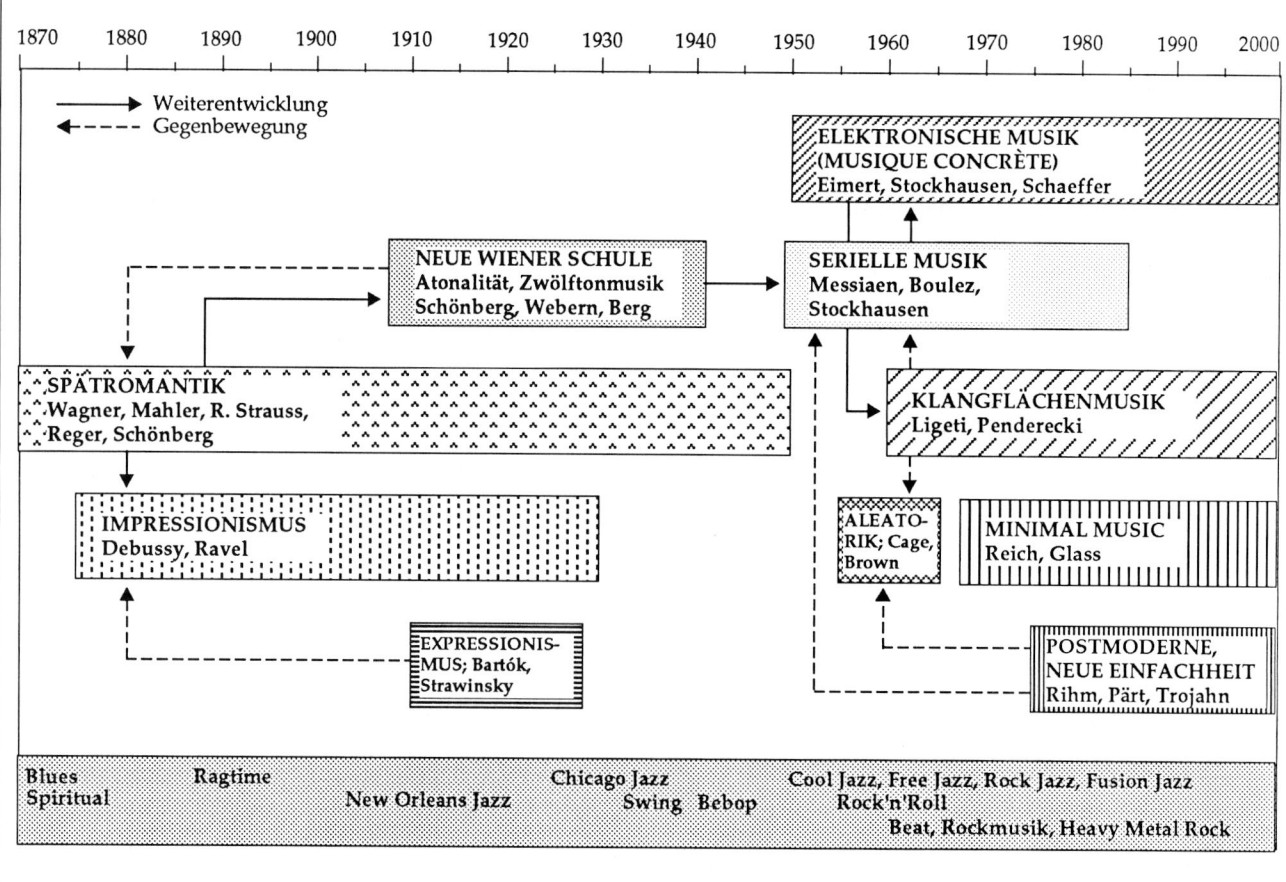

Stationen der Musik im 20. Jahrhundert

# Claude Debussy: ›Voiles‹, Nr. 2 aus: ›Préludes‹, Band I (1910)

Arbeitsblatt 4

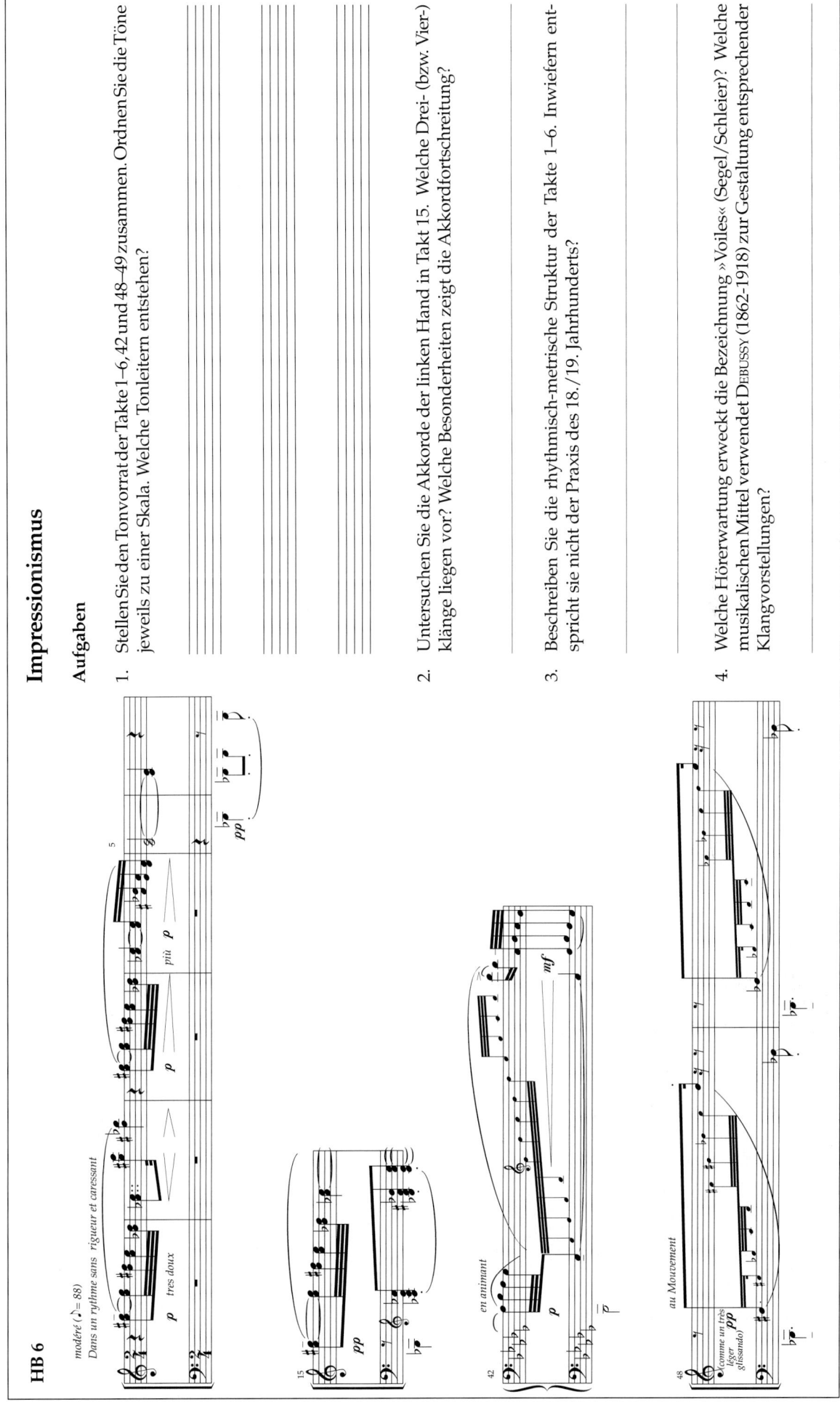

## Impressionismus

### Aufgaben

1. Stellen Sie den Tonvorrat der Takte 1–6, 42 und 48–49 zusammen. Ordnen Sie die Töne jeweils zu einer Skala. Welche Tonleitern entstehen?

2. Untersuchen Sie die Akkorde der linken Hand in Takt 15. Welche Drei- (bzw. Vier-) klänge liegen vor? Welche Besonderheiten zeigt die Akkordfortschreitung?

3. Beschreiben Sie die rhythmisch-metrische Struktur der Takte 1–6. Inwiefern entspricht sie nicht der Praxis des 18./19. Jahrhunderts?

4. Welche Hörerwartung erweckt die Bezeichnung »Voiles« (Segel/Schleier)? Welche musikalischen Mittel verwendet Debussy (1862-1918) zur Gestaltung entsprechender Klangvorstellungen?

*Stationen der Musik im 20. Jahrhundert*

# Claude Debussy: ›Prélude à l'Après-midi d'un Faune‹ (1892-94)

## Arbeitsblatt 5

## Impressionismus

Debussy schrieb seine Komposition als »Prélude« zu Stéphane Mallarmé's Gedicht »L'Après-midi d'un Faune«:

Faun - ein antiker Fruchtbarkeitsgott - erwacht an einem schwülen sizilianischen Nachmittag aus einem sinnenfrohen Traum. Unter dem Zauber seiner Syrinx (Panflöte) überläßt er sich der berauschenden Erinnerung an die schönen Nymphen, die seine Begierden erregt haben. Dann versinkt er von neuem in den Schlaf.

## Aufgaben

1. Beschreiben Sie die melodischen und rhythmischen Eigenschaften des Hauptthemas (Takt 1–4) und der beiden Themen Takt 37–39 und Takt 55-58.

2. Untersuchen Sie die Struktur der folgenden Begleitmodelle. Inwiefern schlägt sich in ihnen und in der Instrumentation des »Prélude à l'Après-midi d'un Faune« impressionistisches Klang(farben)verständnis nieder?

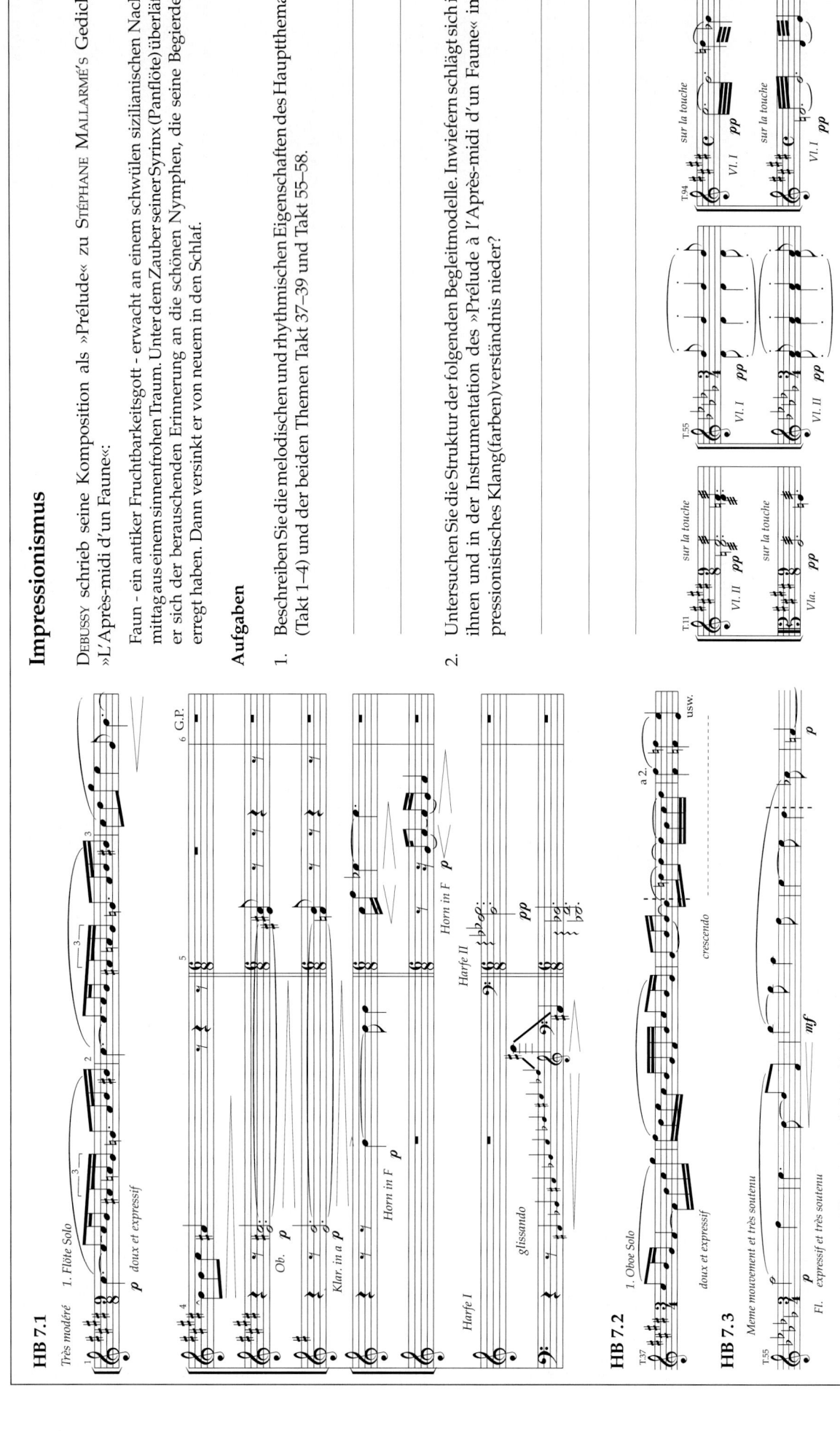

*Stationen der Musik im 20. Jahrhundert*

# Arbeitsblatt 6

## Igor Strawinsky: ›Le Sacre du Printemps‹ – ›Danse sacrale‹ (1913)

**Teil A**  Fassung des Komponisten für zwei Klaviere

HB 8

## Expressionismus

### Aufgaben

1. Musizieren Sie den rhythmischen Ablauf der ersten 15 Takte der »Danse sacrale«.

2. Beschreiben Sie anhand dieser 15 Takte rhythmisch-metrische Merkmale des Expressionismus.

3. Untersuchen Sie den Aufbau des ersten Akkords (Takt 1), und definieren Sie daran den Begriff »Bitonalität«.

4. Charakterisieren Sie die Instrumentation, den ›Klang‹ des Anfangsteils (A) nach Ihrem Höreindruck. Welche Funktion haben hier die Streicher?

5. Verfolgen Sie beim Hören der »Danse sacrale« den formalen Aufbau des Stückes.

(© 1921 Russischer Musikverlag; Copyright assignes 1947 to Boosey & Hawkes Inc. for all countries Mit freundlicher Genehmigung des Verlages Boosey & Hawkes GmbH, Bonn)

Das Ballett »Le Sacre du Printemps« stellt eine Reihe mythologischer Szenen aus dem heidnischen Rußland dar. In der abschließenden »Danse sacrale« wird ein auserwähltes Mädchen dem Frühlingsgott geopfert.

*Stationen der Musik im 20. Jahrhundert*

# Arnold Schönberg: Klavierstück, op. 19, Nr. 6 (1911)

**Arbeitsblatt 7**

## Atonalität, Klangzentrum

**HB 9**

[Notenbeispiel: Klavierstück op. 19 Nr. 6, Sehr langsam, Takte 1–9]

(© 1913 by Universal Edition A. G., Wien, Copyright renewed)

Der Musikwissenschaftler und -pädagoge HERMANN ERPF definiert 1927:

»Die Technik des Klangzentrums hat als wesentliches Merkmal einen nach Intervallzusammenhang, Lage im Tonraum und Farbe bestimmten Klang, der im Zusammenhang nach kurzen Zwischenstrecken immer wieder auftritt. Dadurch gewinnt dieser Klang, der meist ein dissonanter Vielklang von besonderem Klangreiz ist, in einem gewissen Sinn den Charakter eines klanglichen Zentrums. […] Nachdem der Eindruck sich festgesetzt hat, sind Abwandlungen selbst am Zentralklang möglich, ohne daß der Zusammenhang gestört wird.« (HERMANN ERPF: *Studien zur Harmonie- und Klangtechnik der neuen Musik*, Breitkopf & Härtel, Leipzig 1927, S. 122 und 198)

**Aufgaben**

1. Bestimmen Sie den *Zentralklang* im Klavierstück, op. 19, Nr. 6. Wieviel-stimmig ist er?

2. Markieren Sie den Zentralklang überall dort im Notenbeispiel, wo er unverändert vorkommt.

3. Wo treten Abwandlungen des Zentralklangs auf? Markieren Sie sie im Notenbeispiel mit ähnlichen Farben. Worin weichen die Abwandlungen vom Originalklang ab?

4. Markieren Sie alle - auch noch so kleinen - Melodiebewegungen im Notenbeispiel mit anderer Farbe.

5. Vermag das Klangzentrum Ihrem Höreindruck nach in ähnlicher Weise ›Einheit‹ zu stiften wie in der Musik des 18. und 19. Jahrhunderts die *Tonika*?

6. SCHÖNBERG schrieb das Klavierstück, op. 19, Nr. 6 unter dem Eindruck der Nachricht vom Tode GUSTAV MAHLERS (1860-1911). Versuchen Sie, die Komposition von diesem Gesichtspunkt her zu interpretieren.

*Stationen der Musik im 20. Jahrhundert*

**Arbeitsblatt 8**

# Arnold Schönberg: Suite für Klavier, op. 25 – ›Trio‹ (1924)

## Atonalität, Zwölftontechnik

Kompositionsprinzipien der Zwölftonmethode:
- Der Komponist bildet aus den 12 chromatischen Tönen eine *Reihe*. Kein Ton darf wiederkehren, bevor nicht die übrigen 11 erklungen sind.
- Die Reihe kann in der *Originalgestalt* (R), im *Krebs* (K), in der *Umkehrung* (U) und in der *Umkehrung des Krebses* (UK) verwendet werden (Modi).
- Die *Modi* können auf jeden Ton der chromatischen Tonleiter transponiert werden (t steht für Transposition).
- Die einzelnen Töne können nach oben und unten oktavversetzt werden.
- Die Rhythmisierung der Reihe und ihrer Modi ist frei.

### Aufgaben

1. Führen Sie die angefangenen Modi zu Ende.
2. Markieren Sie alle »B-A-C-H«-Zitate (auch deren Umkehrungen und Krebsformen).
3. Analysieren Sie das »Trio« auf seinen Reihenablauf hin. Markieren Sie die Modi im Notenbeispiel mit unterschiedlichen Farben.
4. Welche polyphone Kompositionstechnik verwendet SCHÖNBERG im »Trio«?
5. Erfinden Sie eine eigene Zwölftonreihe. Versuchen Sie damit eine kurze Zwölfton-Komposition!

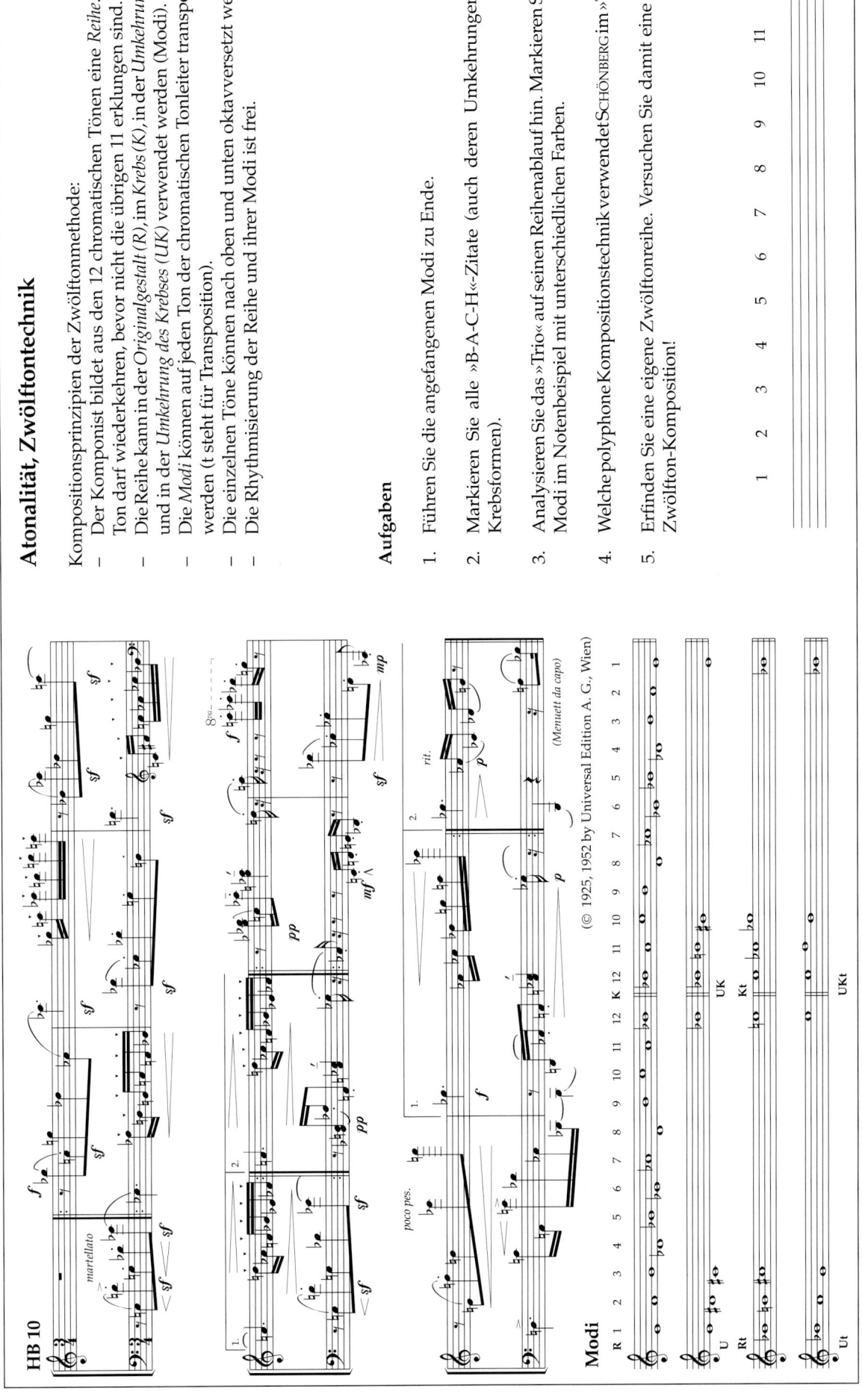

*Stationen der Musik im 20. Jahrhundert*

# Pierre Boulez: ›Structure Ia‹ für zwei Klaviere (1956)

**Arbeitsblatt 9**

## Serielle Technik – Totale Reihenorganisation

Alle *Parameter* (Tonqualitäten, Tondauern, Tonintensitäten, Anschlagsarten, Klang) werden der Reihenorganisation unterworfen.

### Aufgaben

1. Verfolgen Sie den Ablauf der Tonqualitäten in Piano I und II. Welche Reihen werden verwendet?

2. Vergleichen Sie die Zahlen der folgenden Tabellen mit den Tonzahlen der angefangenen Transpositionsreihen. Nach welchem System kommen die Zahlenquadrate zustande?

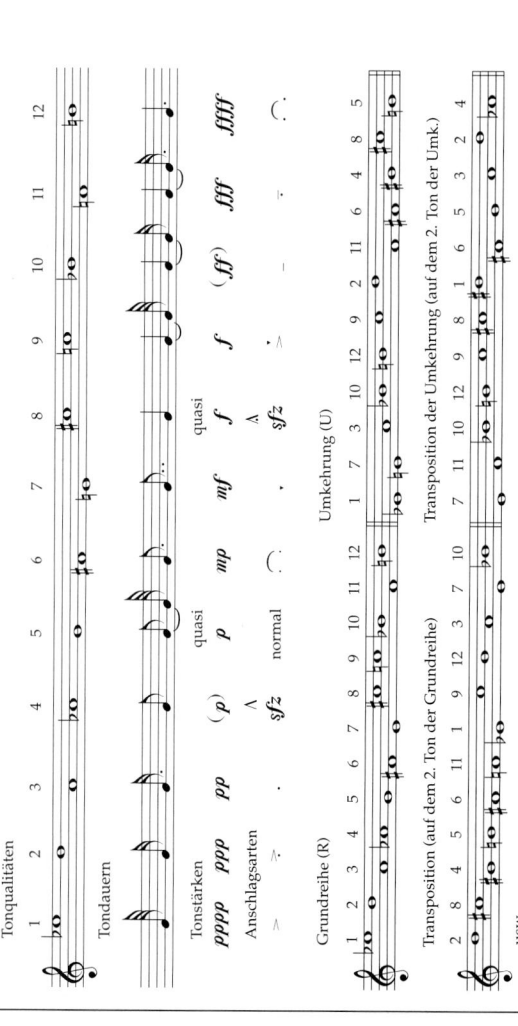

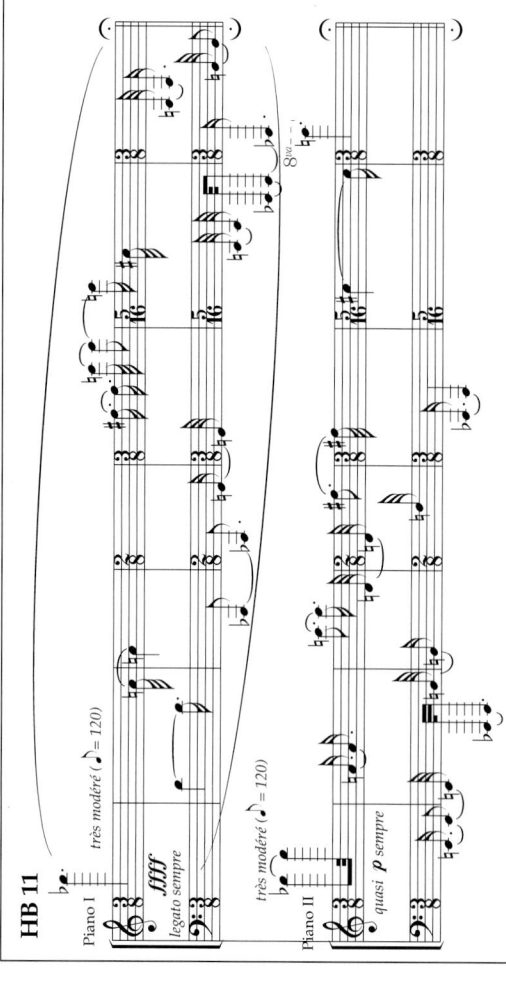

Alle musikalischen Vorgänge der Komposition - sowohl die Parameter der Einzeltöne als auch die Folge der Reihenabläufe - werden aus diesen beiden Zahlenquadraten abgeleitet.

3. Sehen Sie in der seriellen Methode ein überzeugendes musikalisches Ordnungssystem? Welchen Stellenwert haben Ihrer Meinung nach ›Freiheit‹ und ›Automatik‹ im Schaffensprozeß serieller Musik?

*Stationen der Musik im 20. Jahrhundert*

# Karlheinz Stockhausen: ›Studie II‹ (1954)

## Arbeitsblatt 10

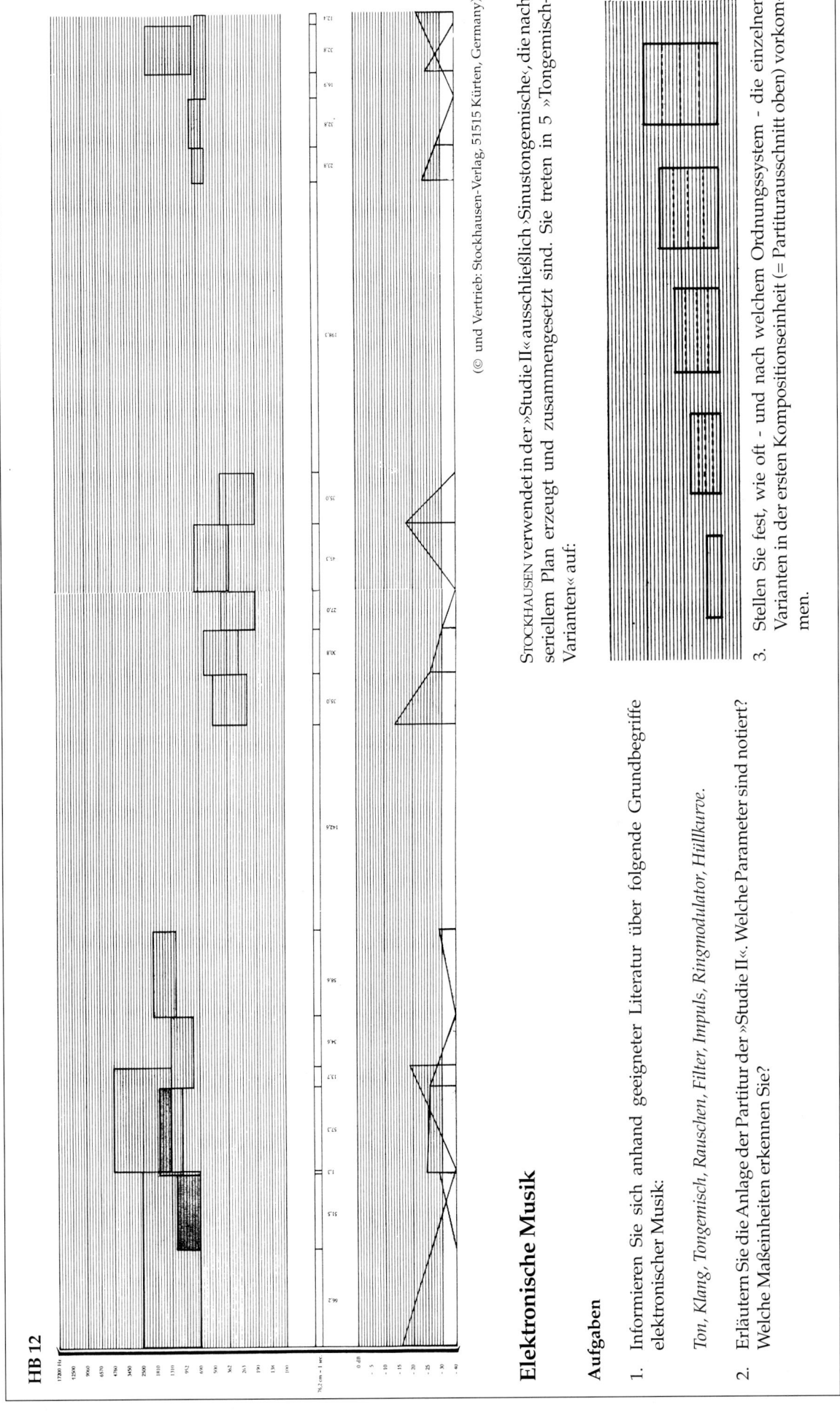

(© und Vertrieb: Stockhausen-Verlag, 51515 Kürten, Germany)

STOCKHAUSEN verwendet in der »Studie II« ausschließlich »Sinustongemische«, die nach seriellem Plan erzeugt und zusammengesetzt sind. Sie treten in 5 »Tongemisch-Varianten« auf:

## Elektronische Musik

### Aufgaben

1. Informieren Sie sich anhand geeigneter Literatur über folgende Grundbegriffe elektronischer Musik:

    *Ton, Klang, Tongemisch, Rauschen, Filter, Impuls, Ringmodulator, Hüllkurve.*

2. Erläutern Sie die Anlage der Partitur der »Studie II«. Welche Parameter sind notiert? Welche Maßeinheiten erkennen Sie?

3. Stellen Sie fest, wie oft - und nach welchem Ordnungssystem - die einzelnen Varianten in der ersten Kompositionseinheit (= Partiturausschnitt oben) vorkommen.

29

*Stationen der Musik im 20. Jahrhundert*

# Karlheinz Stockhausen: ›Zyklus für einen Schlagzeuger‹ (1959)

Arbeitsblatt 11

## Aleatorik

Aleatorik (von lat. alea = Würfel) bedeutet – nach PIERRE BOULEZ – nicht schrankenlose Willkür, sondern »dirigierten Zufall«: Der Komponist stellt verschiedene ›Fahrbahnen‹ zur Verfügung, deren Wahl der Entscheidung des Interpreten überlassen bleibt.

### Aufgaben

1. Machen Sie sich mit den vier »Strukturen«, den Instrumentensymbolen und dem Partiturausschnitt vertraut.
2. Welche Vorgänge in der Partitur sind eindeutig bestimmt, welche bleiben der Entscheidung des Spielers überlassen?
3. Verfolgen Sie das Hörbeispiel anhand des Partiturausschnitts, und halten Sie einige der Klangereignisse als Orientierungspunkte fest.

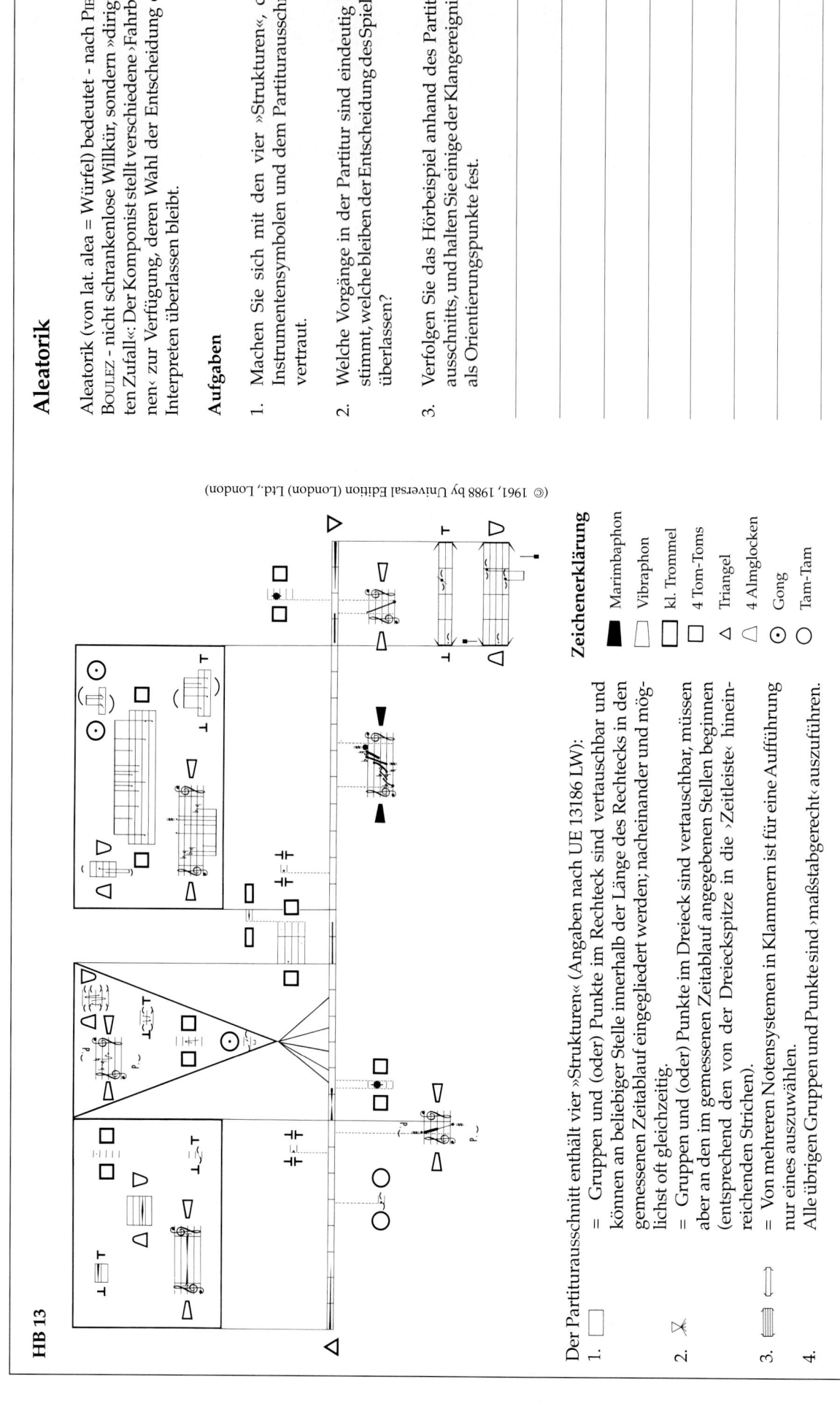

(© 1961, 1988 by Universal Edition (London) Ltd., London)

Der Partiturausschnitt enthält vier »Strukturen« (Angaben nach UE 13186 LW):

1. ☐ = Gruppen und (oder) Punkte im Rechteck sind vertauschbar und können an beliebiger Stelle innerhalb der Länge des Rechtecks in den gemessenen Zeitablauf eingegliedert werden; nacheinander und möglichst oft gleichzeitig.
2. ◁ = Gruppen und (oder) Punkte im Dreieck sind vertauschbar, müssen aber an den in den gemessenen Zeitablauf angegebenen Stellen beginnen (entsprechend den von der Dreieckspitze in die ›Zeitleiste‹ hineinreichenden Strichen).
3. ⇨ = Von mehreren Notensystemen in Klammern ist für eine Aufführung nur eines auszuwählen.
4. Alle übrigen Gruppen und Punkte sind ›maßstabgerecht‹ auszuführen.

**Zeichenerklärung**

■ Marimbaphon
▽ Vibraphon
☐ kl. Trommel
☐ 4 Tom-Toms
△ Triangel
△ 4 Almglocken
⊙ Gong
○ Tam-Tam

*Stationen der Musik im 20. Jahrhundert*

# Krysztof Penderecki: ›Anaklasis‹ (1959/60)

**Arbeitsblatt 12**

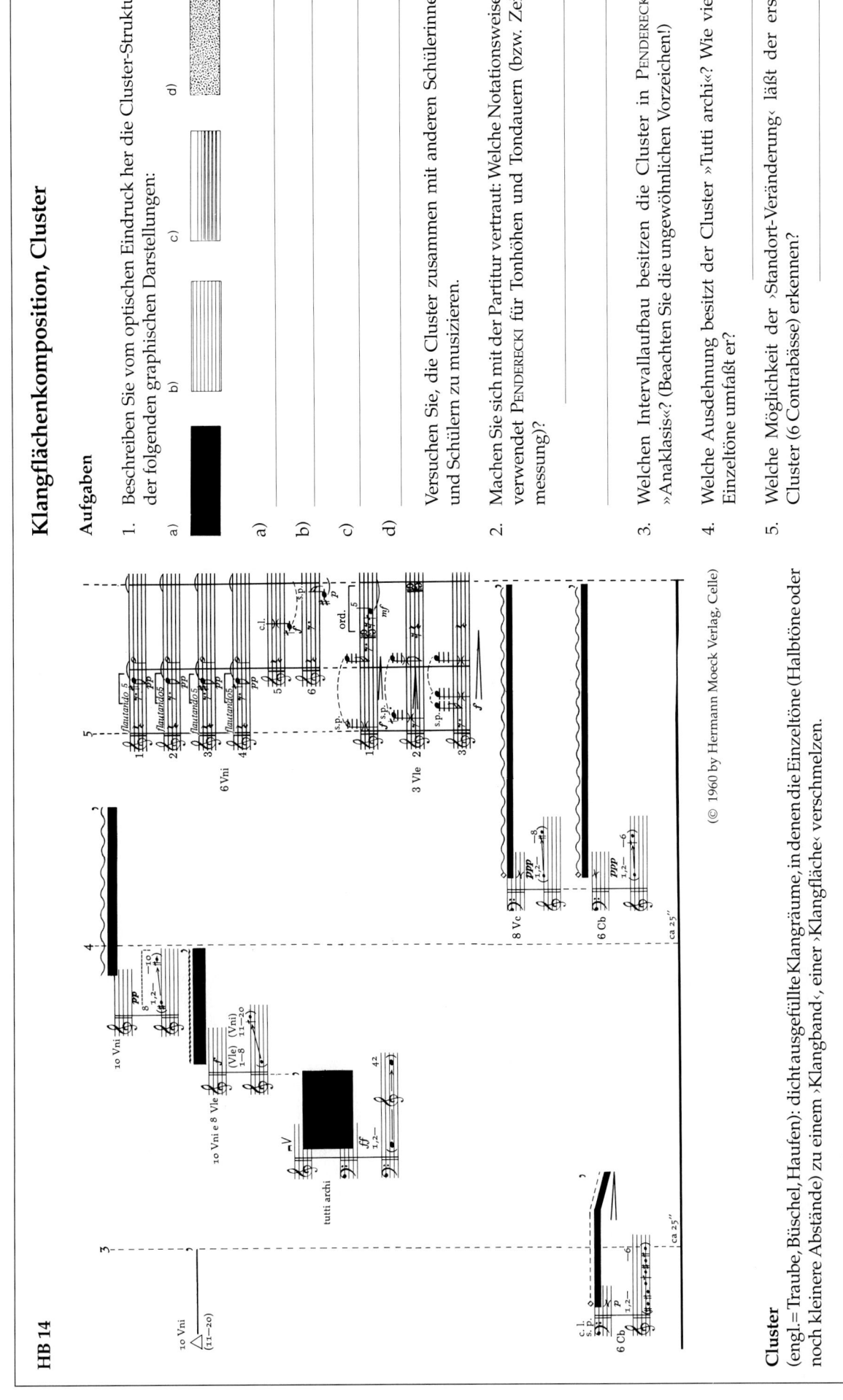

## Klangflächenkomposition, Cluster

### Aufgaben

1. Beschreiben Sie vom optischen Eindruck her die Cluster-Struktur der folgenden graphischen Darstellungen:

   a)

   b)

   c)

   d)

   Versuchen Sie, die Cluster zusammen mit anderen Schülerinnen und Schülern zu musizieren.

2. Machen Sie sich mit der Partitur vertraut: Welche Notationsweisen verwendet PENDERECKI für Tonhöhen und Tondauern (bzw. Zeitmessung)?

3. Welchen Intervallaufbau besitzen die Cluster in PENDERECKIS »Anaklasis«? (Beachten Sie die ungewöhnlichen Vorzeichen!)

4. Welche Ausdehnung besitzt der Cluster »Tutti archi«? Wie viele Einzeltöne umfaßt er?

5. Welche Möglichkeit der ›Standort-Veränderung‹ läßt der erste Cluster (6 Contrabässe) erkennen?

**Cluster**
(engl.=Traube, Büschel, Haufen): dicht ausgefüllte Klangräume, in denen die Einzeltöne (Halbtöne oder noch kleinere Abstände) zu einem ›Klangband‹, einer ›Klangfläche‹ verschmelzen.

*Stationen der Musik im 20. Jahrhundert*

# Lösungen – Hinweise

**Hinweise**

Das Kapitel »Musik im 20. Jahrhundert« ist in zwei Teile gegliedert.

*Teil I* stellt die wichtigsten ›Stationen‹ der Musikentwicklung im 20. Jahrhundert vom Impressionismus bis zur Klangflächenkomposition der 60er Jahre vor. Er bietet die Voraussetzung für ein tieferes Verständnis der zeitgenössischen Musik.

*Teil II* beschäftigt sich schwerpunktartig mit exemplarischen Werken der letzten Jahrzehnte und vermittelt so den SchülerInnen den Kontakt zur Musik der unmittelbaren Gegenwart.

Die Stilvielfalt und der schnelle Stilwandel im 20. Jahrhundert sind für die SchülerInnen oft verwirrend. Das Schaubild ist deshalb bewußt schematisch gehalten, damit der Überblick über die Entwicklung plastisch und überschaubar bleibt.

**Zu Arbeitsblatt 4** (s. Aufgaben S. 23)

1. Ganztonleiter:

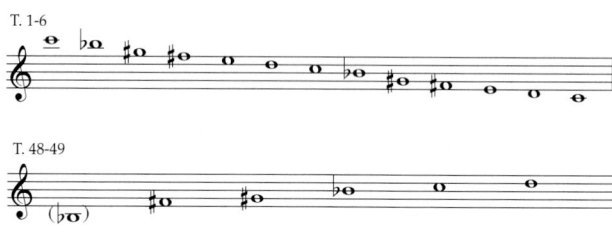

Pentatonik:

2. Übermäßige Dreiklänge:

Parallel verschobene übermäßige Dreiklänge, deren jeder in der traditionellen Harmonielehre leittonmäßig aufgelöst werden müßte.

3. Der Impressionismus liebt ›schwebende‹, den regelmäßigen Grundschlag verschleiernde Rhythmen. Durch das Aussparen der ›1‹ (also des eigentlichen Taktschwerpunkts), durch sehr kleine Notenwerte (zum Teil in doppelter Punktierung) und durch Überbindungen wird das Metrum über weite Strecken, vor allem auch am Anfang der Stücke, verwischt.

4. »Voiles« bedeutet Segel, Schleier – von zarter, fast unmerklicher Bewegung bis hin zum mächtigen Sich-Aufblähen im Winde.

Musikalische Mittel sind:
– die *Ganztonleiter*, die wegen ihrer gleichen Intervallstruktur keinen Grundton besitzt und deshalb den Eindruck des ›Schwebens‹, ›Gleitens‹ vermittelt;
– die sich aus der Ganztonleiter ergebenden übermäßigen Dreiklänge, die parallel, ›funktionslos‹ verschoben werden;
– die Pentatonik;
– die ›zerfließende‹ Rhythmik (s. Aufgabe 3).

**Zu Arbeitsblatt 5** (s. Aufgaben S. 24)

1. Chromatik und darin enthaltene Ganztönigkeit:

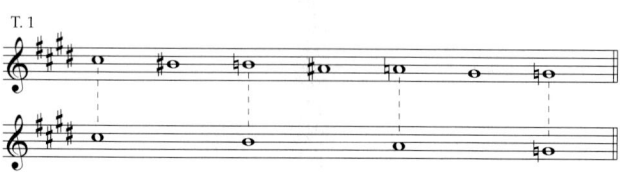

quasi pentatonisch:

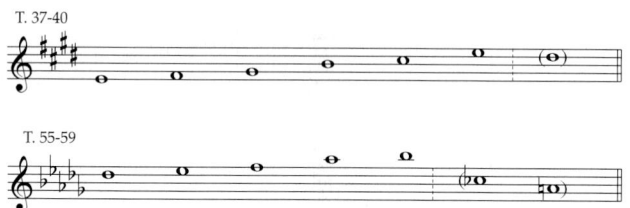

Die Themen zeigen durchweg wellen- oder kreisförmig geführte Melodik. Die Rhythmik betont den schwebenden Charakter durch die Verschleierung der metrischen Schwerpunkte.

2. Impressionistische Begleitmodelle = Hintergrundgestaltung; sie bevorzugen quasi ›stehende‹, innerlich leicht bewegte, vibrierende Klangflächen.
Die Notenbeispiele zeigen typische Techniken: T. 11 Tremolo der Streicher, T. 55 zart pulsierende Streicherakkorde, T. 94 gegenläufige Pendelbewegungen, zudem T. 4f. Glissandi und Arpeggien.
DEBUSSY verwendet das Orchester wie der impressionistische Maler seine Palette: Aus dem Gesamtvorrat der (Klang-)Farben wählt er ›bunte‹ Töne aus, die er zu feinen, zarten Klanggeweben nebeneinander stellt und miteinander kombiniert. Die Streichergruppe ›malt‹ den flimmernden Klanggrund, von dem sich einzelne Farben (Solo-Violine, Holzbläser, Horn) abheben.

**Zu Arbeitsblatt 6** (s. Aufgaben S. 25)

2. Häufiger Taktwechsel. Ständig wechselnde Schwerpunkte; als Folge ein metrisch ›instabiles‹ Gefüge. Zusätzlich fehlende Schläge auf ›1‹ (T. 4 und 8) und Überbindungen in den folgenden Takt. Eine gleichmäßig fließende Bewegung wird verhindert.

*Stationen der Musik im 20. Jahrhundert*

# Lösungen – Hinweise

3. Takt 1 ist bitonal aufgebaut aus den beiden Akkorden

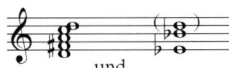
und

4. Die Instrumentierung in Teil A ist grell und schrill. Sie soll schockieren. Klangbestimmend sind die Blechbläser und die Pauken. Die Streicher haben in erster Linie rhythmische Funktion, nicht melodische.

5. Die »Danse sacrale« hat eine freie Rondoform: A – B – A' – C – A" – C' – A'"

**Zu Arbeitsblatt 7** (s. Aufgaben S. 26)

1./2. Das Klangzentrum ist ein Sechstonklang, der aus der Vereinigung der beiden dreitönigen Akkorde der rechten und der linken Hand entsteht:

Er erstreckt sich als quasi-stationärer Klang (Frequenzbreite h" bis g) bis in den 2. Takt und kehrt noch dreimal wieder: in T. 3–4, 5 und 9. Seine schemenhafte Klangerscheinung resultiert aus der relativ hohen Lage im Tonraum, der weiten Lage der beiden Dreitongruppen, der gedämpften Dynamik und den Einsatzzeiten auf unbetonten Taktzeiten. Harmonisch gesehen ist der Sechstonklang ein funktionsfreies Gebilde, wenn auch eine gewisse ›Leittönigkeit‹ zu beobachten ist. In seiner Intervallstruktur setzt sich das Klangzentrum aus einem reinen (linke Hand) und einem abgewandelten Quartenakkord (rechte Hand) zusammen. (Der abweichende Ton a in der rechten Hand könnte als ›zweite Quarte‹ über dem h verstanden werden, wobei dann die eigentlich fällige Quart e ausgespart wäre.)

3. Abwandlungen des *Zentralklanges* finden sich in T. 5 und T. 8. Die Abwandlungen betreffen die Lage im Tonraum und die Intervallstruktur. Die Verwandtschaft mit dem Originalklang ist aber im Zusammenhang des Stückes kaum zu überhören.

4. Die verhaltene, nur angedeutete melodische Bewegung beschränkt sich auf kleinste Gesten: die Wechselnoten dis'" – e'" – dis'" (T. 3–4), den Vorhalt gis – fis (T. 5–6) und die ›rezitativische‹ Melodieschleife in T. 7, die gegenläufigen Sekundschritte e' – es' / fis – g und die sich im pppp verlierende, fallende None B – As.

5. Der Zentralklang bildet das Rückgrat der Komposition. Seine Anwesenheit bedeutet Kontinuität, schafft ›Form‹. Seine Wiederkehr ist ›Entspannung‹, Mitte. So mag der Vergleich mit der ›Tonika‹ - wenn auch in der hier stark erweiterten Bedeutung - durchaus erlaubt sein.

6. Konkrete Anhaltspunkte, die das Klavierstück, op. 19, Nr. 6 in Verbindung zu Mahlers Tod bringen, bietet der Notentext wohl kaum. Der Zusammenhang ist emotionaler Natur. Er ist im Gefühlsausdruck der Musik zu erkennen: in der Geste des Erstarrens, der Sprachlosigkeit, dem Ausdruck des Schmerzes, dem Hauch des Jenseits, wie er in der Schlußbildung zu spüren ist. (Zum Verhältnis Schönberg – Mahler, vgl. S. 14.)

**Zu Arbeitsblatt 8** (s. Aufgaben S. 27)

1. Die Modi lauten vollständig:

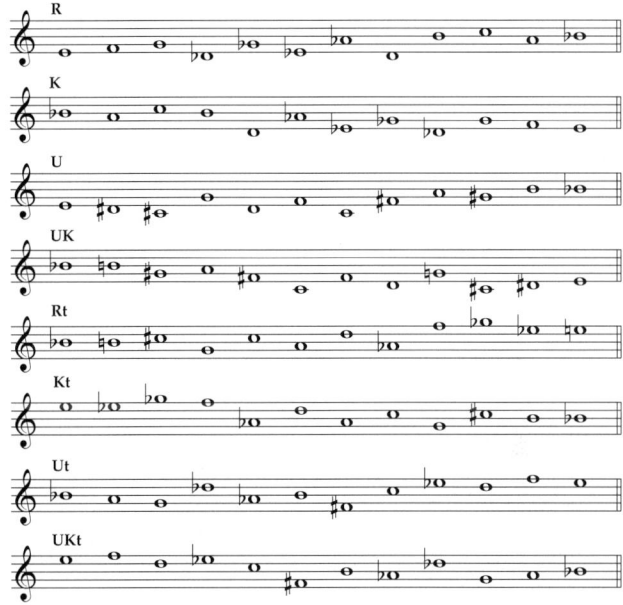

2. Notengetreu erscheint das B-A-C-H-Motiv zu Beginn der *Krebsgestalt* der *Grundreihe*, transponiert am Schluß der U- und Ut- sowie zu Beginn der Kt-Gestalten. In *Umkehrung* kommt es am Schluß der Grund- und der Rt-Gestalten und am Anfang der UK- und UKt-Gestalten vor.

3. Der Reihenablauf im »Trio« lautet:
rechte Hand: T. 2–3: Ut, T. 5 (1. und 2. Klammer): Rt; T. 6–7: UK, T. 8–9: UKt;
linke Hand: T. 1 (= T. 5, 1. Klammer) – 2: R, T. 3–4: U; T. 5 (2. Klammer) – 6: K, T. 7–8: Kt.
Im Schlußtakt übernimmt die linke Hand die Reihentöne 11 und 12 von der rechten Hand.

4. Das »Trio« ist als Kanon in der Umkehrung geführt. Der Abstand der beiden Stimmeinsätze beträgt einen Takt, ihr Intervallabstand einen Tritonus.

**Zu Arbeitsblatt 9** (s. Aufgaben S. 28)

1. Piano I: Grundreihe (1, 2, 3 … 12); Piano II: Umkehrung (1, 7, 3 … 5).

2. Die Zahlenquadrate enthalten die Tonzahlen aller Transpositionsreihen.

3. Bei der seriellen Technik handelt es sich ebenso wenig wie bei der ›Methode der Komposition mit zwölf nur aufeinander bezogenen Tönen‹ (*Zwölftontechnik*) um ei-

## Lösungen – Hinweise

nen neuen Musik-›Stil‹; sie ist ein weiterer Versuch, den *atonalen* Tonraum zu ordnen und die verlorene harmonische Ordnung *(Tonalität)* durch eine neue, umfassende zu ersetzen.

Für HERBERT EIMERT stellt die serielle Methode ein »dichtes, feingewebtes Netz« dar, das sich über die ganze Komposition erstreckt und strukturellen ›Zusammenhang‹ schafft (Vorwort zu »die reihe«, Band 1, Universal Edition, Wien 1955, Seite 7).

Für GYÖRGY LIGETI dagegen ist der serielle Komponist wie ein Wesen, das sich selbst an der Leine führt. In seinem Aufsatz »Pierre Boulez: Entscheidung und Automatik in der Structure Ia« (in: »die reihe«, a.a.O, Seite 38) faßt er die Verquickung von Gebundenheit (»Automatik«) und »Freiheit« (der kompositorischen Entscheidung) in ein Bild:

»Man steht vor einer Reihe von Automaten und kann frei wählen, in welchen man einwirft, ist aber zugleich gezwungen, irgendeinen zu wählen: man baut sich nach Belieben den eigenen Kerker und ist dann ebenso beliebig tätig zwischen dessen Mauern – also nicht ganz frei, aber total gezwungen auch nicht. So funktioniert die Automatik nicht als Gegenpol der Entscheidung: Wahl und Maschine sind vereinigt im Prozeß der Wahl der Maschine.«

BOULEZ selbst hat bereits in den Teilen Ib und Ic der »Structures« die serielle Technik modifiziert bzw. aufgegeben. In »Musikdenken heute 1« (Darmstädter Beiträge zur Neuen Musik, Band 5, Schott's Söhne, Mainz 1963, Seite 85) schreibt er dazu:

»Es scheint mir illusorisch, sämtliche Strukturen eines Werkes obligatorisch mit einer Struktur zu verknüpfen, der die Funktion allumfassender Erzeugung zukäme und von der alle Strukturen sich notwendigerweise herleiten müßten, damit Zusammenhang und Einheit - ebenso wie Einmaligkeit - des Werkes gesichert wären. Dieser Zusammenhalt und die Einmaligkeit lassen sich meines Erachtens nicht auf derart mechanische Weise erreichen.«

**Zu Arbeitsblatt 10** (s. Aufgaben S. 29)

2. Die Partitur der »Studie II« zeichnet alle technischen Daten der Komposition detailliert auf:
   a) Frequenz (= ›Klanghöhe‹): 81stufige Frequenzskala, von 100 bis 17200 Hz, gewonnen aus der Multiplikation der Anfangs-Frequenz 100 mit dem Faktor $\sqrt[25]{5}$.
   b) Zeit (= ›Klanglänge‹): Bandlänge in cm, bei einer Bandgeschwindigkeit von 76,2 cm pro Sekunde.
   c) Pegel (= ›Lautstärke‹): Skala von 0 dB bis - 40 dB.
   HERBERT EIMERT (Lexikon der elektronischen Musik, Gustav Bosse Verlag, Regensburg 1973, Artikel ›Dezibel‹) zieht folgende Vergleiche:

   | dB | 0 | -6 | -12 | -18 | -24 | -30 | -36 | -40 |
   |---|---|---|---|---|---|---|---|---|
   | | *fff* | *ff* | *f* | *mf* | *mp* | *p* | *pp* | *ppp* |

3. Im Partiturausschnitt (= erste Kompositionseinheit, von STOCKHAUSEN »Sequenz« genannt) erscheinen:
   Var. 1: 3mal, Var. 2: 4mal, Var. 3: 5mal, Var. 4: 1mal, Var. 5: 2mal.

Die nächstgrößere Einheit - von STOCKHAUSEN »Struktur« genannt - besteht aus 5 »Sequenzen«, in denen jede der 5 Varianten 1- bis 5mal vorkommt.

**Zu Arbeitsblatt 11** (s. Aufgaben S. 30)

1. Die vier auf dem AB (u. l.) beschriebenen Strukturen finden sich alle in dem Partiturausschnitt wieder.

2. Die Antworten ergeben sich aus der Definition der 4 Strukturen und ihrer Anwendung auf die in dem Partiturausschnitt vorkommenden Symbole.

3. Orientierungspunkte für den Ablauf der Klangereignisse in der Realisation des HB's könnten sein: Tremolo der Triangel (Beginn von HB 13), Abwärtsglissando Vibraphon (Sek. 9), Almglocken und Vibraphonbewegungen (bei Sek. 14 bzw. 18), Tom-Tom-Schläge und kleine Trommel (bei Sek. 20), Aufwärtsglissandi Marimbaphon (Sek. 29), Triangel-Tremolo (Sek. 36), Abwärtsglissando Vibraphon (Sek. 38), Almglockenschlag mit Eisenklöppel (Schluß von HB 13, Sek. 42)

**Zu Arbeitsblatt 12** (s. Aufgaben S. 31)

1. Grafik a: ›kontinuierliche Fläche‹; lückenloses, dichtes Cluster-Band; Instrumental-Cluster mit sehr engen Frequenzabständen oder komplexe Schlagwerkfläche; auch ›farbiges Rauschen‹.
   Grafik b: ›Rasterfläche‹ mit regelmäßigen Intervallabständen; je dichter, desto ähnlicher der kontinuierlichen Fläche; z. B. Streicher- oder Bläser-Cluster.
   Grafik c: ›Rasterfläche‹ mit unregelmäßigem Intervallabstand.
   Grafik d: ›Statistische Fläche‹, durch eine Vielzahl von Punkten oder Linien bestimmt, die einzeln nicht mehr wahrnehmbar sind und zu einer innerlich bewegten Fläche zusammenfließen.

2. Das NB verwendet bei Ziffer 3 die grafische Balken-(Cluster-)Notation. PENDERECKI erwartet aber, daß jeder Spieler ›seinen‹ Ton innerhalb der angegebenen Grenznoten aufschlüsselt. Es entsteht so eine regelmäßige Vierteltonfläche zwischen den Grenztönen.
   Bei Ziffer 5 tritt herkömmliche Tonhöhen- und Taktnotierung auf. Im Unterschied zu den Cluster-Bändern werden hier in den Violinen und Violen Einzeltöne wahrnehmbar (Celli und Kontrabässe noch als ›Band‹).

3. Die Vorzeichen bedeuten: ♩ = Erhöhung um einen Viertelton, ♯ = Erhöhung um einen Dreiviertelton; ♭ und ↓ = Erniedrigung um einen Viertel- bzw. Dreiviertelton. Intervallaufbau: Vierteltöne. (vgl. Aufgabe 1.)

4. Der Cluster »tutti archi« nach Ziffer 3 hat (laut Partiturangabe) die Grenztöne c und a'. Er umfaßt also 21 Halbtöne = 42 Vierteltöne, d. h. für jeden der an dieser Stelle spielenden Streicher einen ›eigenen‹ Ton.

5. Der zunächst »stationäre« Cluster bewegt sich als Gesamtkomplex kontinuierlich nach unten.

## Einführung II – Traditionsbezüge

Die in den folgenden Kapiteln ausgewählten Werke vermitteln einen Einblick in die Pluralität kompositorischen Denkens der letzten Jahrzehnte und werfen die Frage nach dem Verhältnis der Komponisten zur Tradition auf. Für die Neue Musik nach 1950 kann der Traditionsbegriff nicht lediglich Rezeption eines ›Überlieferungsbestandes‹ meinen, auch ›Kritik, Rationalität und Modernität‹ müssen mitgedacht werden.[1] In den 50er Jahren wurde durch NONO, STOCKHAUSEN und BOULEZ die serielle Musik repräsentiert. Auf ihr ambivalentes Verhältnis zur Tradition weist ERNST KRENEK hin:

> Serielle Musik kann »als eine logische, d. h. notwendige Folge des Zustandes, der ihr voranging, demonstriert werden«, andererseits scheint sie »einer fortwirkenden geschichtlichen Kontinuität zu widersprechen«.[2]

Auf den Traditionsvollzug im Strukturellen weist NONO hin, wenn er nach den beiden »Entwicklungsstadien der Reihentechnik« bei SCHÖNBERG und WEBERN die serielle Musik als dritte Phase bezeichnet und feststellt: »Es besteht keinerlei ›Bruch‹«[3].

Nach seinem Abschied von Darmstadt entwickelt NONO einen neuen Chorstil und wendet sich der elektronischen und politisch engagierten Musik zu. Überzeugt von der Geschichtlichkeit musikalischer Entwicklungen antwortet er auf die Frage nach seiner Verbindung zur Tradition:

> »…die beständige Entdeckung der Tradition endet nicht, d. h. die Entdeckung dessen, was wir lernen können, (…) während der verschiedenen wichtigen historischen Zeitabschnitte«[4].

Das Werk LIGETIS ab 1957 läßt einen Wandel im Verhältnis zur Tradition erkennen, von ihrer Negation in einer a-historischen neuen Avantgarde-Ästhetik bis zu ihrer Präsenz. Seine Beziehung zur Tradition ist ›doppelbödig‹:

> »Die Tradition negieren, indem ich etwas neues mache, aber irgendwo indirekt die Tradition doch durch Allusionen durchscheinen lassen: das ist für mich ganz wesentlich«[5].

In der »Étude Désordre« ist es eine Allusion ungarischer Musiktradition, und die höchst virtuose »Étude 12« (1993) trägt den typischen PAGANINI-Titel »L'escalier du diable«. Im Horntrio durchbricht er festgefügte Avantgarde-Raster und wird damit zum ›Verräter‹: »Ich bin kein Avantgardist mehr«[6]. Gleichzeitig verweist er auf ein ›riesiges Mißverständnis‹, das aus diesem ›Verrat an der Avantgarde‹ entstanden ist:

> »Ligeti sei der Vater und Beeinflusser dieser ›neuen Romantik‹, des ›neuen Expressionismus‹ und der ›Neuen Einfachheit‹«[7].

Neomoderne Komponisten wie WOLFGANG RIHM und MANFRED TROJAHN haben im Vergleich zu LIGETI ein eher spontanes Verhältnis zur Tradition:

> »Tradition kann nur MEINE TRADITION sein (…) wenn es eine Tradition gibt, der ich mich angehörig fühle, so ist dies: Kunst als Freiheit zu verstehen, aus Freiheit entstanden und zu Freiheit verpflichtend«[8].

Das freie Verfügen über Tradiertes bedeutet für RIHM nicht blinde Wiederholung sondern ›produktive Deformation‹.

> »Besser wäre es, einem Begriff wie Transformation mehr Bedeutung in der Diskussion zu geben. Indem etwas durch mich hindurchgeht, ist es etwas anderes geworden (…) ist Bestandteil meiner Sprache«[9].

MANFRED TROJAHNS ästhetischer Ansatz ist geprägt von »›unverblümter‹ historischer Bezugnahme und von gezielter Kritik am Avantgarde-Mechanismus der 60er Jahre«[10]. Er sieht sich nicht im ›Entwicklungsstrang‹ der ehemals tonangebenden ›Darmstädter Schule‹, sondern in dem jener Komponisten, die auch in den 50er und 60er Jahren Sinfonien geschrieben haben wie HANS WERNER HENZE, WILHELM KILLMAYER und KARL AMADEUS HARTMANN[11]. Als Traditionalist erweist sich TROJAHN denn auch in seinen bisher vier Sinfonien, so zum Beispiel in seiner zweiten als einer Auseinandersetzung mit MAHLER. Der Einbezug von ›historisch gewachsener Musik‹ bedeutet nicht, Altes beliebig zu verwerten, sondern es ist »der Versuch, die Tradition zu bewältigen, gerade dadurch, daß man ihre Umklammerung nutzt, um zu neuem Sprechen zu finden«[12].

Nicht aus historischer Kontinuität, sondern aus einem Traditionssprung resultiert ARVO PÄRTS Personalstil, aus dem Rekurs auf die Musik des Mittelalters als Inspirationsquelle. Es entsteht eine Musik von äußerster struktureller Reduktion und mystizistischer Einfachheit.

> »Musik muß durch sich selbst existieren. (…) Der gregorianische Gesang hat mir gezeigt, daß hinter der Kunst, zwei, drei Noten zu kombinieren, ein kosmisches Geheimnis verborgen liegt.«[13]

Wenn auch ADRIANA HÖLSZKY die Kategorie des Stils für sich ablehnt, gibt es doch für ihre Musik charakteristische Merkmale: den Einbezug des Raumes im »Wanderklang« und ihre Bevorzugung von Perkussionsinstrumenten. Die Emanzipation des perkussiven Klanges bildet in der Musik unseres Jahrhunderts selbst eine Tradition aus und die Entdeckung des Raumes für die Komposition reicht zurück bis zu den Venezianern. Das musikalische Denken LUIGI NONOS, der »mit der Raumdimension und mit der Bewegung des Klanges«[14] gearbeitet hat, war für HÖLSZKY prägend.

---

1 Vgl. C. Dahlhaus: Traditionszerfall im 19. u. 20. Jh./R. Stephan: Zum Problem der Tradition in der neuesten Musik, in: Festschrift K. v. Fischer, Emil Katzbichler Musikverlag, München 1973, S. 177 und 191
2 E. Krenek: Komponist und Hörer, in: Im Zweifelsfalle, Europaverlag, Wien 1984, S. 304
3 L. Nono: Die Entwicklung der Reihentechnik, in: J. Stenzl (Hrsg.): L. Nono, Atlantis, Zürich 1975, S. 21
4 L. Nono, Gespräch mit M. Cardieu, in: J. Stenzl: L. Nono, a. a. O., S. 187
5 Ove Nordwall: György Ligeti, B. Schott's Söhne, Mainz 1971, S. 143
6 Gespräch Ligetis mit E. Roelcke, in: Die Zeit Nr. 22, 23. Mai 1993, S. 57
7 Gespräch Ligetis mit E. Roelcke, a. a. O.
8 W. Rihm: Musikalische Freiheit, in: Rexroth (Hrsg.): Der Komponist Wolfgang Rihm, B. Schott's Söhne, Mainz 1985, S. 67
9 W. Rihm, in: H.-K. Jungheinrich (Hrsg.): Lust am Komponieren, Bärenreiter, Kassel 1985, S. 16
10 M. Trojahn: Das Überwinden der Traditionen, Manuskript Sender Freies Berlin, 1984
11 Vgl. H.-K. Jungheinrich: Lust am Komponieren, a. a. O., S. 66
12 M. Trojahn: Das Überwinden der Traditionen, a. a. O.
13 A. Pärt: Tintinnabuli, in: Sowjetische Musik (Hrsg.: Hermann Danuser u.a.), Laaber Verlag, Laaber 1990, S. 269
14 M. Emigholz: Gespräch mit der Komponistin Adriana Hölszky, in: Neue Zeitschrift für Musik, Heft 9, B. Schotts Söhne, Mainz 1989, S. 20

# Luigi Nono: ›La fabbrica illuminata‹ (1964)

**Arbeitsblatt 13/1**

## Überblick über das Schaffen von Luigi Nono (1924–1990)

a) _____

Luigi Nono gilt als einer der bekanntesten Komponisten Neuer Musik im 20. Jahrhundert. In den 50er Jahren gehörte er zusammen mit Karlheinz Stockhausen und Pierre Boulez zu den maßgeblichen Repräsentanten der Neuen Musik.

b) _____

Nono ist ein bekannter Vertreter politisch engagierter Neuer Musik. Sein politisches Engagement erstreckte sich vom Beginn seines Schaffens (1950) bis zum Ende seiner zweiten Kompositionsphase (1977). Es äußerte sich in der Verwendung entsprechender Texte, in Widmungen und auch im Tonsatz, beispielsweise durch Themen-Zitate. Charakteristisch für Nonos gesamte Musik ist die Vorliebe für die hohe Frauenstimme. Sein Schaffen ist als *atonal* zu bezeichnen.

c) _____

Nonos Schaffen kann in drei Phasen eingeteilt werden. In einer ersten Phase von 1950 bis 1963 schrieb er Orchester- und Chorkompositionen, nur ganz wenige Stücke für Tonband. Eines seiner bekanntesten Werke aus dieser Zeit ist »Il canto sospeso« mit Texten nach Abschiedsbriefen zum Tode verurteilter europäischer Widerstandskämpfer aus dem Jahre 1956. Bekannt ist ebenfalls die Oper »Intolleranza 1960« aus dem Jahre 1960.

d) _____

Mit der Komposition von »La fabbrica illuminata« im Jahre 1964 war ein wichtiger Einschnitt in Nonos Schaffen verbunden. Es begann eine zweite Kompositionsphase, die bis zum Jahr 1977 anzusetzen ist, in der er viele Werke mit Tonband, wenige mit Orchester schuf. Sein politisches Engagement intensivierte sich dadurch, daß er oft aktuelle Mißstände aufgreifende Themen verwendete und zuweilen neue Formen der Konzertpraxis anwandte (Aufführung im Freien, in Fabriken etc.).

e) _____

Mit »La fabbrica illuminata« änderte sich bei Nonos Werken mit Tonband die Kompositionsweise. Nono setzte hier beispielsweise zum ersten Mal Umweltklänge nicht als hörspielartige Hintergrundgeräusche ein, sondern als musikalisches Material. Neu waren auch die in späteren Kompositionen mit Tonband noch häufigeren und ausgeprägteren langen, sich kaum merklich verändernden Klänge. Nonos erste unveröffentlichte Versuche im elektronischen Studio um 1960 und seine erste elektronische Komposition waren noch geprägt gewesen von der Verfahrensweise der fünfziger Jahre: Man fertigte zunächst detaillierte Realisationspartituren mit Frequenzen, Tondauern, Klangfarben usw. an, ohne das klangliche Endergebnis vorher zu hören. Die Arbeit im Studio bestand dann hauptsächlich darin, diese Partituren in elektronische Klänge umzusetzen. Ab »La fabbrica illuminata« gab es bei den Kompositionen mit Tonband gar keine Realisationspartituren mehr. Allenfalls verwendete Nono vorkomponiertes Chor- und Orchestermaterial, das heißt solches, das vor und während der Arbeit im Studio notiert und von Musikern interpretiert und aufgenommen wurde und dann als weiter zu verarbeitendes Material zur Verfügung stand.

f) _____

Nach »La fabbrica illuminata« komponierte Nono bis 1970 nur Werke mit Tonband, von diesen mit Ausnahme von »Per Bastiana« (1967) alle ohne Orchester. In den siebziger Jahren entstanden wieder mehr Kompositionen ohne Tonband und solche mit Tonband und Orchester. Neben »La fabbrica illuminata« ist aus Nonos zweiter Kompositionsphase vor allem »Como una ola de fuerza y luz« für Sopran, Klavier, Orchester und Tonband (1971/72) bekannt.

g) _____

In der dritten Phase ab 1979 änderten sich Nonos innere Einstellung und seine Kompositionsweise beträchtlich. Er wandte sich vom politischen Engagement ab und wandte sich philosophischen Themen zu. Er komponierte im Elektronischen Studio der Heinrich-Strobel-Stiftung in Freiburg fast ausschließlich Werke mit *Live-Elektronik*, keine Werke für Tonband mehr. Unter ›Live-Elektronik‹ ist eine Verfahrensweise zu verstehen, bei der in einer Aufführung die instrumentalen und vokalen Klänge elektronisch manipuliert werden, ohne daß also ein Tonband als Zwischenspeicher fungiert. Nonos Werke der dritten Kompositionsphase sind oft sehr leise und enthalten viele Pausen. Bekannt sind das Streichquartett »Fragmente – Stille, an Diotima« (1980) (ohne Elektronik) und die Oper »Prometeo« (1984/85).

h) _____

Das Verfahren der Live-Elektronik eröffnete Nono eine Reihe neuer Möglichkeiten: »Man kann bei der Live-Elektronik während der Aufführung die Klangtransformation verändern. Bei der Verwendung eines Tonbandes hingegen ist ein für allemal eine Veränderung unmöglich. Man kann nur die Lautstärke und Richtung des Klanges im Raum verändern. (…) Mit der Live-Elektronik gibt es viele Möglichkeiten, auch viele überraschende Möglichkeiten, (…) das ist ein dauerndes Suchen. Nicht nur während des Kompositionsprozesses, sondern auch danach. Verschiedene Aufführungen sind nämlich ganz unterschiedlich. Diese Verschiedenartigkeit verdankt sich zum Teil neuen Kompositionsideen, zum Teil aber auch neuen Notwendigkeiten, etwa bei einer anderen Akustik.« *(Bernd Riede: Luigi Nonos Kompositionen mit Tonband, Emil Katzbichler Musikverlag, München-Salzburg 1986, S. 11).*

### Aufgaben

1. Formulieren Sie zu jedem Abschnitt eine Überschrift.

2. Was versteht man unter *Live-Elektronik*?

3. Welche Eigenschaften besitzen Nonos Werke der mittleren Phase im Gegensatz zu seinen anderen Werken?

Luigi Nono: ›La fabbrica illuminata‹ (1964)

*Stationen der Musik im 20. Jahrhundert*

Arbeitsblatt 13/2

## Luigi Nono (1924–1990): »La fabbrica illuminata«
### (Die beleuchtete Fabrik) für Sopran und vierspuriges Tonband (1964)

HB 15-19

### Entstehung und Herkunft der Texte

»Ungefähr 1962/63 wurden in italienischen Fabriken, bei FIAT in Turin und anderen, Umfragen gemacht, die dann in Buchform erschienen: man befragte Arbeiter und ließ sie direkt sprechen über ihre Arbeits- und Lebensbedingungen. Ich las das damals, und es war für mich ziemlich neu, die Produktionsbedingungen in einer Fabrik aus dieser Sicht kennenzulernen: ich hatte auch gleich die Idee, ein Stück darüber zu machen. Die Gelegenheit war gegeben, denn der italienische Rundfunk hatte mich beauftragt, für das Eröffnungskonzert des »Prix d'Italie« in Genua ein neues Werk zu komponieren. Es wurde vereinbart, daß ich drei Tage lang in die große Eisenhütte ›Italsider‹ in Genua gehen würde, um dort Aufnahmen zu machen.« *(Luigi Nono im Gespräch mit Hartmut Lück, in: Luigi Nono: Texte, Studien zu seiner Musik. Hrsg.: Jürg Stenzl, Atlantis, Zürich 1975, S. 280)*

Dort diskutierten NONO und der Tontechniker MARINO ZUCCHERI im Frühjahr 1964 mit Arbeitern und Gewerkschaftern über die »Arbeitssituation, die physische Beanspruchung, die ideologischen Konsequenzen, den Klassenkampf« (ebenda) und schnitten diese Gespräche auf Tonband mit. Einen Teil davon nahm NONO in der Fabrik auf, besonders an den Hochöfen, wo er die Arbeiter während der Arbeit sprechen ließ. Außerdem nahm er Fabrikgeräusche auf.

An Umweltmaterial verarbeitete NONO später den Fabriklärm sowie einen Teil des Sprachmaterials, hauptsächlich unverständliches Raunen und Murmeln. Des weiteren produzierte er für die Komposition im Studio elektronische Geräusche.

Vom Chor des italienischen Rundfunks und der Sopranistin CARLA HENIUS wurde schließlich ein Text aufgenommen und verarbeitet, der sich folgendermaßen zusammensetzt:
- den Äußerungen der Arbeiter und Gewerkschafter entnahm NONO charakteristische Wendungen;
- aus einem Tarifvertrag über Lohn und Gefahr am Arbeitsplatz suchte NONO mit dem jungen Schriftsteller GIULIANO SCABIA weitere Textteile zusammen;
- schließlich fügte dieser Ausdrücke hinzu, die dem Fabrikjargon der damaligen Zeit nachempfunden waren, und ordnete den so entstandenen Text;
- an dessen Ende setzte SCABIA vier Zeilen aus einem Gedicht von CESARE PAVESE.

### Zur Aufführung

Bei der Aufführung von »La fabbrica illuminata« singt die Live-Stimme unverstärkt auf der Bühne. Den vier verschiedenen Spuren des Tonbandes entsprechend sind vier Lautsprecher in den Ecken des Aufführungsraumes aufgestellt.

### Zur Rezeption bei den Arbeitern

NONO teilte des öfteren mit, daß »La fabbrica illuminata« bei Arbeitern großen Anklang gefunden habe. In einem Interview von 1969 beispielsweise berichtete er:

»Nachdem ich 1964 ›La fabbrica illuminata‹ komponiert und den Arbeitern der Italsider-Werke gewidmet hatte, wurde ich oft von Arbeiter-Kulturkreisen eingeladen, meine Musik in Fabriken vorzuführen und mit den Arbeitern darüber zu diskutieren – zuerst in Genua-Cornigliano selbst, dann in Sesto San Giovanni bei Mailand, in Triest, in Mestre, in Turin und in Reggio Emilia. Ich ging in allen Fällen gleich vor: ich gab zuerst ein paar allgemeine Erklärungen und zeigte dann Instrumentalmusik, Vokalmusik und elektronische Stücke. Und in allen Fällen war das Ergebnis das gleiche: mit den Instrumental- und Vokalwerken hatten die Arbeiter Schwierigkeiten; vermutlich, weil das akustische Material da gebunden ist an eine kulturelle Entwicklung, von der sie ausgeschlossen waren und noch ausgeschlossen sind. (…) Die Schwierigkeiten, die bei instrumentaler und vokaler Musik auftauchten, waren bei den elektronischen Stücken, die mit dem akustischen Material von heute aufwarteten, wie weggeputzt. Da kamen keine grundsätzlichen Einwände mehr und auch keine ästhetisch orientierten Fragen. (…) Ganz direkt wollten die Arbeiter wissen, wie das komponiert sei, wie aus Fabriklärm und Tarifverträgen Musik werden könne. Sie bezogen, was sie hörten, sofort auf sich. Und dann warfen sie mir vor, die Geräusche in meinem Stück, in »La fabbrica illuminata«, seien bei weitem nicht so stark wie die, die sie gewöhnt seien. (…) Jetzt wurde ihnen, durch den Vergleich, plötzlich bewußt, unter welchen akustischen Bedingungen sie arbeiteten, und sie begannen sich zu überlegen, ob das denn so sein müsse, und ob es nicht eine Möglichkeit gebe, das zu ändern.« *(LUIGI NONO im Gespräch mit Hansjörg Pauli, in: Luigi Nono: Texte, Studien zu seiner Musik, a.a.O., S. 204f.)*

### Zur Rezeption im öffentlichen Konzertleben

Im öffentlichen Konzertleben war »La fabbrica illuminata« zunächst nicht unumstritten. Das Stück sorgte bereits vor der Uraufführung für einen Skandal. Diese sollte ursprünglich in Genua im Rahmen eines Konzertes des italienischen Rundfunks stattfinden, aber der Sender verbot die Aufführung wegen der verwendeten Texte und sendete vorläufig das Stück auch nicht im Rundfunk. Die Uraufführung fand dann am 15.9.1964 in Venedig statt; die deutsche Erstaufführung erfolgte erst vier Jahre danach anläßlich der Berliner Festwochen; inzwischen waren mehrere Versuche der Sängerin CARLA HENIUS, die Komposition in der Bundesrepublik aufzuführen, gescheitert.

### Bedeutung

NONOS Arbeit in den Fabriken sowie die Skandale und Boykotte um die öffentlichen Aufführungen trugen neben der späteren größeren Verbreitung der Komposition mit dazu bei, das Werk zu einem Paradebeispiel für politisch engagierte Musik zu machen.

### Aufgabe

1. Welche der im Abschnitt »Entstehung und Herkunft der Texte« genannten Materialien auf Tonband sind in HB 15 und HB 16 erkennbar? Ergänzen Sie folgende Liste.

   Verwendetes Material:
   - <u>live</u>: Stimme, auf verschiedene Arten artikuliert
   - <u>auf Tonband</u>: Elektronik- bzw. Umweltmaterial

*Stationen der Musik im 20. Jahrhundert*

# Luigi Nono: ›La fabbrica illuminata‹ (1964)    Arbeitsblatt 13/3

## Texte auf Tondband und live
(Die live vorgetragenen Textteile sind unterstrichen.)

I. (Coro iniziale)

Primo corale
    <u>fabbrica dei morti la chiamavano</u>

Secondo corale
esposizione operaia
    a ustioni
    a esalazioni nocive
    a gran masse di acciaio fuso
esposizione operaia
    a elevatissime temperature
    <u>su otto ore solo due ne intasca l'operaio</u>

Terzo Corale
esposizione operaia
    a materiali proiettati
    <u>relazioni umane per accelerare i tempi</u>

Quarto corale
esposizione operaia
    a cadute
    a luci abbaglianti
    a corrente ad alta tensione
    <u>quanti MINUTI–UOMO per morire?</u>

II. Giro del letto (1)
<u>e non si fermano</u>    <u>MANI di aggredire,</u>
    <u>ININTERROTTI</u>    che vuota le ore

al CORPO    nuda afferrano:
    <u>quadranti, visi:</u>    <u>e non si fermano</u>

guardano GUARDANO occhi fissi: occhi mani

sera    giro del letto
    tutte le mie notti    ma aridi orgasmi

III. Tutta la città
<u>TUTTA la città</u>  <u>dai morti</u>    VIVI
    noi    <u>continuamente</u>    PROTESTE

<u>la folla cresce parla del MORTO</u>
    la cabina detta TOMBA
    tagliano i tempi
    fabbrica come lager
    UCCISI

IV. Finale
<u>passeranno i mattini</u>
<u>passeranno le angosce</u>
<u>non sarà così sempre</u>
<u>ritroverai qualcosa</u>

---

I. (Anfangschor)

Erster Corale
    Fabrik der Toten wurde sie genannt

Zweiter Corale
die Arbeiter sind ausgesetzt
    Verbrennungen
    giftigen Ausströmungen
    großen Mengen von Gußstahl
die Arbeiter sind ausgesetzt
    extrem hohen Temperaturen
    für acht Stunden Arbeit kassiert der Arbeiter nur zwei

Dritter Corale
die Arbeiter sind ausgesetzt
    umhergeschleudertem Material
    »human relations« zur Beschleunigung des Arbeitstempos

Vierter Corale
die Arbeiter sind ausgesetzt
    dem Herunterfallen
    blendendem Licht
    Hochspannungsstrom
    wieviele Minuten – Mensch um zu sterben?

II. Giro del letto (1)
    und hören nicht auf    Hände angreifen
    ununterbrochen    die Stunden entleerend

    dem Körper    nackt ergreifen
    Zifferblätter, Gesichter    und hören nicht auf

    betrachten betrachten starre Augen, Augen Hände

    Abend    giro del letto
    alle meine Nächte    aber trockene Orgasmen

III. Die ganze Stadt
    die ganze Stadt  von den Toten  Lebendige
    wir    ständig    Proteste

    die Menge wächst spricht vom Toten
    die Kabine, die man Grab nennt
    zerstückeln die Zeit
    Fabrik wie ein Konzentrationslager
    Umgebrachte

IV. Finale
    vergehen werden die Morgen
    vergehen werden die Ängste
    es wird nicht immer so sein
    du wirst etwas wiederfinden

© Text des Finale: Einaudi Editore, Torino)
© 1967 by G. Ricordi & C. s. p. a. - Milano
Mit freundlicher Genehmigung von G. Ricordi & Co., Feldkirchen bei München)

(1) Der heute im Italienischen selten gebrauchte Ausdruck »giro del letto« bezeichnet ein Arbeiterehepaar, das wegen Schichtarbeit nicht mehr zusammenleben kann (nach Luigi Nono: Texte, Studien zu seiner Musik, a. a. O., S. 339). Deutsche Übersetzung: B. Riede, a. a. O., S. 94f.

## Aufgaben
1. Welche Aspekte des Fabriklebens werden beleuchtet?

|  | I | II | III | IV |
|---|---|---|---|---|
| Es ist die Rede von: |  | Auswirkungen | Reaktion der |  |

2. Wodurch unterscheidet sich bezüglich des Satzbaus der vierte Abschnitt von den ersten drei?
3. Welche Textteile sind im III. Abschnitt (HB 17) durch den gesprochenen bzw. durch den gesungenen Chor vertont?

*Stationen der Musik im 20. Jahrhundert*

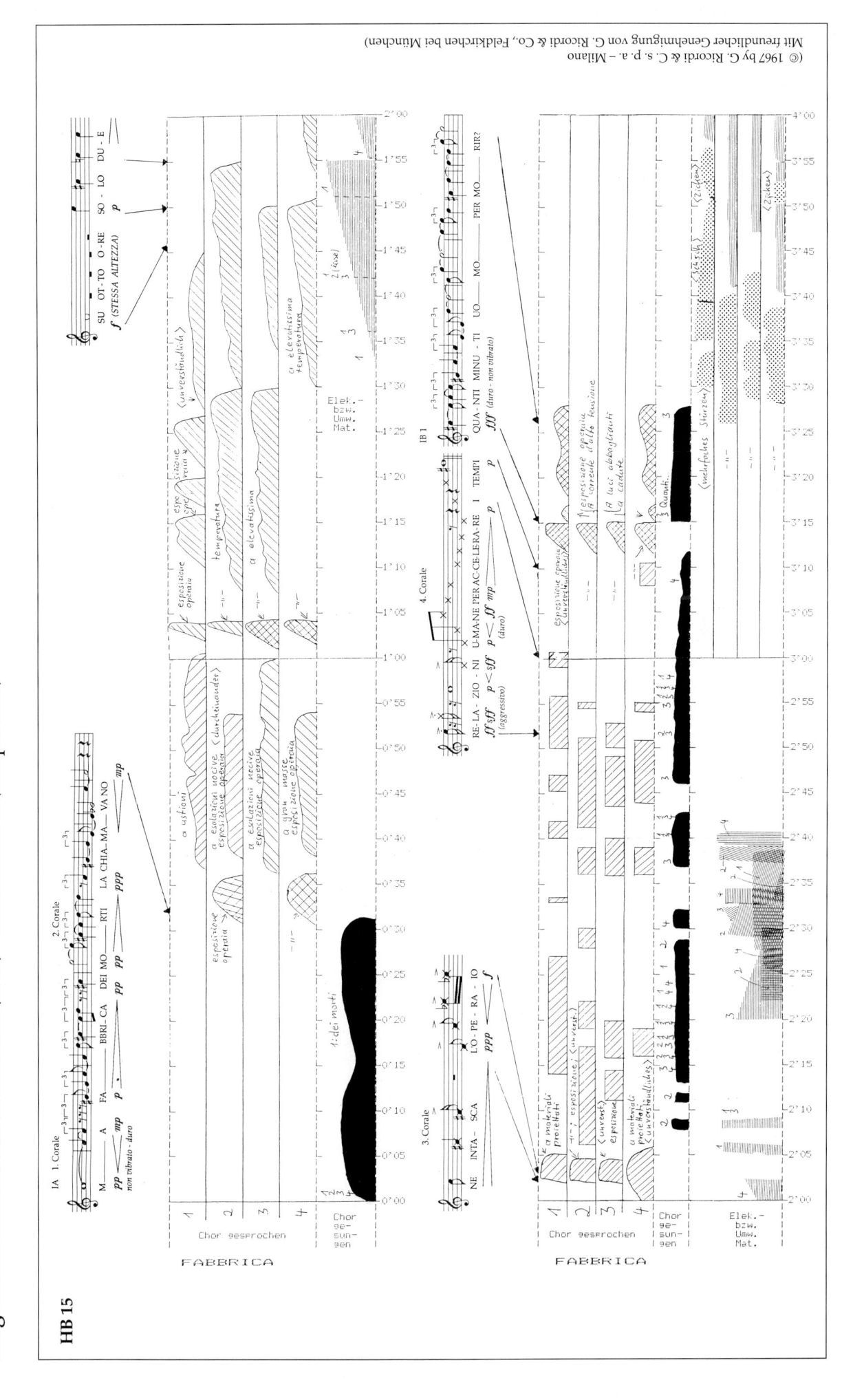

# Luigi Nono: ›La fabbrica illuminata‹ (1964) – Abschnitt I A (Hörpartitur)

**Arbeitsblatt 13/4**

© 1967 by G. Ricordi & C. s. p. a. – Milano
Mit freundlicher Genehmigung von G. Ricordi & Co., Feldkirchen bei München

*Stationen der Musik im 20. Jahrhundert*

# Luigi Nono: ›La fabbrica illuminata‹ (1964)   Arbeitsblatt 13/5

Der auf Arbeitsblatt 13/4 abgedruckte Ausschnitt einer Hörpartitur wurde ohne Hilfe von Nonos Aufzeichnungen erstellt. Detailliertere Aufzeichnungen sind nicht veröffentlicht.

Die Zahlen beim gesungenen Chor und beim Elektronik- bzw. Umweltmaterial benennen die Lautsprecherkanäle. Die Numerierung der Lautsprecher beginnt vom Zuschauer aus gesehen auf der Bühne links und erfolgt im Uhrzeigersinn. Der gesprochene Chor ist nach den vier Spuren getrennt aufgezeichnet. Es bedeuten:

⟋⟋⟋⟋⟋ Männerchor
⟍⟍⟍⟍⟍ Frauenchor
⨯⨯⨯⨯⨯ gemischter Chor

Die Notation der Live-Stimme ist der beim Ricordi-Verlag veröffentlichten Stimme für Sopran entnommen. Aus räumlichen Gründen konnte die Notation nicht nach der üblichen Zeitordnung erfolgen. Die Pfeile unterhalb des Systems zeigen die wahren Zeiten der Live-Stimme an. Der Live-Stimmenpart zu Beginn der Komposition endet also in Min. 0'32".

Zeichen für die Live-Stimme:

■ : gesprochen mit festgelegter Tonhöhe
× : gesprochen ohne festgelegte Tonhöhe

Zeichen für Elektronik- bzw. Umweltmaterial:

▦  ▤  sägeartige Geräusche
▒  übrige Geräusche

### Aufgaben

1. Die Live-Stimme:
   a) Warum ist die Live-Stimme rhythmisch so kompliziert notiert?
   b) Welche Intervalle sind im ersten und vierten Corale vorherrschend?
   c) Wodurch sind die Abschnitte der Live-Stimme im ersten und vierten Corale außerdem verwandt im Unterschied zu denen im zweiten und dritten Corale?
   d) Welche formale Funktion hat die Ähnlichkeit der beiden Abschnitte der Live-Stimme im ersten und vierten Corale?
   e) Wodurch wird am Ende des vierten Corale Schlußwirkung erzielt?

2. Besetzung der Corali:

| | Beginn des Corale auf dem Tonband | Live-Stimme (am Anfang, am Schluß, dauernd, nein) | gesprochener Chor (Männer, Frauen, gemischt, nein) | gesungener Chor (ja / nein) |
|---|---|---|---|---|
| 1. Corale | gesungener Chor | | | |
| 2. Corale | gesprochener Chor artikuliert »esposizione operaia« wie unten dargestellt | | | |
| 3. Corale | | | | |
| 4. Corale | | | | |

Artikulation von »esposizione operaia« durch verschiedene Chorgruppen:

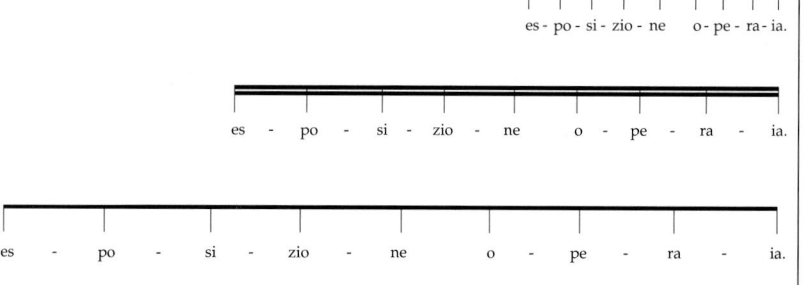

es - po - si - zio - ne   o - pe - ra - ia.

es - po - si - zio - ne   o - pe - ra - ia.

es - po - si - zio - ne   o - pe - ra - ia.

3. Zur Struktur der Corali:
   a) Wodurch wird der Einleitungscharakter des ersten Corale deutlich?
   b) Welche Struktur ist dem zweiten, dritten und vierten Corale gemeinsam?

*Stationen der Musik im 20. Jahrhundert*  Arbeitsblatt 13/6

# Luigi Nono: ›La fabbrica illuminata‹ (1964)

## Die Behandlung der menschlichen Stimme

**HB 18** (Min. 7'45'' bis 8'42'). Im folgenden Ausschnitt ist die erste Hälfte des Abschnittes II 2 wiedergegeben. In Klammern sind die Tonhöhen notiert; sie sind manchmal nur ungefähr zu bestimmen.

**HB 19** (Min. 6'40'' bis 9'10'')

### Aufgaben

1. Tragen Sie in die Grafik unten ein, welche *Artikulationsweise* bzw. welche *Art der elektronischen Veränderung* vorliegt:
   1 geflüstert
   2 gesprochen
   3 gesungen ohne elektronische Veränderung
   4 gesungen mit leichter elektronischer Veränderung
   5 gesungen mit stärkerer elektronischer Veränderung

Live-Stimme: g' - fis' -g'

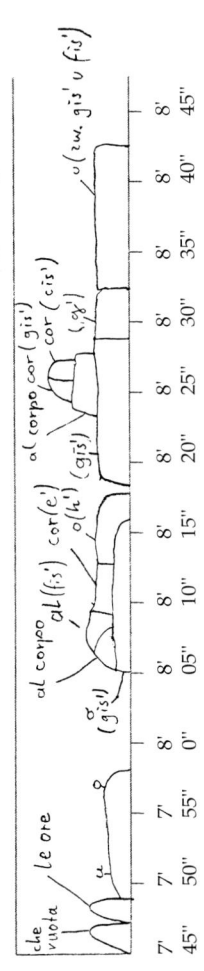

[Grafik mit Zeitachse von 7'45'' bis 8'45'' mit Textfragmenten: le ore vuota, al corpo, al (fis'), cor(e'), o(h'), (gis'), al corpo cor (gis'), cor (cis'), (gis'), u(zu, gis' u fis')]

Das Verfahren, Wörter in Silben und Laute aufzuspalten, ist typisch für die Sprachbehandlung in Neuer Musik. Man kann das Verfahren in diesem Beispiel als dazu dienend interpretieren, einen Übergang zu schaffen zwischen »u« und »o« von »vuota« und »o« von »le ore«.

2. Wie kann der elektronische Eingriff beschrieben werden, und welche Wirkung hat er?

3. Was läßt sich über die Intervalle aussagen?

4. Kann man von Textausdeutung sprechen? An welcher Stelle?

5. Kann der elektronische Eingriff als Eingriff in die menschliche Sphäre gedeutet werden?

6. Füllen sie bitte die folgende Tabelle aus, die sich auf den ersten Teil des zweiten Abschnittes bezieht. Live hervorgebrachter Text ist unterstrichen. Solcher Text kann sich aber zusätzlich auf dem Zuspielband befinden.

   Art der technischen Verarbeitung:
   (a) könnte von einer einzigen Stimme live artikuliert werden
   (b) aus mehreren übereinandergeschnittenen, prinzipiell live hervorzubringenden Tonbandabschnitten bestehend
   (c) elektronisch manipuliert

| | Ereignisdichte (groß, mittel, gering, mit Zwischenstufen) | a | b | c | hauptsächl. Artikulationsarten |
|---|---|---|---|---|---|
| e non si fermano (und hören nicht auf) | | | | | gesprochen, gesungen |
| ININTERROTTI (ununterbrochen) | | | | | gesprochen, gesungen |
| MANI (Hände) | | | | | gesungen |
| di aggredire (angreifen) | | | | | gesungen, gesprochen |
| che vuota le ore (die Stunden entleerend) | | | | | gesprochen |
| al CORPO (dem Körper) | | | | | gesprochen, gesungen |
| quadranti, visi (Zifferblätter, Gesichter) | | | | | gesprochen |
| nuda (nackt) | | | | | gesungen |
| afferrano (ergreifen) | | | (x) | | gesprochen |

41

*Stationen der Musik im 20. Jahrhundert*

# Luigi Nono: ›La fabbrica illuminata‹ (1964)

**Arbeitsblatt 13/7**

```
Abschn:    IA 1.Cor.   2. Corale                    3.Corale                      4.C.  IB1
Live-      MA fabbrica dei morti         su otto ore due ne    relazioni umane per accelerare i
Text:      la chiamavano                 intasca l'operaio     tempi. Quanti minuti uomo per morir?
Live-St:   lllllllllll                            llllll       llllll lllll
Ch.gesp:               GGGGGGGGGGGGGG FFFFFFFFFFFFFFFFFMMMMMMMMMMMMMMMMM M GGGGGG
Ch.gesu:   AAAAAAAAAAAA                AAAAAAAAAA AA AAAAAAAAAA AAAAAA
E-U-Mat:                                                           :::::::---:-:-
Min:       0                       1                       2                       3                       4
Sek:       00  10  20  30  40  50  00  10  20  30  40  50  00  10  20  30  40  50  00  10  20  30  40  50  00

Abschn:                       IB2                                                II 1                           II 2
Live-Te:                                     YYYYYYYYYYYYYYYYYYYYYYY     e non si fermano         di aggredire
Live-St:                YY   YYYYYY                                      lllllllllllll             lll
Tonb-St:                                                                          uupupuuuluuuu ulpulpul pluuu
Fa-Stim:   :::::::::--:-:-:-:-:-:-:-:-:-:-:-:+:+:+:+:++++++++++++++
E-U-Mat:                                                                   ==
Min:       4                       5                       6                       7                       8
Sek:       00  10  20  30  40  50  00  10  20  30  40  50  00  10  20  30  40  50  00  10  20  30  40  50  00

Abschn:                       II 3          II 4                                  II 5
Live-Te:          aa Quadranti, visi   nuda afferrano   e non si fermano
Live-St:          lll l l llll l  ll
Tonb-St:   luuuuuuluuuuu uuu       p     uplupuuuupluupupupupupupupupupupupupuccfcfcccccccccccccccc
E-U-Mat:                            =     :::::::::::                                        ::::::
Min:       8                       9                       10                      11                      12
Sek:       00  10  20  30  40  50  00  10  20  30  40  50  00  10  20  30  40  50  00  10  20  30  40  50  00

Abschn:    III 1               III 2                       IV
Live-      Tutta la città       dai morti continua-         passeranno i mattini/ passeranno le angosce/
Text:      mente   la folla cresce parla del morto          non sara cosi sempre/ ritroverai qualcosa
Live-St:   ll lllll l llllll                                lllllllllllllllllllllllllllllllllllllll...
Ch.gesp:       M     MM     FF  FF
Ch.gesu:       AAA AA AA   AAAAA  A       AAAAAAAA
Tonb-St:   cc                       pp uuuuuuuuuu
E-U-Mat:                  :  :   :::::::::  ::::                    ::::::
Min:       12                      13                      14                      15                      16
Sek:       00  10  20  30  40  50  00  10  20  30  40  50  00  10  20  30  40  50  00  10  20  30  40  50  00
```

### Legende zur Hörpartitur links

**Live-St:** Live-Stimme (I)

**Ch. gesp.:** Chor gesprochen
- **M:** Männer
- **F:** Frauen
- **G:** gemischter Chor

**Ch. gesu:** Chor gesungen (A)

**E-U-Mat:** Elektronik- bzw. Umweltmaterial
- **–:** sägeartiges Geräusch
- **+:** Ausgieß-Geräusch
- **=:** restliche Geräusche

**Fa-Stim:** Fabrik-Stimmen (Y)

**Tonb-St:** Tonband-Stimmen
- **u:** gesungen
- **l:** geflüstert
- **p:** gesprochen
- **c:** chorisch

Bei den Zeiten der Abschnitte ist das erste Zeichen maßgeblich. Ertönen auf dem Zuspielband mehrere Materialien gleichzeitig, sind sie auf einer Zeile kurz hintereinander notiert.

### Aufgabe

Welche Materialien werden in den Abschnitten verwendet?

| | I A | I B | II | III | IV |
|---|---|---|---|---|---|
| Live-Stimme | | | | | |
| gesprochener Chor | | | | | |
| gesungener Chor | | | | | |
| Elektronik- bzw. Umweltmaterial | | | | | |
| Tonbandstimmen | | | | | |
| Fabrikstimmen | | | | | |

*Stationen der Musik im 20. Jahrhundert*

# Lösungen – Hinweise

## Methodische Hinweise

Vorbemerkung: Es erscheint sinnvoll, daß die SchülerInnen vor der Behandlung von »La fabbrica illuminata« bereits Klänge neuester Musik kennengelernt haben.

Mögliche Rahmenthemen:
- Elektronische Musik / Musique concrète.
- Sprachbehandlung in der Neuen Musik (bes. AB 13/6)
- Politisch engagierte Musik
- Konzert als Veranstaltung: Konzert in Fabriken
- Rezeptionsweisen: Rezeption des Werkes bei Arbeitern gemäß Nonos Erfahrungen

**Zu Arbeitsblatt 13/1** (s. Aufgaben S. 36)

1.  a) Bedeutung Nonos
    b) Allgemeines zu Nono
    c) Nonos erste Kompositionsphase
    d) Nonos zweite Kompositionsphase: politisches Engagement
    e) Nonos zweite Kompositionsphase: Kompositionstechnik der elektronischen Stücke
    f) Nonos zweite Kompositionsphase: Aufzählung der Werke
    g) Nonos dritte Kompositionsphase: allgemein
    h) Nonos dritte Kompositionsphase: Live-Elektronik

2. Bei der Live-Elektronik werden in einer Aufführung die instrumentalen und vokalen Klänge elektronisch manipuliert, ohne daß also ein Tonband als Zwischenspeicher fungiert.

3. Nonos mittlere Phase war geprägt von starkem politischem Engagement; damals komponierte er fast nur Werke mit Tonband.

Weitere Fragen:
- Wodurch könnte der Wandel in Nonos politischer Einstellung bedingt sein?
  Er wollte etwas ganz Neues machen. Er fand mit seinen politisch engagierten Stücken zu wenig Zuspruch.

**Zu Arbeitsblatt 13/2** (s. Aufgaben S. 37)

1. Verwendetes Material auf Tonband (Fortsetzung):

   HB 15 (Ausschnitt): (Min 0'00'' bis Min 1'00'')
   - gesungener Chor
   - gesprochener Chor

   HB 16: (Min 6'25'' bis 7'14'')
   - Fabrikstimmen
   - Solostimme: auf verschiedene Arten artikuliert, (Lehrerinformation:) z. T. elektronisch verändert

   Evtl. als zusätzliche Lehrerinformation bzw. Gegenstand eines kurzen Unterrichtsgespräches: Die verwendeten Klangmaterialien werden hier, grob gesprochen, ähnlich verwendet wie in herkömmlicher Musik die Instrumentengruppen (Streicher, Blechbläser etc.).

Weitere Fragen:
- Welche der verwendeten Materialien sind in HB 17 wahrnehmbar?
  Alle außer den Fabrikstimmen.
- Warum kam »La fabbrica illuminata« bei den Arbeitern, mit denen Nono sprach, besonders gut an?
  Weil das Fabrikleben thematisiert wird; weil keine ›herkömmliche Musik‹ verwendet wird.
- Halten Sie »La fabbrica illuminata« für geeignet, um auf die Problematik aufmerksam zu machen?
- Wäre es nicht wirkungsvoller, eingängigere Musik zu verwenden, z. B. einfach zur Gitarre zu singen?
- Was halten Sie von dem Argument, durch Worte könne besser auf Mißstände aufmerksam gemacht werden?
- Halten Sie Konzerte in Fabriken für gerechtfertigt?
- Was halten Sie von Aufführungen an anderen Orten als Konzertsälen (Fabriken, öffentlichen Plätzen, Turnhallen)?
- Glauben Sie, daß eine Analyse des Stückes den Zugang für die Arbeiter und für Sie erleichtert?

**Zu Arbeitsblatt 13/3** (s. Aufgaben S. 38)

1.

|  | I | II | III | IV |
|---|---|---|---|---|
| Es ist die Rede von: | Arbeitsbedingungen in der Fabrik | Auswirkungen der Fabrikarbeit auf das Privatleben | Reaktion der Stadt auf die Arbeitsbedingungen | Ausblick auf eine bessere Zukunft |

2. Der vierte Abschnitt enthält im Gegensatz zu den übrigen ganze Sätze.

3. gesprochener Chor: noi, vivi, proteste, cabina detta tomba
   gesungener Chor: nichts
   (Lehrerinformation:) Der Rest des Textes bis »cabina detta tomba« wird von der Live-Stimme artikuliert.

Weitere Fragen zur Textanalyse:
- Welche Textstellen könnten am ehesten Anstoß erregen?
  fabbrica come lager.
- Wie beurteilen Sie den Text bzgl. Inhalt, Aufbau, evtl. Verständlichkeit?
- Wie ist der Coro iniziale textlich gegliedert? (vgl. Arbeitsblatt 13/5)
  Anfangs steht immer »die Arbeiter sind ausgesetzt«; dann werden Sachverhalte dargestellt, denen die Arbeiter ausgesetzt sind; schließlich folgt ein Kommentar der Live-Stimme.

# Lösungen – Hinweise

**Zu Arbeitsblatt 13/5** (s. Aufgaben S. 40)

1. Die Live-Stimme:
   a) um ein Metrum nicht aufkommen zu lassen;
   b) Tritonus, kleine Sekunde und Quarte;
   c) durch ähnliche rhythmische Struktur, gleichen höchsten Ton, gleiches Tempo, ähnlichen Schluß; die Live-Stimme erklingt im 1. und 4. Corale die meiste Zeit; beidemal singt die Live-Stimme ständig, während sie sonst auch anders artikuliert;
   d) es soll bewirkt werden, daß der durch die Abschnitte umrahmte Formteil als Einheit aufzufassen ist;
   e) durch die ansteigende Quarte und durch den hohen Ton.

2. Besetzung der Corali:

   |  | Beginn des Corale auf dem Tonband | Live-Stimme (am Anfang, am Schluß, dauernd, nein) | gespr. Chor (Männer, Frauen, gemischt, nein) | gesungener Chor (ja/nein) |
   |---|---|---|---|---|
   | 1. Corale | gesungener Chor | dauernd | nein | ja |
   | 2. Corale | gespr. Chor artikuliert »esposizione operaia« | Schluß | zuerst gemischt, dann Frauen | nein |
   | 3. Corale |  | Schluß | Männer | ja |
   | 4. Corale |  | Schluß | gemischt | ja |

3. a)
   – durch geringe Lautstärke, wenig Bewegung, andere »Instrumentation« als im folgenden Teil;
   – da die Überschrift einleitenden Charakter hat;
   b)
   – es fängt an mit »esposizione operaia«, das jeweils ähnlich artikuliert wird;
   – am Schluß der Corali setzt kommentierend die Live-Stimme ein. Diese Strukturen sind nicht ausgesprochen deutlich. Das »esposizione operaia« kommt nicht nur zu Beginn der Corali vor, sondern auch nochmals innerhalb des zweiten Corale. Außerdem setzt die Live-Stimme im vierten Corale ziemlich am Anfang ein.

Weitere Fragen:
– Was halten Sie von der Anwendung des Begriffes ›Thema mit Variationen‹ auf den 2., 3. und 4. Corale?
Analog wie es bei einem ›Thema mit Variationen‹ strukturelle Ähnlichkeiten zwischen dem Thema und den Variationen gibt (gleiche Länge, Tonart, ähnliche Harmonik, ähnliche Kerntöne, etc.), gibt es hier ebensolche. Nur in sehr weitem Sinne stellt der zweite Corale allerdings ein ›Thema‹ dar. Man könnte eher von einer Struktur mit Variationen sprechen.

– Welche Entwicklung ist festzustellen?
Länge der Corali: die Corali werden kürzer.
Material: es kommt immer mehr Material hinzu.
Dynamik: sie wird größer.
Elektronik- bzw. Umweltmaterial: Es beginnt leise auf einer Spur, wird lauter und breitet sich dabei auf drei Spuren aus; dabei wird es immer fabrikähnlicher.
Regelung: während in den ersten beiden Corali alle menschlichen Klänge prinzipiell auch live hervorgebracht werden könnten, setzt im dritten Corale eine starke dynamische Regelung ein.

– Kann von Textausdeutung gesprochen werden?
• Hohe Temperatur wird durch hohe Stimmlage ausgedeutet.
• Umherfliegendes Material wird durch entsprechende Geräusche und evtl. durch das Drehen des Klanges im Raum dargestellt.
• »Fabbrica dei morti la chiamavano« klingt traurig.
• »Esposizione operaia« klingt aggressiv.

– Was halten Sie für gelungen, was nicht? Was hätten Sie dem Komponisten geraten?

**Zu Arbeitsblatt 13/6** (s. Aufgaben S. 41)

Live-Stimme: g´- fis´- g´

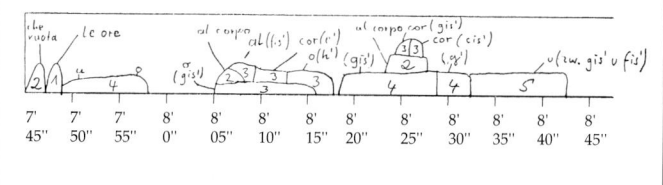

2. Der Ton klingt verhaucht, getrübt.
   Die Tonhöhe wird nicht mehr klar bestimmbar.
   Es entsteht ein Klang, der zwischen stimmlichem und elektronischem Klang liegt. (Lehrerinformation:) Dies ist typisch für Nono.

3. Zumeist erklingen Töne, deren Tonhöhe einigermaßen im temperierten System liegen. (Lehrerinformation:) Dies ist nicht immer bei Neuer Musik der Fall.
   Im zweiten »Feld« ab Min 8'05" wird der E-Dur-Dreiklang umspielt. Er erklingt aber nie vollständig. Im dritten »Feld« ab Min 8'18" ertönt die Quinte cis´-gis´. Die Stellen haben somit deutlichen Anklang an Tonalität. Die Intervalle sind aber nicht ganz rein, da die Tonhöhe schwankt und sie durch die elektronische Veränderung der Töne nicht ganz exakt feststellbar ist.

4. »Che vuota le ore al CORPO« (die Stunden entleerend dem Körper) wird durch die allgemein trübe, düstere, wehmütige Stimmung ausgedrückt. Die Körper können als entkräftet aufgefaßt werden.

5. In diesem Falle ja, (Lehrerinformation:) sonst nicht immer. Durch den Eingriff klingt die Musik trauriger.

Stationen der Musik im 20. Jahrhundert

# Lösungen – Hinweise

| 6. | Ereignisdichte (groß, mittel, gering, mit Zwischenstufen) | a | b | c | hauptsächl. Artikulationsarten |
|---|---|---|---|---|---|
| e non si fermano (und hören nicht auf) | mittel – groß | | | x | gesprochen, gesungen |
| ININTEROTTI (ununterbrochen) | groß und gering | | | x | gesprochen, gesungen |
| MANI (Hände) | mittel | | x | x | gesungen |
| di aggredire (angreifen) | mittel – gering | x | | | gesungen, gesprochen |
| che vuota le ore (die Stunden entleerend) | gering | | | x | gesprochen |
| al CORPO (dem Körper) | gering | | x | x | gesprochen, gesungen |
| quadranti, visi (Zifferblätter, Gesichter) | mittel – gering | | x | | gesprochen |
| nuda (nackt) | gering | | x | | gesungen |
| afferrano (ergreifen) | groß | | x | (x) | gesprochen |

> Die Kategorie der Ereignisdichte ist allgemein in der Musik brauchbar, namentlich in Neuer Musik. Sie kann insbesondere angewendet werden, wenn nicht mehr von langen oder kurzen Notenwerten gesprochen werden kann.

Weitere Fragen:
– Sind die einzelnen Töne grundverschieden vertont?

– Kann man auch in HB 19 von Textausdeutungen sprechen?
  • e non si fermano (und hören nicht auf): Das Unaufhörliche könnte dadurch ausgedrückt sein, daß im Gegensatz zu den meisten anderen Textstellen der Text mehrfach artikuliert wird.
  • di aggredire (angreifen): Die Aggression wird durch das Ansteigen der Stimme dargestellt.
  • afferrano (ergreifen): Aggression wird dargestellt durch mehrfache gleichzeitige Artikulation.

– Ist die Textausdeutung anschaulich genug?
– Ist der Text verständlich genug?
– Denkt man darüber nach, welche Auswirkungen die Fabrikarbeit auf das Privatleben hat?

Weitere Fragen zur Großform und zum Gefallen:
– Finden Sie die Formgliederung leicht nachvollziehbar?
– Was gefällt Ihnen am besten?
– Was gefällt Ihnen nicht?

Weitere Fragen zur Wirkung in öffentlichen Konzerten:
– Halten Sie die Thematik für den Konzertsaal für angebracht?
– Halten Sie die Komposition für wirkungsvoll?
– Was ist besonders wirkungsvoll?
– Hat das Stück Sie dazu angeregt, über die Funktion der Musik nachzudenken?
– Hat Kunst überhaupt das Recht, angesichts des Elendes auf der Welt ›nur‹ zu unterhalten?

**Zu Arbeitsblatt 13/7** (s. Aufgaben S. 42)

| | I A | I B | II | III | IV |
|---|---|---|---|---|---|
| Live-Stimme | x | | x | x | x |
| gesprochener Chor | x | | | x | |
| gesungener Chor | x | | | x | |
| Elektronik- bzw. Umweltmaterial | x | x | x | x | |
| Tonbandstimmen | | | x | | |
| Fabrikstimmen | | x | | x | |

*Stationen der Musik im 20. Jahrhundert*

**Manfred Trojahn: ›Architectura Caelestis‹ (1974-76)**

Arbeitsblatt 14/1

### HB 20

## »Architectura Caelestis«
### Für Frauenstimmen und großes Orchester

»Architectura Caelestis« (himmlische Architektur) ist der Titel eines ›religiös ornamentalen Christusbildes‹ des Wiener Malers ERNST FUCHS (*1930), eines Vertreters des Fantastischen Realismus. Daß der Komponist den Maler »damals heiß verehrte«, belegt auch für dieses Stück den für TROJAHN wesentlichen Bezug von Werk und Biographie. Parallelen zwischen Bild und Musik zu interpretieren fällt TROJAHN rückblickend schwer. Das Werk reflektiert von LIGETI beeinflußte Clustertechnik und Mikropolyphonie ebenso, wie es diese Verfahren überwindet. Es stellt einen »auskomponierten Abschied von der Mikropolyphonie, vom Cluster« (TROJAHN, aus: Martin Willenbrink: Im Gespräch mit Manfred Trojahn, in: Zeitschrift für Musikpädagogik, Heft 31, Gustav Bosse Verlag, Regensburg 1985, S. 4)) dar.

»In das Stück dringen Klänge ein, die mir damals mehr und mehr wichtig wurden. Das waren clusterferne Klänge, tonale – das bedeutet hier grundtonbezogene Akkorde und eine gesteigerte Expressivität.« (TROJAHN, aus: Martin Willenbrink, a.a.O.)

### Aufgaben

1. Beschreiben Sie anhand des reduzierten Notenbildes die Elemente des Satzbeginns (NB 1), und entwickeln Sie eine möglichst differenzierte Klangerwartung, die Sie dann hörend überprüfen sollen.

**NB 1**

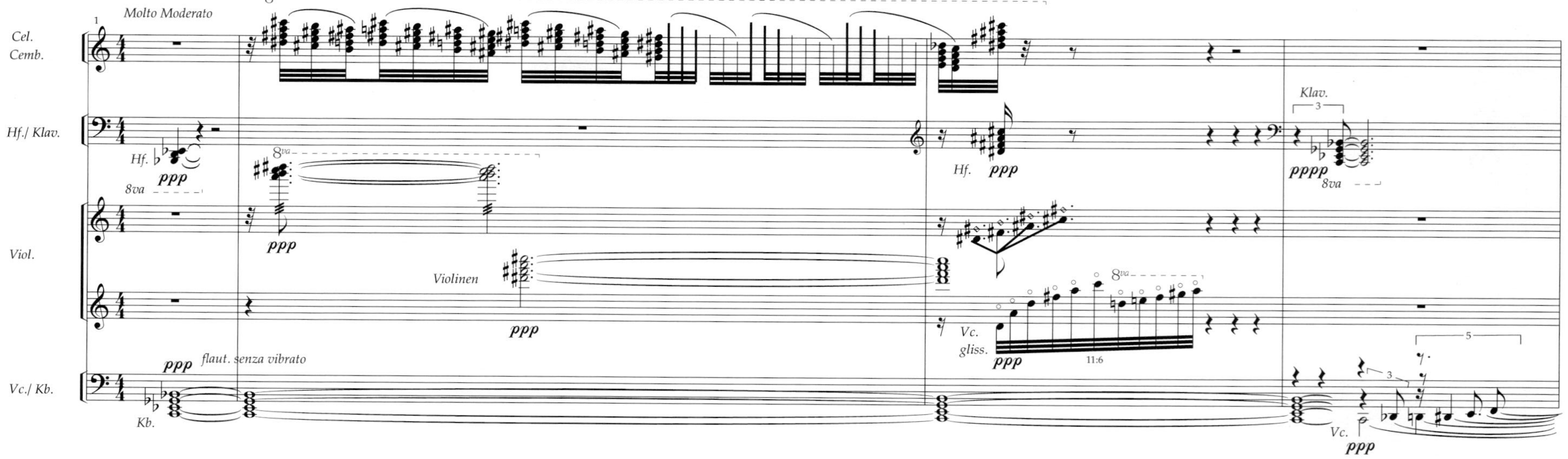

(© Musikverlag Hans Sikorski, Hamburg – Mit freundlicher Genehmigung)

*Stationen der Musik im 20. Jahrhundert*

# Manfred Trojahn: ›Architectura Caelestis‹ (1974-76)

**Arbeitsblatt 14/2**

**HB 20**

2. Belegen Sie, wie in den folgenden Beispielen (NB 2–4) diese Elemente (s. AB 14/1, Aufgabe 1) sich verfestigen. Welche anderen, die Tonsprache prägenden kompositorischen Gestaltungsmittel sind festzustellen?

**NB 2**

**NB 3**

**NB 4**

(© Musikverlag Hans Sikorski, Hamburg – Für alle Noten auf dieser Seite Mit freundlicher Genehmigung)

47

*Stationen der Musik im 20. Jahrhundert*

**Manfred Trojahn: ›Architectura Caelestis‹ (1974-76)**

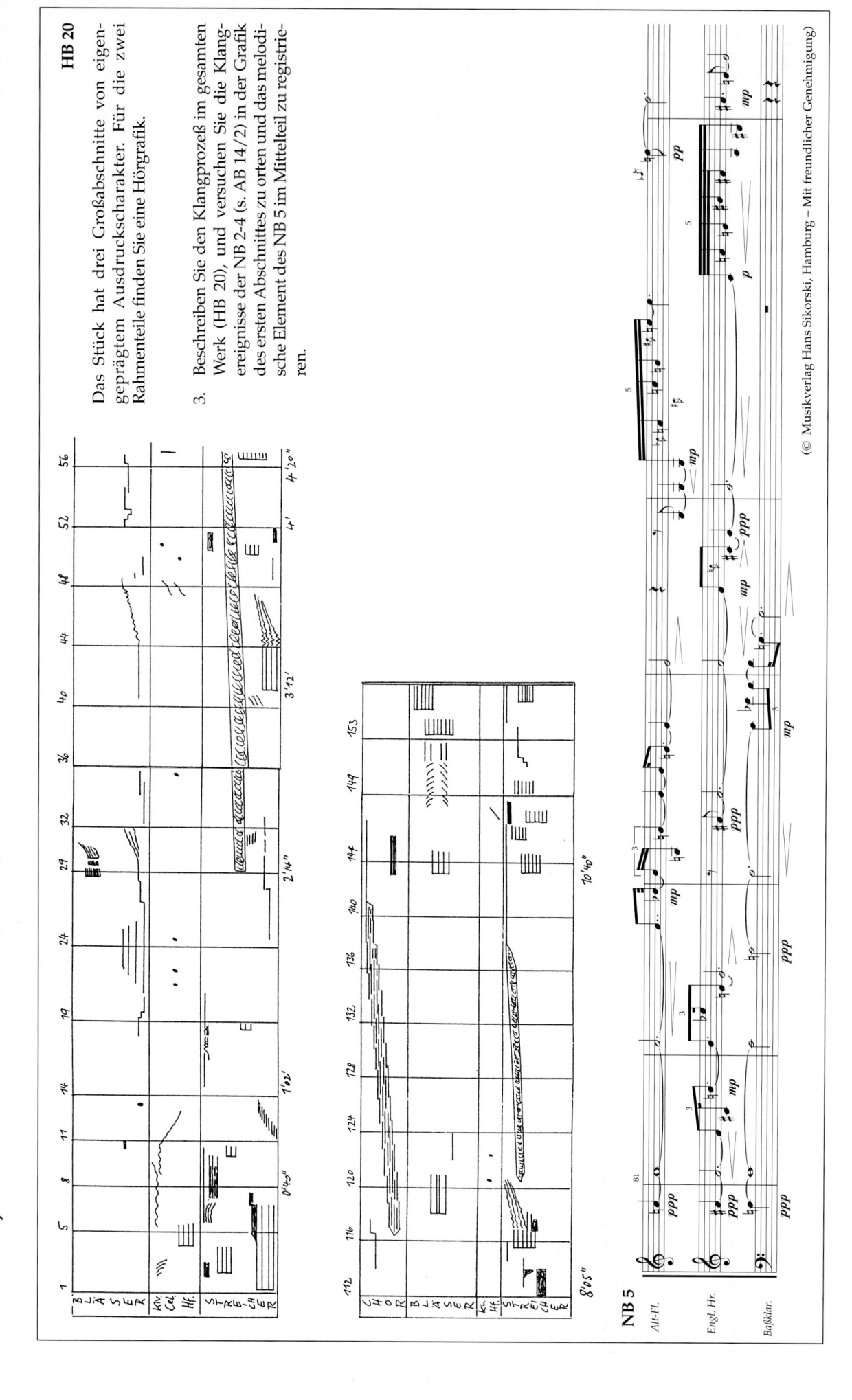

Arbeitsblatt 14/3

HB 20

Das Stück hat drei Großabschnitte von eigengeprägtem Ausdruckscharakter. Für die zwei Rahmenteile finden Sie eine Hörgrafik.

3. Beschreiben Sie den Klangprozeß im gesamten Werk (HB 20), und versuchen Sie die Klangereignisse der NB 2-4 (s. AB 14/2) in der Grafik des ersten Abschnittes zu orten und das melodische Element des NB 5 im Mittelteil zu registrieren.

(© Musikverlag Hans Sikorski, Hamburg – Mit freundlicher Genehmigung)

48

*Stationen der Musik im 20. Jahrhundert*

# Lösungen – Hinweise

Die Musikgeschichte des 20. Jahrhunderts weist neben den Epochenzäsuren um 1920 und 1950 eine dritte um die Mitte der 70er Jahre auf. Komponisten wie MANFRED TROJAHN, WOLFGANG RIHM, DETLEV MÜLLER-SIEMENS und HANS-JÜRGEN VON BOSE ist die Absicht gemeinsam, einen Weg aus der Aporie zu weisen, in die serielles Denken geführt hat. Den Maximen Sachlichkeit und Rationalität gegenüber wurden ›Ausdruck‹ und ›Emotion‹ wieder ästhetisch relevant. Die Komponisten drängten auf einmal provokativ zu Kategorien wie ›Freiheit‹, ›Subjektivität‹, ›Innerlichkeit‹ und ›Privatheit‹ (DANUSER, H.: Neues Handbuch der Musikwissenschaft, Bd. 7, Laaber-Verlag, Laaber 1984, S. 400).

Ein Bedürfnis zu extremer Expression wurde wach, man wollte eine Musik schreiben, die sich unmittelbar der ›hörenden Erkenntnis‹ erschließt und nicht erst über analytische Kommentare und Einführungstexte des Komponisten verständlich wird.

»Es war unübersehbar geworden, ja es konnte nur noch von Ignoranten für richtig gehalten werden, daß die neue Musik in einem Ghetto ihr Leben fristete. (…) Die Isolation des Komponisten, der ohne die Perspektive arbeitete, diejenigen zu erreichen, die letztlich seine Arbeit finanzierten, mußte zu Befreiungsversuchen auf diese Gruppe hin führen, was zunächst bedeutet, daß man den Punkt verlassen mußte, auf dem man sich befand.«
*(TROJAHN: … über's eigne komponieren, in: MusikTexte 15, Verlag MusikTexte, Köln 1986, S. 51)*

MANFRED TROJAHN (*1949) ist einer jener Exponenten der Musik der 70er Jahre, die sich im öffentlichen Musikleben durchgesetzt haben. Seine Werkbezeichnungen manifestieren einen Rekurs auf tradierte Gattungen, der aber anders als in der Neoklassik nicht als »Restitution von historischen Satzmodellen« zu verstehen ist, sondern unter dem Aspekt eines sich wandelnden Verhältnisses zur musikalischen Tradition gesehen werden muß.

»Haben wir bisher versucht, Sinn und Wirkung von historischer Musik aus den Gegebenheiten ihrer Epoche zu verstehen, so ist es heute am Platz (…) zu sehen, inwiefern sie sich auf unsere kompositorische Phantasie auswirkt.« *(TROJAHN: ebda. S. 52)*

»Architectura Caelestis« läßt eine derartige formale Rückbezogenheit nicht erkennen, der Bezug zu erlebter Musik, hier zur Klanglichkeit LIGETIS, ist jedoch evident.

**Zu Arbeitsblatt 14/1** (s. Aufgaben S. 46)

1. An dem in Particell-Notation wiedergegebenen Werkanfang können Elemente und Prinzipien der Komposition erkannt werden. Der Beginn assoziert die räumliche Dimension von Musik in doppelter Weise, die vertikale insofern als die extreme Tiefe des Klangbandes der Kontrabässe zur Höhe des Tremolos der Violinen kontrastiert; die Vorstellung von Raumtiefe vermitteln der unwirkliche, ferne Klang dieser extremen Lagen und die Präsenz des Klanges von Cembalo und Celesta. Die Struktur der Klangereignisse ist unterschiedlich: Ein chromatischer Cluster (T. 4), ein diatonischer (Beginn T. 2) und ›clusterferne Klänge‹. Diese sind nach TROJAHN als Resultat eines Aussparens von Tönen aus einem Cluster zu verstehen und signalisieren den Bruch mit der Clustertechnik, ›das Aufbrechen einer Fassade‹. Rezipiert wird ein Klangraum auf der Basis eines statischen Septakkordes über dem Kontra-C, in dem metrisch bezogene, harmonisch bestimmbare und diastematisch zielgerichtete Terzenketten als festumrissene Gestalten eine klanglich flirrende Figuration bilden. Die Terz wird zum wesentlichen Strukturintervall. Der Terzton ›Es‹ des ersten Septakkordes wird, oktavversetzt und enharmonisch umgedeutet zu ›dis‹, Grundton eines zweiten, die Terzschichtung somit nach oben fortgesetzt. In dem vom 1. Violoncello gespielten Ausschnitt aus der Obertonreihe, ein Element, das im Werk in T. 40 dreifach kombiniert auftritt und in dieser Form auch den Satzschluß bildet, sind die Töne des Septakkordes die ersten mit harmonischer Kraft. Das C hat nicht nur für den Werkbeginn die Funktion eines Zentraltons. Ab T. 11 entwickelt sich in Kb. und Vc. von C aus ein mikropolyphones Gewebe, überwiegend terzgeschichtet. Der Schlußakkord (T. 156) in Terzstruktur erklingt unter einem Flageolett c''''.

**Zu Arbeitsblatt 14/2** (s. Aufgaben S. 47)

2. NB 2: In den Takten 8ff. (0'40") kristallisiert sich aus einem achttönigen chromatischen Cluster sukzessiv ein E-Dur-Akkord als Flageolett-Klang heraus, der in T. 10 in den Bratschen sich hörbar konsolidiert. NB 3: Der Ton e''', Terz zum Zentralton c, wird ›auskomponiert‹ (1'05"). Einer Phase relativer Ruhe - gegenläufige Dynamisierung und metrisch verschobene Einsätze beleben von Anfang an den Ton - folgt eine melodische Floskel, deren Konturen eine ausdifferenzierte Rhythmik verschleiert und deren Linie sich auffächert in ein dichtes, bewegtes Gewebe, bevor der Ausgangston sich wieder festigt. Mit dieser Struktur ist ein neues Gestaltungsmoment gegeben. NB 4: Aus dem liegenden Akkord über dem Kontra-C (vgl. NB 1, T. 1) entwickelt sich Melodisches, das zunächst metrumbezogen eine ostinate Dreitongruppe ausbildet (3'18"). Klangliche Verdichtung und Intensivierung der Bewegung führen mit einem Crescendo zur Auflösung des Komplexes. Derartiges Zerfasern eines Klanges ist wiederholt im Stück zu hören.

**Zu Arbeitsblatt 14/3** (s. Aufgaben S. 48)

3. Den ruhigen Rahmenabschnitten gegenüber steigert sich im Mittelteil (T. 57-111) der Klang ins Chaotische. Zwei Steigerungswellen sind hier zu registrieren, von denen die erste (T. 57ff.) von einem dichten Clusterband der Frauenstimmen geprägt wird, zu dem mehr punktuelle Klangereignisse zusammen mit einem mikropolyphon gewebten Streichersatz im Orchester treten. Klangbereichernd sind nun Schlaginstrumente und Trompeten. Zu Beginn der zweiten Steigerungswelle (T. 81ff.) sind die Melodielinien der drei Holzblasinstrumente (NB 5) zu hören. Die NB 2-4 sind Details der Take 8ff., 15ff. und 41ff. Der Schluß des Werkes entweicht »aus engen, mikropolyphonen Clustergeweben in weite akkordisch-homophone Klanglichkeit« (TROJAHN, aus: Textheft zur LP DMR 1025-27, S. 20). Melodisches und Akkordisches signalisieren einen ›Abschied‹ vom Cluster.

*Stationen der Musik im 20. Jahrhundert*

**Arbeitsblatt 15/1**

# Wolfgang Rihm: ›Erscheinung, Skizze über Schubert‹ (1978)

## Franz Schubert: Quartett G-Dur, Nr. 4, op. 161 (1. Satz, T. 1-9)

**Allegro molto moderato**

## A. Harmonische Details

RIHM bezieht die unten abgedruckten Takte seiner ›Erscheinung‹ auf FRANZ SCHUBERTS Quartett Nr. 4, op. 161.

### Aufgaben

1. Vergleichen Sie anhand des entsprechenden Videoausschnittes (ca. 15. Minute) beide Kompositionsbeispiele.
2. Vollziehen Sie die im Film formulierten Erklärungen RIHMS an den Notenbeispielen nach.
3. Wozu läßt sich RIHM durch die ersten drei Takte des SCHUBERT-Quartetts inspirieren?
4. Untersuchen Sie die harmonischen Details in RIHMS Kompositionsausschnitt, und bringen Sie diese Satzmerkmale hörend und lesend in Verbindung mit der rhythmischen und dynamischen Gestaltung.

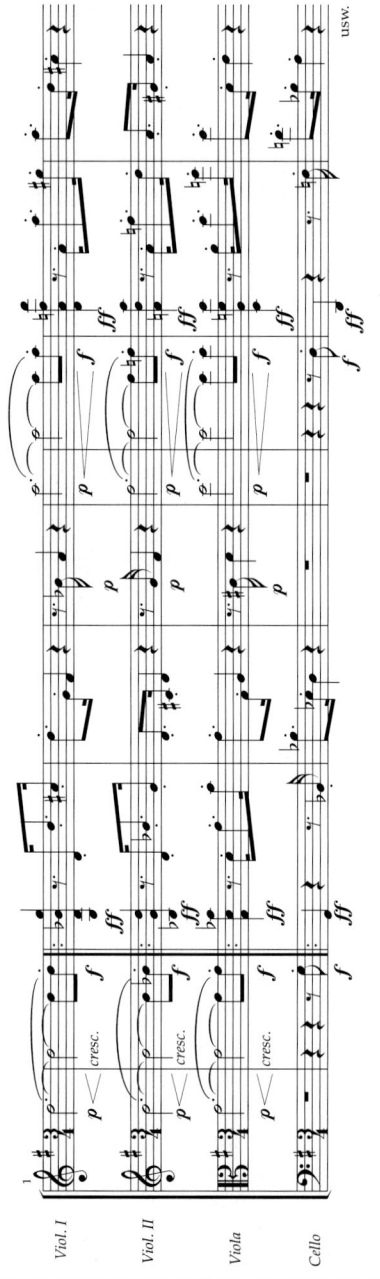

**Wolfgang Rihm: ›Erscheinung‹** (Autograph S. 5 unten, Video: ca. 15. Minute ff.)

(© 1978 by Universal Edition A. G., Wien)

*Stationen der Musik im 20. Jahrhundert*

# Wolfgang Rihm: ›Erscheinung, Skizze über Schubert‹ (1978)

**Arbeitsblatt 15/2**

### B. Rhythmische Elemente

Rihm läßt sich durch rhythmische Elemente in der Musik Schuberts inspirieren.

**Franz Schubert: Wanderer-Fantasie, op. 15** (3. Satz, Takt 1–18)

**Allegro**

**Wolfgang Rihm: ›Erscheinung‹** (Autograph S. 3, Video: ca. 16. Minute ff.)

*3 Violinen*
*3 Violen*
*3 Violoncelli*

(© 1978 by Universal Edition A. G., Wien)

### Aufgaben

1. Machen Sie sich anhand der Videoaufnahme mit beiden Kompositionsausschnitten vertraut.

2. Vergleichen Sie die Wirkungen der Musik mit den Beschreibungen Rihms.

3. Notieren Sie den rhythmischen Baustein beider Kompositionsausschnitte.

    Schubert: _____

    Rihm: _____

4. Worin bestehen Gemeinsamkeiten und Unterschiede beider Musikbeispiele?

*Stationen der Musik im 20. Jahrhundert*

**Arbeitsblatt 15/3**

## Wolfgang Rihm: ›Erscheinung. Skizze über Schubert‹ (1978)

### C. Motivische Beziehungen

**Franz Schubert: Quintett C-Dur, op. 163 (4. Satz, Allegretto, T. 416 bis Ende)**

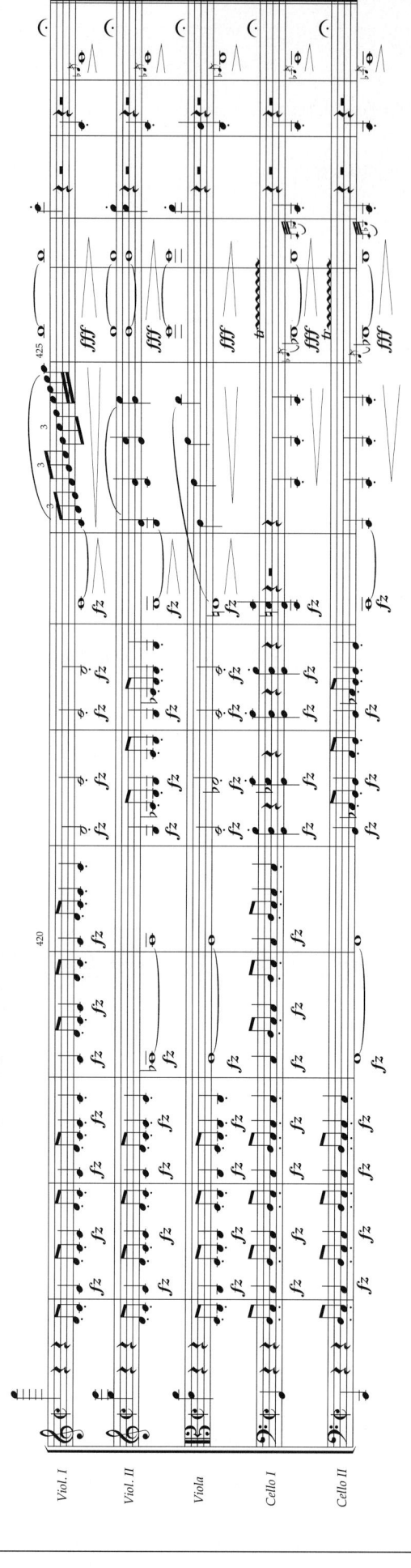

**Wolfgang Rihm: ›Erscheinung‹** (Autograph S. 11 unten, Video: ca. 19. Minute ff.)

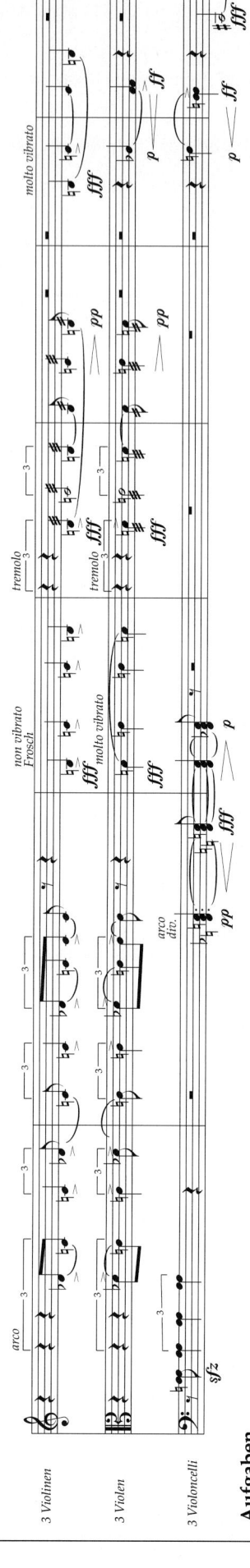

(© 1978 by Universal Edition A. G., Wien)

### Aufgaben

1. Vertiefen Sie sich in einen weiteren Werkvergleich, bevor Sie die ›Erscheinung‹ ganz hören und sehen.
2. Wie unterscheidet sich der Quintettausschnitt oben von dem auf AB 15/2 abgedruckten Beginn der Wandererfantasie?
3. Welche Beziehung besteht zwischen den oben abgedruckten Kompositionsbeispielen?

*Stationen der Musik im 20. Jahrhundert*

# Wolfgang Rihm: ›Erscheinung, Skizze über Schubert‹ (1978)

**Arbeitsblatt 15/4**

D. Der Tonfall des Verharrens und Beharrens als sinfonisches Moment in der Kammermusik Schuberts

**Wolfgang Rihm: ›Erscheinung‹** (Autograph S. 1, Video: Beginn der Gesamteinspielung)

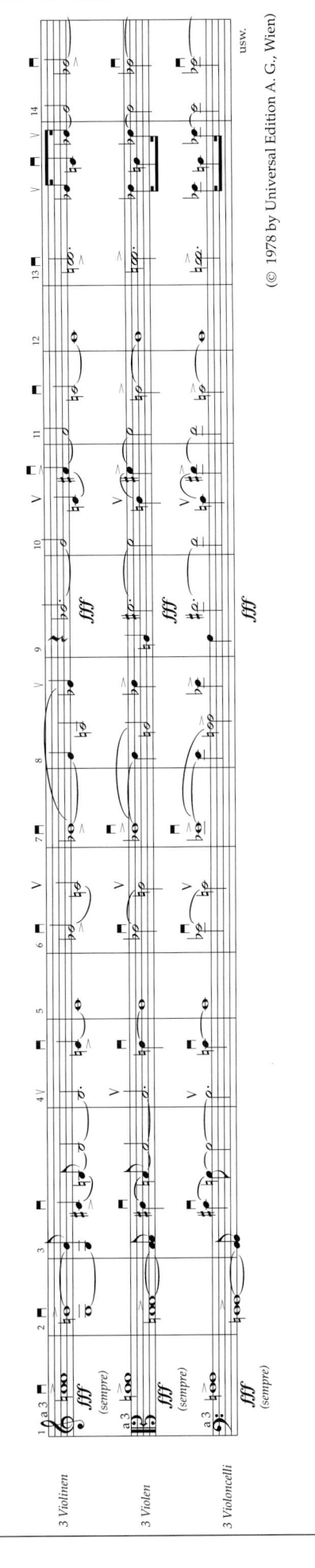

(© 1978 by Universal Edition A. G., Wien)

## Aufgaben

1. Hören und sehen Sie sich den Anfang der Komposition wiederholt an, und beschreiben Sie die satztechnischen Merkmale der Partitur.

2. Notieren Sie weitere Begriffe und Wendungen, mit denen Rihm diesen Ausschnitt beschreibt.

3. Wie unterscheidet Rihm die Kompositionsarten Beethovens und Schuberts?

4. Bevor Sie die Komposition ganz hören, fassen Sie bitte in eigenen Worten zusammen, wie Rihm zu Beginn des Videofilmes seine eigene Kompositionsweise beschreibt.

Stationen der Musik im 20. Jahrhundert

# Wolfgang Rihm: ›Wölfli-Liederbuch‹ (1980/ 1981)

Arbeitsblatt 16/1

## Wolfgang Rihm: Wölfli-Liederbuch

Für Baßbariton und Klavier, nach Texten von Adolf Wölfli (Orchesterfassung 1981)

### Das Zweite Lied

WOLFGANG RIHM wurde 1952 in Karlsruhe geboren und ist einer der produktivsten und vielseitigsten Komponisten der Nachkriegsgeneration. 1974 gelang ihm mit der Donaueschinger Uraufführung des Orchesterstückes »Morphonie, Sektor IV« der Durchbruch zu internationaler Anerkennung. Bis zu seinem 30. Lebensjahr schrieb RIHM bereits über sechzig Werke für alle Gattungen. Er wendet sich dabei von den streng seriellen Kompositionstechniken ab und sucht vielmehr eine expressive musikalische Sprache, die sich verschiedener Techniken bedient.

RIHM vertonte häufig Texte von Dichtern, die in Grenzbereichen psychischer Anspannung lebten (PAUL CELAN, FRIEDRICH HÖLDERLIN, JAKOB LENZ).

Der 1864 in der Schweiz geborene ADOLF WÖLFLI wurde 1895 als Schizophrener in eine Anstalt in Bern eingeliefert. Er starb 1930 und hinterließ ein riesiges Werk an Texten, Bildern und Kompositionen, das heute in der WÖLFLI-Stiftung des Kunstmuseums in Bern zu besichtigen ist. WÖLFLI hatte als jüngstes von sieben Kindern eine schwere Jugend: Sein Vater starb als Alkoholiker im Delirium. Mit sieben Jahren trennte man den Jungen von seiner Mutter, der ein schlechter Lebenswandel nachgesagt wurde. Er kam zu einer Pflegefamilie: unregelmäßiger Schulbesuch, schwere Arbeit, Hunger, Schläge waren sein Schicksal. Als junger Bauernknecht verliebte er sich in eine Bauerntochter. Dem Mädchen wurde der Umgang mit WÖLFLI verboten. WÖLFLI begann zu trinken, wechselte oft seinen Arbeitsplatz, verübte mehrere Sittlichkeitsdelikte, kam ins Zuchthaus und schließlich, nachdem man endlich seine Geisteskrankheit erkannt hatte, in eine Heilanstalt.

WOLFGANG RIHM vertonte im WÖLFLI-Liederbuch, dessen Titel an romantische Liederzyklen erinnert, folgende WÖLFLI-Texte.

### Aufgaben

1. Lesen Sie die Texte über WOLFGANG RIHM und ADOLF WÖLFLI, unterstreichen Sie die wichtigsten Informationen und prägen Sie sich diese ein.
2. Lesen Sie weiterführende Lexikonartikel zu RIHM und zum Begriff ›Schizophrenie‹.
3. Beschreiben Sie die Textaussage und Textgestaltung der sechs WÖLFLI-Lieder.

## Wölfli-Liederbuch

1. Ich habe Dich, geliebet!
   Ich liebe Dich, nicht mehr.
   Ich scheiss Dihr in die Augen!
   Dann sieh'st Du mich nicht mehr.
   Du bist ein Gottes-, Leugner!
   Bringst mich zum Bettel-Staab!
   Und hast auch keine, Eutter!
   Drumm öffne mihr, das Graab.
   Ich liebe Dich, nicht mehr.

2. Ich habe dich geliebet!
   Ich liebe dich, noch mehr!
   Ich habe Dich, geliebet!
   Ich liebe Dich, nicht mehr.

3. Auf dieser Brüke, steht ein Mann!
   Abwehrend mit, den Händen.
   Und spricht zum Kind, Du bist im Bann!
   Ich soll und muß Dich sänden.
   Ich habe oft ein hohler Zann!
   Ich will dein Bluht, nicht schänden!
   Du hast ja schöne, Kleider ann!
   ?Kannst Du dein Dampf-Boot, länden.

4. Das Schimmern zweier Steerne,
   in einem finstern Gang.
   Erblickt man aus der Feerne,
   Es wirt mihr angst und bang.
   Ich schleiche auf den Zehen,
   heran bis an die Wand!
   Wo untt'r herben Weehen,
   ich meine Liebste fand.

5. Ich kenn' ein wunderschönes Kind.
   Doch hat es schwartze Augen.
   Es weht im kühlen Abendwind.
   Drumm lass ichs nimmr taugen.
   Es ist ja Heut und Morgen Blind.
   Und schwimmt in schrafen Laugen.
   Der Vatter ist schon lange Hind.
   Du findest nur den Toot.

6. Graab-Innschrift 1,868.
   Es ist doch Gottes Wille:
   Dass Glük verschwinden muss!
   Und ziirpt im Wald die Grille:
   Fällt Alles in den Russ.
   Hält mihr der Schatz nicht stille!
   Ebjä!! Weil ich doch muss:
   Ist es doch Gottes Wille:
   Dass Glük verschwinden muss.

© Adolf Wölfli-Stiftung, Bern
Abdruck mit freundlicher Genehmigung der Universal Edition, Wien

*Stationen der Musik im 20. Jahrhundert*

# Wolfgang Rihm: ›Wölfli-Liederbuch‹ (1980/ 1981)

**Arbeitsblatt 16/2**

HB 21

**Zweites Lied**

(© 1981 by Universal Edition A. G., Wien)

**Aufgaben**

1. Beschreiben Sie die Ausdruckswirkung dieses Liedes.

2. Wie ist die Komposition gegliedert?

3. Beschreiben Sie die kompositorischen Gestaltungselemente, und markieren Sie die gehörten und erkannten Details im Notenbild:
   a) Dynamik
   b) Melodiegestalt
   c) Begleitsatz, Motivstruktur, Tonalität

4. Hören Sie wiederholt die instrumentierte Fassung, und tragen Sie die erkannten Instrumente in den Klaviersatz ein.

Stationen der Musik im 20. Jahrhundert

# Lösungen – Hinweise

## Wolfgang Rihm: ›Erscheinung, Skizze über Schubert‹

### Vorbemerkung

Die Arbeitsblätter zur ›Erscheinung‹ lassen sich nur benutzen in Verbindung mit dem FWU-Video-Film Nr. 420227 (Rihm: ›Erscheinung‹), der in den regionalen Bildstellen auszuleihen ist. Dieses in seiner Aussagekraft und Veranschaulichungsvielfalt einmalige Dokument begründet die Wahl einer Komposition, die bisher weder im Druck noch als Tonträger erschienen ist. In dem Video-Film erklärt Wolfgang Rihm seine Kompositionsideen so anschaulich, daß Schülern ein unmittelbarer Zugang zum Verständnis dieses Werkes und der Komponistenpersönlichkeit eröffnet wird. Darüber hinaus werden Einsichten in Schuberts Kompositionstechnik eröffnet. Die Arbeitsblätter vertiefen die von Rihm erklärten Kompositionsausschnitte. Die Partiturausschnitte wurden aus der Bibliotheksausgabe des Internationalen Musikinstituts Darmstadt (IMD) übertragen (Signatur: 80/ 272, 272a/ A). Nach analytischen Kommentaren wird im zweiten Teil der Videoaufnahme die ganze Komposition aufgeführt.

### Zu Arbeitsblatt 15/1 (s. Aufgaben S. 50)

1./2. Wiederholtes Hören und Sehen des Videoausschnittes mit und ohne Notenmaterial.

3. Der Anfang des vierten Streichquartettes von Franz Schubert entwickelt den Dur-Moll-Wechsel ohne Übergang als neue thematische Einheit.

4. Die Kompositionsidee Schuberts wird expressiv auf sieben Takte ausgedehnt. Extreme halbtaktige dynamische Entwicklungen mit synkopierten Sforzato-Einwürfen prägen den Satz. Das Spiel mit dem Dur-Moll-Wechsel vollzieht sich taktweise. Die Schubertsche Idee wird kompositorisch verdichtet.

### Zu Arbeitsblatt 15/2 (s. Aufgaben S. 51)

3. Schubert [Notenbeispiel] usw.

   Rihm [Notenbeispiel] usw.

4. Während Schubert mit diesem Rhythmus aus einer aufwärts steigenden Motivfolge ein musikalisches Thema entwickelt, filtert Rihm den rhythmischen Impuls mit seiner massiv-statischen Wirkung heraus und kleidet ihn in eine neue Harmonik.

### Zu Arbeitsblatt 15/3 (s. Aufgaben S. 52)

2. In der Wandererfantasie wird mit dem rhythmischen Motiv der dritte Satz eröffnet. Im Quintett hat die Umkehrung dieses Motivs am Ende des letzten Satzes eine rhythmisch kadenzierende Funktion.

3. Rihm spreizt das Motiv [Notenbeispiel], indem er es trioliert. Er übernimmt die Motivvergrößerung h-c'-c'-h (Schubert, T. 421, 422), unterlegt sie mit der Dreiklangsspannung F-Dur, f-Moll und variiert nachfolgend das Viertonmotiv rhythmisch, fff vorgetragen, unterschiedlich artikuliert (tremolo: molto vibrato).

### Zu Arbeitsblatt 15/4 (s. Aufgaben S. 53)

1. Expressive Dynamik (sempre fff); Unisono mit konzentrierter Klangwirkung; spannungsreiche Intervalle (g'-cis', es'-a; ges'-c'); präzise Artikulation (Bogenstriche); oft synkopierte rhythmische Gestaltung.

2. Nicht Töne zitieren, vielmehr den Tonfall erscheinen lassen. Die hypnotische Faszination einer in Klang umgesetzten Beschwörungsformel.

3. Die Beziehung zu Beethoven als dunkler Punkt in der Biographie Schuberts. Beethoven komponierte dramatisch, Schubert komponierte episch, monologisch.

4. Rihm geht es in seiner Musik nicht um Kompositionstechniken und die Erfüllung ihrer Diktate, sondern um Inhalte: »Die Technik wird durch die innere Motivation gefordert« (zitiert nach u. a. FWU-Video); seine Arbeitsweise, so fährt er fort, sei vegetativ, was ihm die Möglichkeit gibt, seinem Material an Stellen zu folgen, wo es von selbst wächst und manchmal mehr zu finden, als er ursprünglich suchte. Nach der Anzahl seiner Werke befragt, äußert Rihm, daß er zwar die entstandenen Werke zählen könne, er jedoch die Absicht hätte, mit allen Werken zusammen ein einziges großes Werk zu schaffen, das von Erde, Liebe und Tod handelt: Musik ist Emotion, Kompositionstechnik ist identisch mit Fantasie und Imagination (vgl. Begleitkarte zum FWU-Video 420227).

## Wolfgang Rihm: Wölfli-Liederbuch, 2. Lied

### Zu Arbeitsblatt 16/1 (s. Aufgaben S. 54)

3. Die Texte erschüttern durch den abrupten Wechsel der Einfälle, die alle von Enttäuschung, Hoffnungslosigkeit und Zerrissenheit eines gequälten Menschen sprechen. Unerfüllte Liebessehnsucht, religiöse Ängste, Schuldbewußtsein und Todesverzweiflung finden in einer Mischung aus naivem Ton, plötzlichen Ausbrüchen und gegensätzlichen Bildern ihren bedrückenden Ausdruck.

### Zu Arbeitsblatt 16/2 (s. Aufgaben S. 55)

1. Eher untypisch für Rihms Stil ist die nahezu elementare Einfachheit, die kunstreiche Armut der Musik (vgl. Werner Klüppelholz: Wolfgang Rihm: Wölfli-Liederbuch, a.a.O., S. 52). Die nach einer ruhigen und verhaltenen Einleitung innig vorgetragene Liebessehnsucht schlägt in der Wiederholung um in einen negierenden (nicht mehr) Aufschrei der Verzweiflung, Wut, Ablehnung, inneren Zerrissenheit.

## Lösungen – Hinweise

2. Vorspiel: T. 1–15; 1. Teil: T. 16–21; 2. Teil: T. 22–30.

3. a) <u>Dynamik</u>:
   Vorspiel und 1. Teil ppp; ab T. 22 subito ff; crescendo zum possibile sffz.

   b) <u>Melodiegestalt</u>: Erster Teil: Quintfall e-A; verhaltenes Verweilen auf dem Ton A; Aufwärtsbewegung zum Anfangston e mit erneutem Quintfall. Der Initialton steht im Gegensatz zu den nachfolgenden Takten im 3/4-Takt und drückt rhythmisch-metrisch und auch durch die exponierte Tonlage die innere Spannung des singenden, leidenden, innerlich gespaltenen ›Ich‹ aus. Zweiter Teil: Oktavierung (e') und rhythmische Vergrößerung als expressive Ausdruckssteigerung des Schmerzes und die Schlußtöne f' als letzte Intensivierung.

   c) <u>Begleitsatz, Motivstruktur und Tonalität</u>: Das Vorspiel zitiert den F-Dur-Dreiklang. Nachfolgend erklingt der Halbtonschritt h''-b''; Ergänzung des Tones b'' durch die triolierte Terz fis-d zum übermäßigen Dreiklang. In Takt 14 zielt der Satz auf den Ruheton C-c'' mit anschließender Überleitung (h-e) in den Takt 16. Das rhythmisch alternierende Viertelmuster der Einleitung wird in den Takten 17 bis 19 beibehalten. Klangbildend wirkt hier die Auflösung der großen Sekund a-g in Terzen. Die Tritonus-Spannung F-H in Takt 20 signalisiert den Emotionsausbruch in Takt 22. Dissonante, in den Tonraum weit ausgespannte Sekunden mit Sforzato-Akzenten bilden einen Klanggrund des Schmerzes, der abrupt in den b-Moll-Schlußakkord mündet. Expressiv gedehnte Tonalitätsanklänge und ein dicht geflochtenes Netz kleinster Motivzellen prägen das ganze Lied.

4. Die Orchesterfassung liegt nicht käuflich vor. Sie kann bei der Universal-Edition als Leihmaterial bezogen werden (Auslieferer für Deutschland: B. Schott's Söhne, Bühnen- und Konzertabteilung, 55026 Mainz).
   <u>Instrumentierung</u>: T. 2: Hf, Vc, Fl; T. 3/4: Ob; T. 4/5: Fl, Vl; T. 5/6: Ob, Vl, Baßkl; T. 7: Baßkl, Kl; T. 8: Vl, Fl; T. 9: Fl, Baßkl; T. 10: Hf, Vl, Fl, Vc; T. 11: Fl, Vl.l, Vle; T. 12: Ob, Baßkl, Hf, Vl, Vc; T. 12/14: Fl, Vle, Baßkl, Vl, Vc; T. 15: Vl, Vle, Vc; T. 16: Vle, Vc, Kb; T. 17-19: Kl, Vc, Kb; T. 20-22: Vc, Kb; T. 23-25: picc.Fl., Ob, Kfg, Baßtuba, gr. Tam-Tam, Streicher; T. 26: picc. Fl, Ob, Kfg, Btb, Hf, Klavier, Glockenspiel, Röhrengl., Streicher; T. 27: Kl, Kfg, Hörner, Pos, Btb, Hf, Streicher; T. 28: Kl, Hr, Pauken, Streicher; T. 29: Kl, Fg, Kfg, Hr, Hf, Klavier, Pauken, Vle, Vc; T. 30: Ob, Fag, Kfg, Hr, Trp, Pos, Btb, Klavier, Pauken, Streicher.

### Exkurs: Zu Vertonungen von Wolfgang Rihm

»Oft entsteht beim Hören des Liedes der Eindruck, daß Rihm den Ton eines Schubertliedes anschlage. An Schubert erinnern die sangliche Liedmelodie und die Art ihrer Verwendung, der periodische Bau, die gleichmäßige einfache tonale Begleitung mit ihrem bewußt pendelnden Wechsel im Tongeschlecht. Man kann sogar eine Nähe des Liedeingangs zum Anfang der ›Winterreise‹ erkennen. Auch dort findet sich eine gleichmäßige Begleitung, auch dort ist der Beginn der Singstimme als (allerdings verdeckter) Fünftakt komponiert, der in Viertakte mündet. Die entfernte Erinnerung an den Anfang der ›Winterreise‹ erschließt eine besondere Dimension für die Interpretation. Sie bedeutet u. a., daß der nach Kontakten suchende, leidende, schizophrene Wölfli vermittels der Musik in die Nähe des Schubertschen ›Helden‹ - um hier eine Bezeichnung Mahlers zu verwenden - gerückt ist, der am Ende trostlos und vereinsamt bleibt.«
(PETER ANDRASCHKE: *Dichterische Texte und musikalischer Kontext. Zu Vertonungen von Wolfgang Rihm*, in: Zum Verhältnis von zeitgenössischer Musik und zeitgenössischer Dichtung, hrsg. von Otto Kolleritsch, Studien zur Wertungsforschung, Universal Edition, Wien 1988, S. 9)

### Literatur

WERNER KLÜPPELHOLZ: Wolfgang Rihm: Wölfli-Liederbuch, in: Melos, 1987, S. 51-63

GERHARD E. WINKLER: ›Näher zu dir …?‹. Anmerkungen zu W. Rihms ›Jakob Lenz‹ und ›Wölfli-Liederbuch‹, in: Noema 2, 1985, Heft 4, S. 32-37.

WOLFANG KOLLERITSCH (Hrsg.): Zur ›Neuen Einfachheit‹ in der Musik, Studien zur Wertungsforschung, Wien - Graz 1981

LEO NAVRATIL: Schizophrenie und Sprache. Zur Psychologie der Dichtung, München 1966 (dtv 355)

DIETER REXROTH (Hrsg.): Der Komponist W. Rihm, Mainz 1985

CARL DAHLHAUS: Vom Einfachen, vom Schönen, vom einfach Schönen, in: Darmstädter Beiträge zur Neuen Musik, Bd. 29, Mainz 1978

RUDOLF FRISIUS: Werk und Werkzyklus. Bemerkungen zum ›Chiffre‹-Zyklus von W. Rihm, in: MusikTexte 11, 1985, S. 17ff.

JÜRGEN HABERMAS: Die neue Unübersichtlichkeit, Frankfurt 1985

ARIBERT REIMANN: Salut für die junge Avantgarde, in: NZ 1, 1979, S. 25

WOLFGANG RIHM: Ins eigene Fleisch, in: NZ 1, 1979, S. 4ff.

WOLFGANG RIHM: Der geschockte Komponist, in: Darmstädter Beiträge zur Neuen Musik 17, 1978

WOLFGANG RIHM: Die Klassifizierung der ›Neuen Einfachheit‹ aus der Sicht des Komponisten, in: Kolleritsch (s. o.)

### Noten

WOLFGANG RIHM: Erscheinung, Skizze über Schubert. Eine Ablichtung des Autographs befindet sich in der Bibliothek des Internationalen Musikinstituts Darmstadt, Signatur 80/272, 272a/A.

WOLFGANG RIHM: Wölfli-Liederbuch, Universal Edition 17435

FRANZ SCHUBERT: Streichquartett G-Dur, op. 161, Boosey & Hawkes 187

FRANZ SCHUBERT: Wanderer-Fantasie, op. 15, Schott 0684/85

FRANZ SCHUBERT: Streichquintett C-Dur, op. 163, Boosey & Hawkes 284

### Ton- und Bildträger

WOLFGANG RIHM: Wölfli-Liederbuch, Kassette 10, Zeitgenössische Musik in der Bundesrepublik Deutschland, hrsg. vom Deutschen Musikrat, Harmonia Mundi DMR 1028-30 (Orchesterfassung)

WOLFGANG RIHM: Erscheinung, Video Nr. 420 227, FWU, Institut für Film und Bild in Wissenschaft und Unterricht, München

*Stationen der Musik im 20. Jahrhundert*

# Arvo Pärt: ›Für Alina‹ (1976)

Arbeitsblatt 17

## Arvo Pärts Lebensweg und die Entwicklung des Tintinnabuli-Stils

Arvo Pärt stammt aus Estland. Am 11. 9. 1935 wurde er in Paide geboren. Nach dem Besuch der Musikschule studierte er am Konservatorium in Tallin. Während der ersten Studienjahre beschäftigte er sich intensiv mit der *Zwölftontechnik*, die im offiziellen Lehrplan nicht enthalten war und als Schimpfwort galt. Durch die Beschäftigung mit der *Dodekaphonie* geriet Pärt in Konflikt mit der offiziellen sowjetischen Kulturpolitik. Er arbeitete als Tonmeister beim Rundfunk, studierte die mühsam beschafften Lehrbücher von Eimert und Krenek. Er komponierte weiter Zwölftonwerke mit *Collagen*, bis 1968 sein Schaffen einen Wendepunkt erreichte. Pärt brach endgültig mit den avantgardistischen Techniken. Er ließ sich inspirieren durch die Musik des Mittelalters, die Gregorianik, die Gesänge der russisch-orthodoxen Kirche, mit der er eng verbunden ist. Im Laufe von acht Jahren entwickelte Pärt ein eigenes Kompositionssystem, dem er seit 1976 selber den Namen »Tintinnabuli« (lat.: Glöckchen) gibt. Dieser Stil wendet sich ab von einer übermäßigen Kompliziertheit und sucht eine Einfachheit und harmonische Balance, die zum Einschwingen in religiöse Meditation einlädt.

(© Universal Edition A. G., Wien – Mit freundlicher Genehmigung)

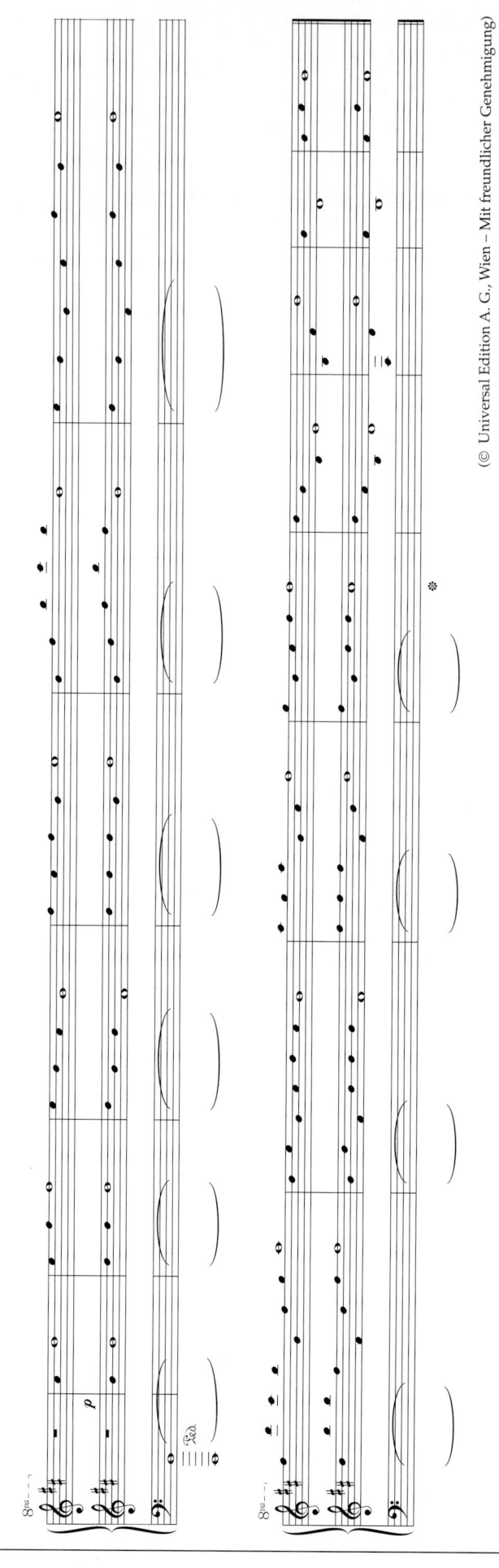

## Aufgaben

1. Unterstreichen Sie während der Textlektüre die wichtigsten Informationen, und prägen Sie sich den Lebensweg Arvo Pärts ein.
2. Suchen Sie in Ihrem Atlas Estland und die Hauptstadt Tallin.
3. Lassen Sie sich von Ihrem Lehrer / Ihrer Lehrerin die Klavierkomposition »Für Alina« aus dem Jahre 1976 vorspielen; die Klavierspieler in Ihrer Gruppe könnten diese Komposition selber vortragen. Beschreiben Sie die Klangwirkung und die Satztechnik dieser Musik. Versuchen Sie, die Spielregeln des Tintinnabuli-Stils zu entdecken und zu beschreiben.

*Stationen der Musik im 20. Jahrhundert*

# Arvo Pärt: ›Kyrie‹ und ›Christe‹ aus der ›Missa sillabica‹ (1977)     Arbeitsblatt 18

ARVO PÄRT:
»Verweile, versenke Dich in die Sekunde, halte sie fest und lebe wie in einer Ewigkeit in ihr. (…) Ich muß mich zum Schreiben sehr lange vorbereiten. Es dauert manchmal fünf Jahre, und dann kommen sehr viele Werke, in sehr kurzer Zeit.«
(WOLFGANG SANDNER: LP-Text zu »Tabula rasa«, ECM 1275)

LOTHAR MATTNER:
»Es bleibt eine unerhörte, in ihrer Radikalität unerhörte Musik, deren Einfachheit, die größte Herausforderung in sich trägt: eine Musik ohne Töne als die reinste Form der Musik.«
(LOTHAR MATTNER: Arvo Pärt. Tabula rasa, in: Melos 2, Schott's Söhne, Mainz 1985, S. 98)

WILFRIED MELLERS:
»Pärts Werke klingen unvordenklich alt und gleichzeitig frisch wie der Anbruch eines neuen Tages, und sie gehören zu unserer lädierten und arg mitgenommenen Zeit wie die Passionen von Schütz ins Deutschland des 17. Jahrhunderts.«
(Anzeige »Die Zeit«, Nr. 9, 20.2.1987, Hamburg, S. 37)

JÜRG LAEDERACH:
»Pärt gelingt das Wagestück eines Komponierens, das sich als Anstiftung versteht, Anstiftung zu einem Konzept, das sich erst im Hörer bilden muß. Dieser Anstiftung ist das Paradox zuzuschreiben, daß wir uns fühlen, als lauschten wir der Transzendenz, während doch nur wir, durch Strenge verleitet, aus uns selbst heraustreten.« *(Anzeige »Die Zeit«, a. a. O.)*

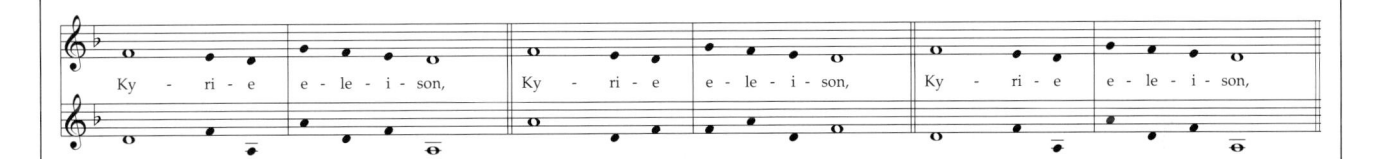

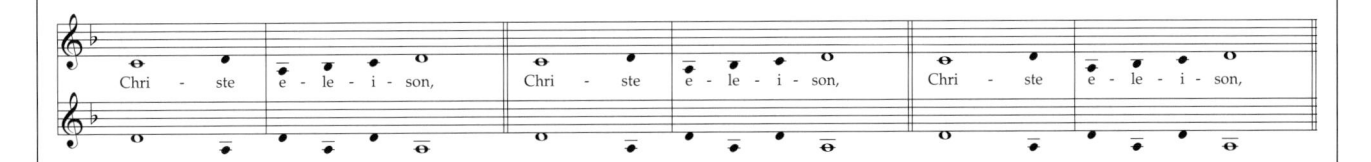

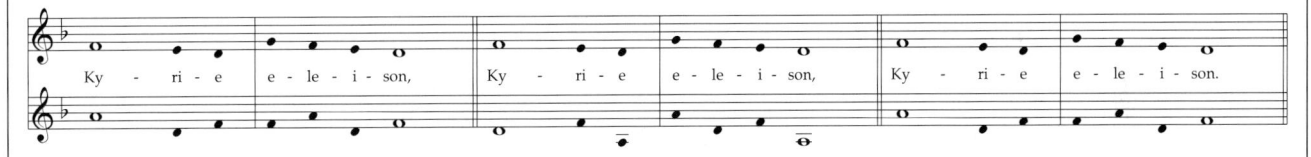

(© Universal Edition A. G., Wien – Mit freundlicher Genehmigung)

## Aufgaben

1. Singen Sie das »Kyrie« und das »Christe« der »Missa sillabica«, und lassen Sie die Klänge auf sich wirken.

2. Beschreiben Sie die satzprägenden Elemente dieser Komposition.
   Wenden Sie dabei Ihre am AB 17 gewonnenen Erfahrungen an.

3. Vergleichen Sie Ihren eigenen Klangeindruck mit den Zitataussagen.

*Stationen der Musik im 20. Jahrhundert*

# Arvo Pärt: ›Cantus in memory of Benjamin Britten‹ (1980)

Arbeitsblatt 19

ARVO PÄRT widmete »Cantus« für Streichorchester und eine Glocke dem Andenken BENJAMIN BRITTENS (22.11.1913-4.12.1976). Er schildert den Entstehungsprozeß dieser Threnodie (Totenklage):

»›... Warum hat das Datum von Benjamin Brittens Tod - 4. Dezember 1976 - gerade für mich berührt? (...) Ich hatte Britten gerade für mich entdeckt. Kurz vor seinem Tod bekam ich einen Eindruck von der seltenen Reinheit seiner Musik. (...) Außerdem hatte ich lange schon den Wunsch gehabt, Britten persönlich kennen zu lernen. Es kam nicht mehr dazu.«
(WOLFGANG SANDNER: LP-Text zu »Tabula rasa«, ECM 1275)

WOLFGANG SANDNER schreibt über »Cantus«:

»Das Schematische der Komposition (...) wirkt wie eine halbdurchlässige Schutzwand: man dringt leicht ein, aber das Werk gibt auf diesem Weg nichts von sich preis.« (FAZ, 1.9.1984)

© 1981 by Universal Edition A. G., Wien

**Aufgaben**

1. Hören und verstehen Sie eine Beziehung zwischen ARVO PÄRTS Kommentar und der Wirkung der Musik? Nehmen Sie die Zitate zu Hilfe.
2. Überprüfen Sie die Klangwirkung dieser Komposition am Notenbild, und beschreiben Sie die musikalischen Gestaltungsmerkmale (Melodik, Zusammenklang, Stimmeneinsatz und Formbildung, Zeitgestaltung: Tempo, Metrik, Rhythmik).
3. Lassen Sie sich evtl. von Ihrem Lehrer / Ihrer Lehrerin mit einer weiteren Komposition PÄRTS bekanntmachen (z. B. »Tabula rasa«, »De profundis«).

## Stationen der Musik im 20. Jahrhundert

# Lösungen – Hinweise

**Zu Arbeitsblatt 17** (s. Aufgaben S. 58)

1. Estland, Tallin; illegale Auseinandersetzung mit der Zwölftontechnik; Bruch mit avantgardistischen Techniken; Entwicklung des Tintinnabuli-Stils mit seiner religiös-meditativen Bedeutungsdimension.

3. Grundtonart ist h-Moll. Die Oberstimme ist frei gestaltet, während die Unterstimme als »Tintinnabuli-Stimme« nur aus den Tönen des h-Moll-Dreiklanges besteht (Ausnahme: fünf Takte vor Schluß wird durch den Ton cis'' nahezu eine Dominant-Wirkung erzielt; ohne Pedal zu spielen). In der Tintinnabuli-Stimme wird stets der dem Melodieton nächste Ton verwendet. Der Dreiklang durchdringt das ganze Stück und fungiert als Klanghintergrund, vor dem sich nicht eine Kompositionsweise mit Melodie und Begleitung entwickelt, sondern vielmehr eine Art Polyphonie aus melodischer Gestaltung und einem den ganzen Satz zentrierenden Gravitationszentrum in Gestalt eines Dreiklanges. Innerhalb dieses in sich ruhenden Satzes wachsen die Melodiewendungen in einem freien Zeitmaß von zwei Tönen (T. 2) sukzessive auf acht Töne (T. 8) an und ziehen sich wieder zusammen in ein Zweitonmotiv (T. 14).

**Zu Arbeitsblatt 18** (s. Aufgaben S. 59)

2. Der Zentralton d' und der d-Moll-Akkord sind stark betont. Die syllabische Textverteilung ähnelt dem Wort-Ton-Verhältnis der Gregorianik, wobei jedes Wortende auf den Ton d' zielt. Die Silbenzahl bestimmt somit im »Kyrie eleison« die Anfangstöne f' und g'. Die untere (Tintinnabuli-) Stimme verwendet die benachbarten Akkordtöne in einem strengen Wechsel von oberem und unterem Dreiklangston. Im »Christe eleison« wird der Zentralton d' von den unteren Tönen c' und a aus angesungen. Diesmal beginnt die Tintinnabuli-Stimme mit dem oberen der beiden Töne d' und a.

**Zu Arbeitsblatt 19** (s. Aufgaben S. 60)

2. Die 16 ersten Violinen, 14 zweiten Violinen, zwölf Violen, zehn Violoncelli und acht Kontrabässe tragen die Form eines Proportionskanons vor im Verhältnis eins zu zwei (Stimmeinsatz der 2. Violinen nach einem halben Takt, es folgt die Viola nach einem Takt, die Celli setzen nach zwei Takten ein, die Kontrabässe nach vier Takten). Die Klangbildung kreist um a-Moll (äolisch). Tempo, Metrik, Rhythmik: Viertel= 112–120, gleichmäßig ruhig; durch die rhythmischen Vergrößerungen der Streicherstimmen (1:2:4:8:16) wird eine zunehmende Verlangsamung bewirkt. Innerhalb der ständig abwärts gleitenden Stufenmelodik bewirken sich ändernde Hochtonpositionen innerhalb der Taktgefüge den Wechsel von trochäischen und jambischen Betonungsmustern: [O = Hochton]

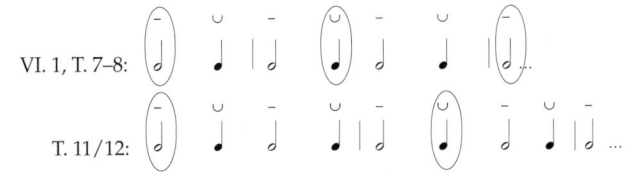

Es gibt innerhalb der abwärts gleitenden Stufenmelodik eine einzige Stimmführungsausnahme. In Takt 54, der quantitativen Mitte der 108 Takte umfassenden Komposition, tragen die Violoncelli divisi die einzigen zwei aufwärts gerichteten Intervalle (Sext, Oktav) vor. Die Kompositionsbeginn und Kompositionsende rahmende (Toten-) Glocke erklingt bis Takt 85 über dem Streichergeflecht regelmäßig im Abstand von zwei und vier Takten, also in der Zeitproportion 1 : 2.

3. Wenn Sie den SchülerInnen in Form eines freien Transfers noch die Komposition »Tabula rasa« zu Gehör bringen, ist das folgende PÄRT-Zitat aus einer Rundfunksendung (Bayerischer Rundfunk, 23. 3. 1989: Einführung in PÄRTS »Johannes-Passion« von A. V. SCHLIPPE) ein hilfreicher Einführungstext:

»In der Praxis entstanden meine Kompositionen nach langem Schweigen im wahrsten Sinne des Wortes. Die Musik entsprang gleichsam aus dem Nichts. Die Struktur meiner Werke ist häufig so beschaffen, daß sie den Prozeß des Entstehens von Musik als Form wiedergibt. Der Musik geht Schweigen voraus. Als Pause wird es zum Bestandteil der Musik. Wahrscheinlich versuche ich etwas aus der Stille hervorzuholen, irgendwelche Mikroschwingungen des Lebens, der Musik, der Wahrheit. Dies nährt mich und ohne dies kann ich nicht komponieren. Der Übergang von Stille zur Musik ereignet sich in meinen Kompositionen ganz unmerklich. Viele meiner Anfänge sind auf ein Minimum an Bewegung aufgebaut. Vielleicht wird das Gemeinte deutlich an dem folgenden Tonbeispiel. Es handelt sich um den Beginn des Doppelkonzertes ›Tabula rasa‹ aus dem Jahre 1977. Hier findet sich alles, wovon die Rede war: Musikalische Form als Entstehungsprozeß, als Geschehen. Pause, Stille, minimale Bewegung, dazu der ausführende Musiker.«

**Literatur**

ROMAN BROTBECK/ROLAND WÄCHTER: Ein Gespräch mit dem estnischen Komponisten Arvo Pärt: Lernen, die Stille zu hören, in: NZ 3, 1990, S.13ff.

ULRICH DIBELIUS: Postmoderne in der Musik, NZ 2, 1989, S. 4

MARIA HOUBEN: Die Aufhebung der Zeit, Stuttgart 1992

WOLFGANG KOLLERITSCH (Hrsg.): ›Zur Neuen Einfachheit in der Musik‹. Studien zur Wertungsforschung, Wien/Graz 1981

LOTHAR MATTNER: Arvo Pärt. Tabula Rasa, in: Melos 2, 1985, S. 82ff.

HELGA DE LA MOTTE: Die Gegenaufklärung der Postmoderne. Kongreßbericht ›Musik und Theorie‹, Darmstadt 1987 (Veröffentlichung des Instituts für Neue Musik und Musikerziehung, hrsg. von R. Stephan).

ALBRECHT RIETHMÜLLER: ›Reine Musik‹ im Widerstreit. Zur Wandelbarkeit eines Begriffes, in: NZ, 149, 1988, 5, S. 12ff.

WOLFRAM WOLLRABENSTEIN: Arvo Pärt. Cantus in memoriam Benjamin Britten, in: ZfMP 31, 1985, S. 13-31.

**Partituren**

ARVO PÄRT: Cantus in memory of Benjamin Britten – Streichorchester und eine Glocke, UE 17498

ARVO PÄRT: Tabula rasa, Doppelkonzert für 2 Violinen, Streichorchester und präpariertes Klavier, UE 17249

*Stationen der Musik im 20. Jahrhundert*

# György Ligeti: ›Trio für Violine, Horn und Klavier‹ (1982), 1. Satz

**Arbeitsblatt 20/1**

## 1. Satz, Andantino con tenerezza

HB 23

Für die Besetzung mit Violine, Horn und Klavier schrieb Johannes Brahms 1866 ein bedeutendes Werk, sein zweites Klavier-Trio, auch »Horn-Trio« genannt. Ligeti komponiert sein Trio für die gleiche Besetzung 1982 und schreibt darüber:

> »Mein Horn-Trio habe ich als ›Hommage‹ Johannes Brahms gewidmet, dessen Horn-Trio als unvergleichliches Beispiel dieser Kammermusik-Gattung im musikalischen Himmel schwebt. Gleichwohl befinden sich in meinem Stück weder Zitat, noch Einflüsse Brahms'scher Musik – mein Trio ist im späten Zwanzigsten Jahrhundert entstanden und ist – in Konstruktion und Ausdruck – Musik unserer Zeit.« *(Programm zur Bergedorfer Uraufführung, Schloßkonzert, 7.8.1982, Körberstiftung Hamburg)*

Die Takte 1-12 des NB 1 sind der erste Abschnitt des Formteils A, die Violine spielt (T. 1f.) »eine ›schiefe‹ Variante der ›Hornquinte‹«. *(Ligeti, in: Programm zur Bergedorfer Uraufführung, a. a. O.)*

**NB 1**

(© B. Schott's Söhne, Mainz)

### Aufgaben

1. Notieren Sie unter Ligetis Version die aus der Naturtonreihe resultierende Hornquinte, und beschreiben Sie die Verfremdung dieser Tonkonfiguration.
2. Ligeti behandelt die drei Instrumente als Individuen, jedes »hat seine eigene melodisch-rhythmische Ebene«. *(Ligeti, in: Programm zur Bergedorfer Uraufführung, a. a. O.)* Konkretisieren Sie diese Aussage am NB 1, und bestimmen Sie die formale Anlage des Abschnittes sowie seine harmonische Disposition.

Dem ersten Formteil A folgt ein kürzerer zweiter B, dessen Anfangsabschnitt NB 2 zeigt.

**NB 2**

(© B. Schott's Söhne, Mainz)

3. Vergleichen Sie die musikalische Substanz und die Faktur dieser Takte mit dem Satzbeginn (NB 1).

*Stationen der Musik im 20. Jahrhundert*

# György Ligeti: ›Trio für Violine, Horn und Klavier‹ (1982), 1. Satz

**Arbeitsblatt 20/2**

Der Mittelteil C hebt sich von den Formteilen A und B ab, ohne die Bezogenheit zu ihnen völlig zu ignorieren (NB 3).

4. Untersuchen Sie Motivik und Satzstruktur dieses Abschnittes.

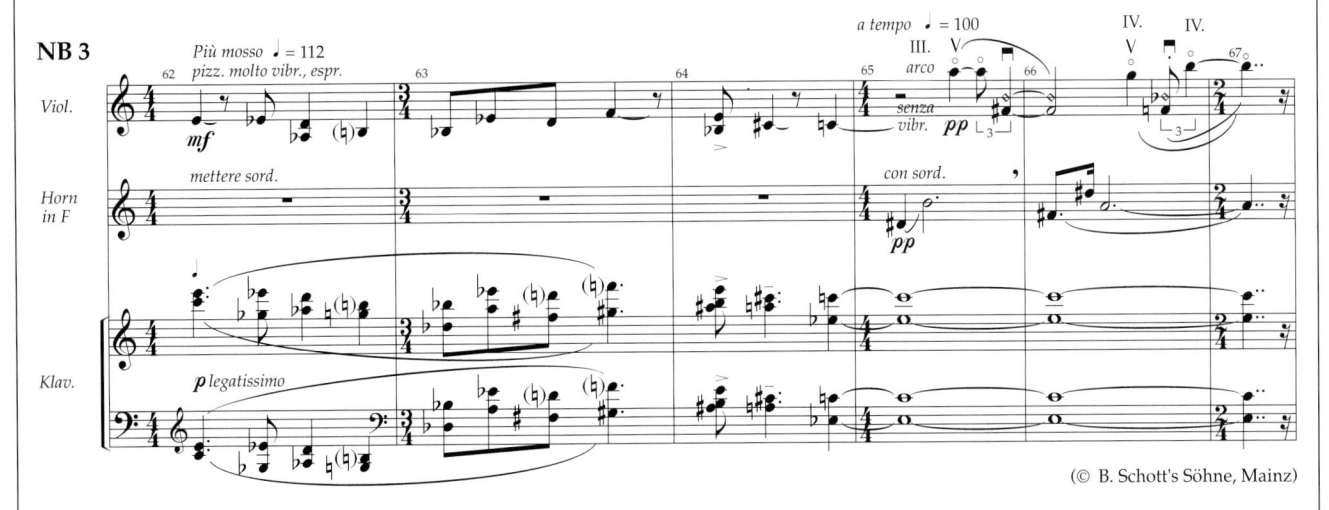

**NB 3**

(© B. Schott's Söhne, Mainz)

5. Prägen Sie sich diese drei festumrissenen Gestalten (NB 1, 2, 3) ein, und ergänzen Sie beim Hören des gesamten Satzes (HB 23) die Verlaufsgrafik. Ligeti spricht in Bezug auf die Großform des Satzes von einem Tabu der Neuen Musik, mit dem er gebrochen habe.

| Großform | Formteil | Formverlauf |
|---|---|---|
|  | A | ⊢ − − ⊣ |
|  | B | ⌐⊣ |
|  | C | ⊢−∼ |
|  |  |  |
|  |  |  |

6. Zum Satzschluß bemerkt Ligeti, er habe »die Vorstellung einer sehr fernen, zarten und melancholischen Musik, die gleichfalls über atmosphärische Kristallbildungen hindurch erklingt«. (Programm zur Bergedorfer Uraufführung, a.a.O.) Inwiefern entspricht das Klangbild (HB 23) dieser Vorstellung?

7. Dem Trio kommt in Ligetis Schaffen die Rolle eines Schlüsselwerkes insofern zu, als ein kompositorisches Weiterdenken gegenüber seinen Werken der sechziger Jahre (vgl. NB 4) manifest wird. Versuchen Sie, nach den bisherigen Erfahrungen mit dem Trio die veränderte ästhetische Position zu umreißen.

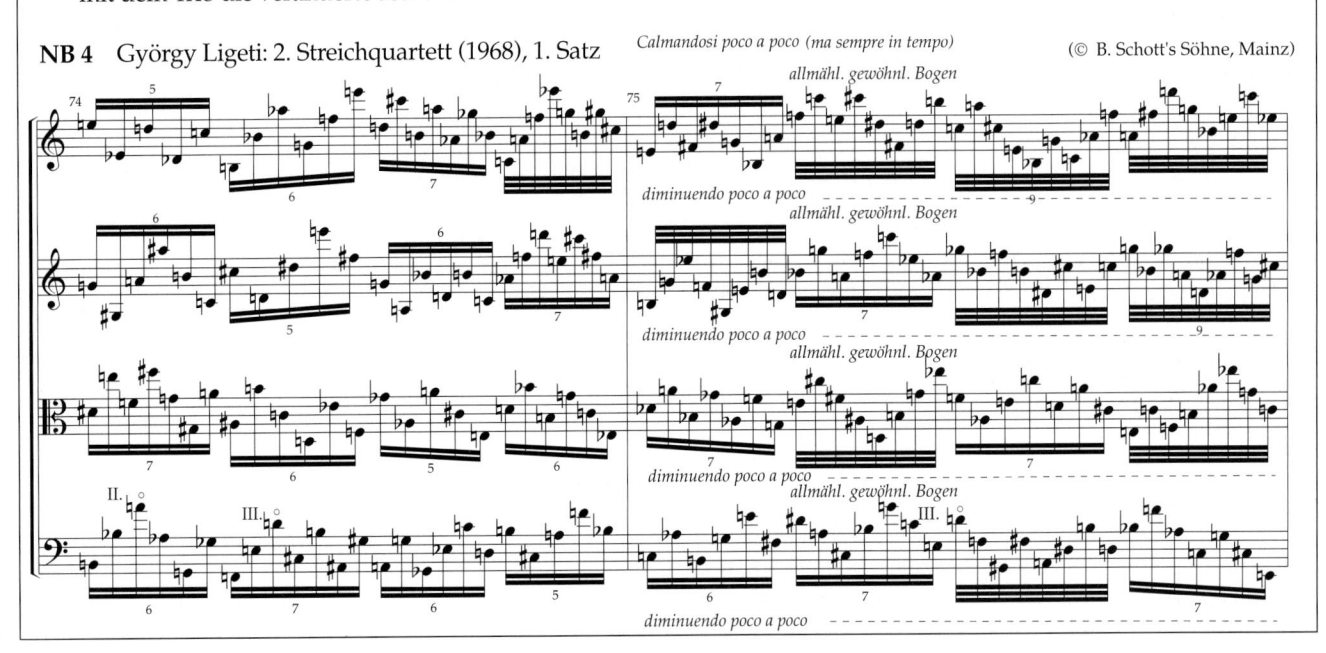

**NB 4** György Ligeti: 2. Streichquartett (1968), 1. Satz  *Calmandosi poco a poco (ma sempre in tempo)*  (© B. Schott's Söhne, Mainz)

*Stationen der Musik im 20. Jahrhundert*

# György Ligeti: ›Trio für Violine, Horn und Klavier‹ (1982), 2. Satz — Arbeitsblatt 20/3

## 2. Satz, Vivacissimo molto ritmico — HB 24

Dieser Satz ist ein »sehr schneller, polymetrischer Tanz« (LIGETI, in: Bergedorfer Programm, a. a. O.) und hat die Funktion eines Scherzo. Die drei Instrumente sind wiederum von ›eigengeprägter Individualität‹, ähnlich wie im ersten Satz.

### Aufgaben

1. Untersuchen Sie diese Satzelemente in ihrer Tonhöhen- und rhythmischen Struktur.

**NB 1** Viol.
**NB 2** Viol.
**NB 3** Horn in F
**NB 4** Horn in F
**NB 5** Klav.

(© B. Schott's Söhne, Mainz – Für alle Noten auf dieser Seite)

Die Versetzungszeichen der Hornstimme tragen Zusätze. Zur Erklärung können Sie folgende Bemerkung LIGETIS heranziehen: »das Ventilhorn als eine Art Kombination aus verschiedenen Naturhörnern«.

2. Informieren Sie sich über die Spielweise des Horns und über die Qualität bestimmter Naturtöne, und notieren Sie eine Teiltonreihe bis zum 16. Ton (z. B. über B).

3. Tragen Sie beim Hören des ersten Formteils (T. 1-54, HB 24) das Auftreten der einzelnen Gestalten mittels der vorgegebenen Symbole oder farbig in das Schema ein. Die Taktzahlen stehen jeweils für einen Einsatz.

|  |  | 1 | 11 | 15 | 27 | 31 | 37 |
|---|---|---|---|---|---|---|---|
|  | Violine |  |  |  |  |  |  |
|  | Horn |  |  |  |  |  |  |
| Klavier | r. H. |  |  |  |  |  |  |
| Klavier | l. H. |  |  |  |  |  |  |

*Stationen der Musik im 20. Jahrhundert*

# György Ligeti: ›Trio für Violine, Horn und Klavier‹ (1982), 2. Satz — Arbeitsblatt 20/4

4. Stellen Sie für den folgenden Abschnitt A 2, dessen Beginn NB 6 zeigt und aus dessen Verlauf NB 7 einen wesentlichen Einsatz wiedergibt, die Mittel einer Steigerung fest. Untersuchen Sie dazu die metrischen Verhältnisse der Takte 59ff., und halten Sie die Taktteilung mit Zahlen tabellarisch fest.

5. Nach einem hier nicht behandelten Formteil A 3, der vom virtuosen Klavier dominiert wird und in dem imitatorische Verknüpfungen vorkommen zwischen Violine und Horn einerseits und zum andern im Klavier, kommt es im Mittelteil (B) zu einer Verschränkung in der Zuordnung von Instrumenten und musikalischen Elementen. Belegen Sie dies an den folgenden Notenbeispielen (NB 8-11).

**NB 6**

**NB 8**

**NB 9**

**NB 10**

|  | T. 59 | T. 60 | T. 61 |
|---|---|---|---|
| Vln. |  |  |  |
| Hr. |  |  |  |
| Klavier r.H. |  |  |  |
| Klavier r.H. |  |  |  |

**NB 11**

**NB 7**

(© B. Schott's Söhne, Mainz
Für alle Noten auf dieser Seite)

*Stationen der Musik im 20. Jahrhundert*

# György Ligeti: ›Trio für Violine, Horn und Klavier‹ (1982), 3. Satz

**Arbeitsblatt 20/5**

## 3. Satz, Alla Marcia    HB 25

Den dritten Satz bezeichnet LIGETI als einen »Marsch mit verschobenen metrischen Schichten«.

**NB 1**

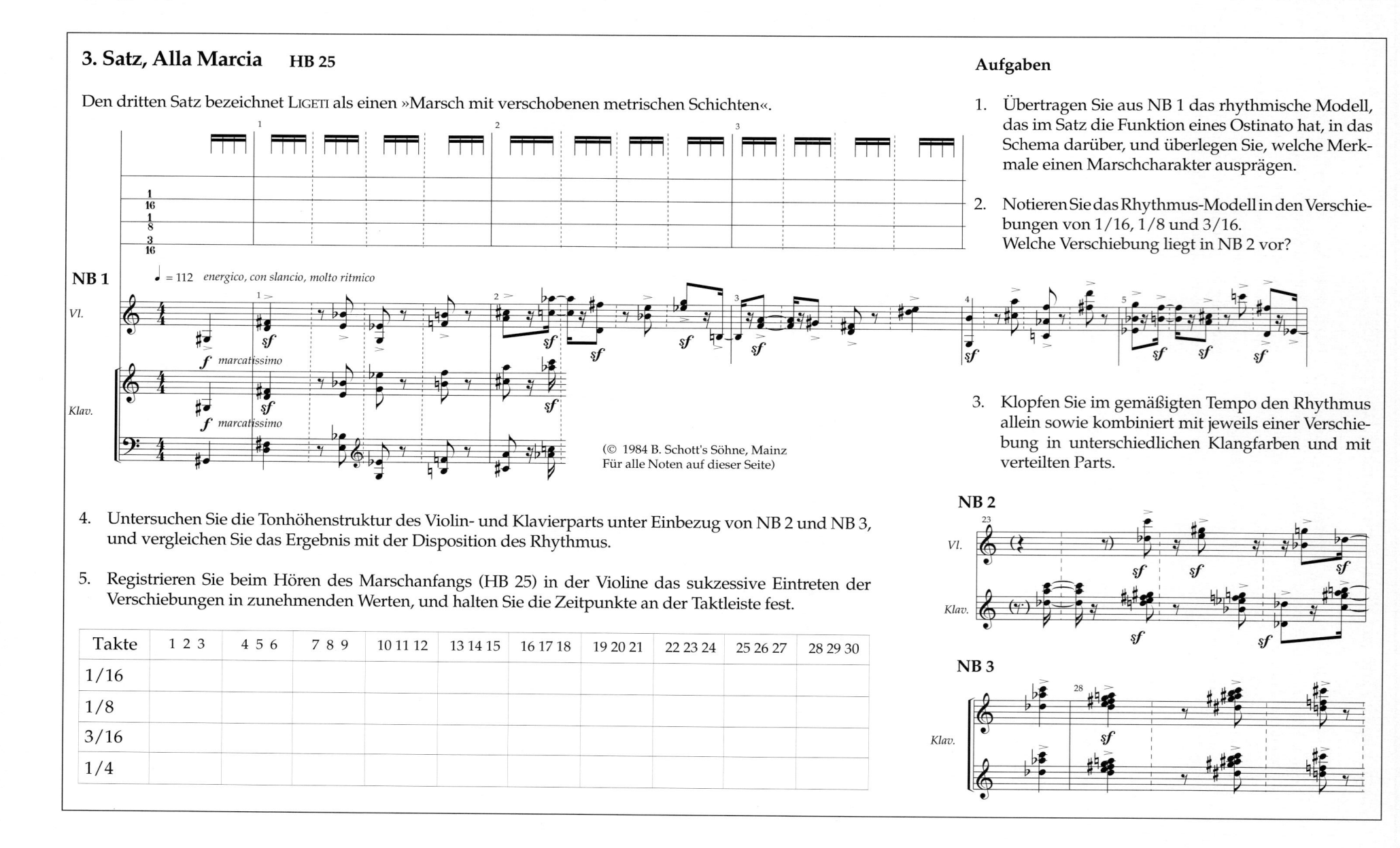

**Aufgaben**

1. Übertragen Sie aus NB 1 das rhythmische Modell, das im Satz die Funktion eines Ostinato hat, in das Schema darüber, und überlegen Sie, welche Merkmale einen Marschcharakter ausprägen.

2. Notieren Sie das Rhythmus-Modell in den Verschiebungen von 1/16, 1/8 und 3/16. Welche Verschiebung liegt in NB 2 vor?

3. Klopfen Sie im gemäßigten Tempo den Rhythmus allein sowie kombiniert mit jeweils einer Verschiebung in unterschiedlichen Klangfarben und mit verteilten Parts.

**NB 2**

**NB 3**

(© 1984 B. Schott's Söhne, Mainz
Für alle Noten auf dieser Seite)

4. Untersuchen Sie die Tonhöhenstruktur des Violin- und Klavierparts unter Einbezug von NB 2 und NB 3, und vergleichen Sie das Ergebnis mit der Disposition des Rhythmus.

5. Registrieren Sie beim Hören des Marschanfangs (HB 25) in der Violine das sukzessive Eintreten der Verschiebungen in zunehmenden Werten, und halten Sie die Zeitpunkte an der Taktleiste fest.

| Takte | 1 2 3 | 4 5 6 | 7 8 9 | 10 11 12 | 13 14 15 | 16 17 18 | 19 20 21 | 22 23 24 | 25 26 27 | 28 29 30 |
|---|---|---|---|---|---|---|---|---|---|---|
| 1/16 | | | | | | | | | | |
| 1/8 | | | | | | | | | | |
| 3/16 | | | | | | | | | | |
| 1/4 | | | | | | | | | | |

*Stationen der Musik im 20. Jahrhundert*

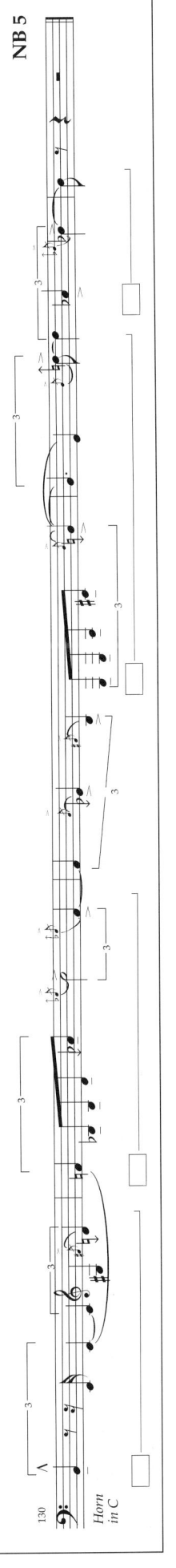

Arbeitsblatt 20/6

# György Ligeti: ›Trio für Violine, Horn und Klavier‹ (1982), 3. Satz – Trio

In tradierter Manier, kontrastierend zum Marsch, ist der Mittelteil des Satzes angelegt, nach LIGETI ein »homophones Trio«.

6. Mit Hilfe des Notentextes können Kontrast aber auch Analogie zum Marsch begründet werden. Eine Übertragung der Takte auf zwei Systeme und in Klangnotation für das Horn erleichtert die Untersuchung der Materialebene.

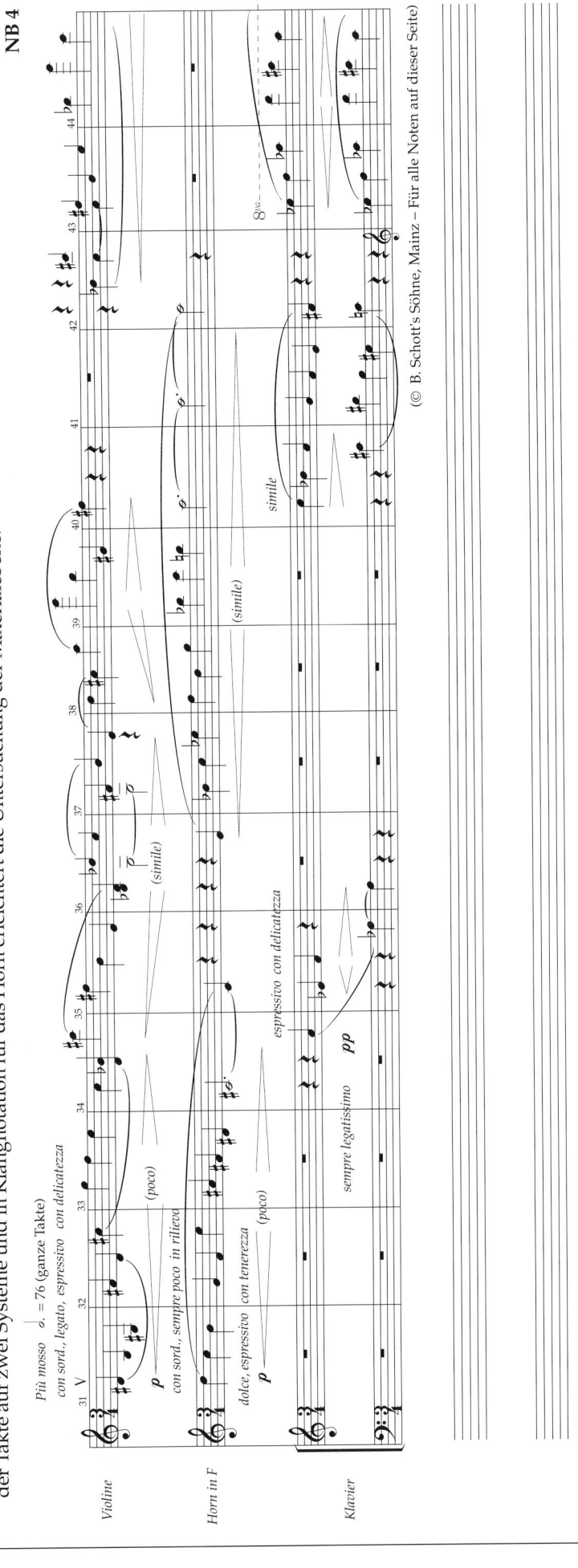

NB 4

(© B. Schott's Söhne, Mainz – Für alle Noten auf dieser Seite)

7. Die Reprise des Marsches wird im Vergleich zu seinem ersten Erklingen durch Phrasen des Horns überhöht. Notieren Sie die Horntranspositionen. (Zur Erleichterung wurde hier die Hornstimme in Klangnotation übertragen.)

NB 5

*Stationen der Musik im 20. Jahrhundert*

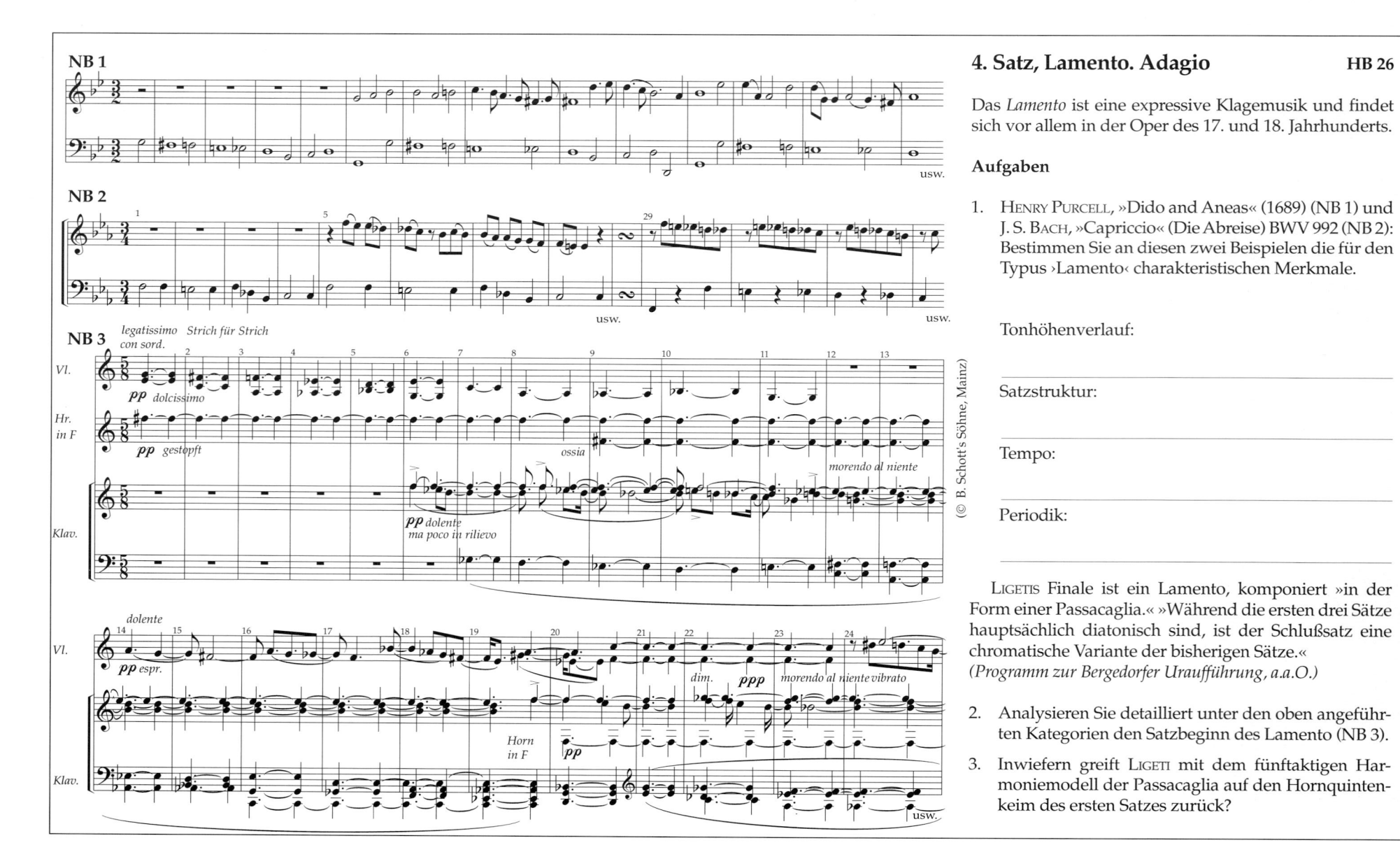

# György Ligeti: ›Trio für Violine, Horn und Klavier‹ (1982), 4. Satz

Arbeitsblatt 20/7

## 4. Satz, Lamento. Adagio

HB 26

Das *Lamento* ist eine expressive Klagemusik und findet sich vor allem in der Oper des 17. und 18. Jahrhunderts.

### Aufgaben

1. HENRY PURCELL, »Dido and Aneas« (1689) (NB 1) und J. S. BACH, »Capriccio« (Die Abreise) BWV 992 (NB 2): Bestimmen Sie an diesen zwei Beispielen die für den Typus ›Lamento‹ charakteristischen Merkmale.

   Tonhöhenverlauf:

   Satzstruktur:

   Tempo:

   Periodik:

LIGETIS Finale ist ein Lamento, komponiert »in der Form einer Passacaglia.« »Während die ersten drei Sätze hauptsächlich diatonisch sind, ist der Schlußsatz eine chromatische Variante der bisherigen Sätze.« (*Programm zur Bergedorfer Uraufführung, a.a.O.*)

2. Analysieren Sie detailliert unter den oben angeführten Kategorien den Satzbeginn des Lamento (NB 3).

3. Inwiefern greift LIGETI mit dem fünftaktigen Harmoniemodell der Passacaglia auf den Hornquintenkeim des ersten Satzes zurück?

(© B. Schott's Söhne, Mainz)

*Stationen der Musik im 20. Jahrhundert*

Arbeitsblatt 20/8

# György Ligeti: ›Trio für Violine, Horn und Klavier‹ (1982), 4. Satz

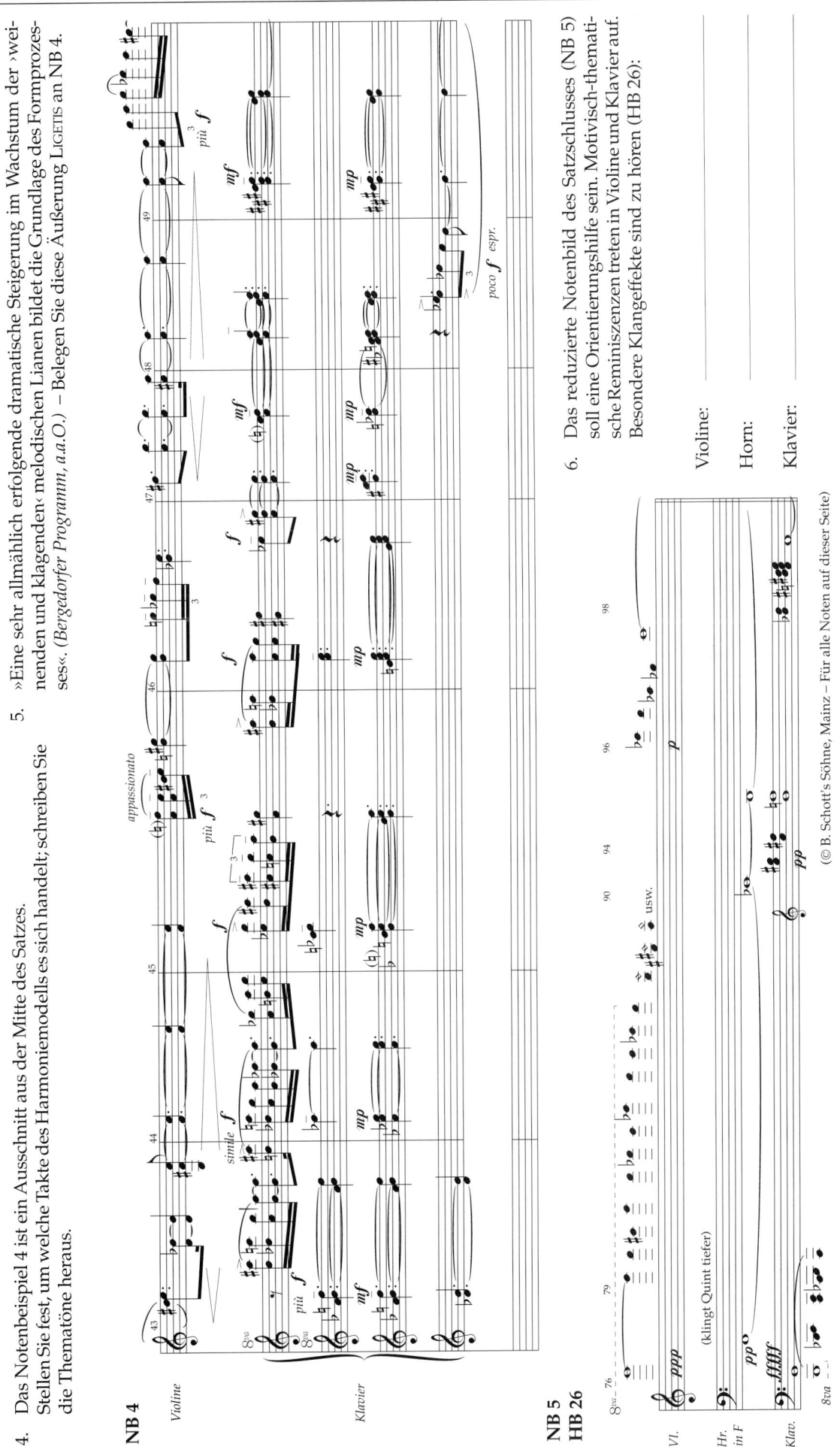

4. Das Notenbeispiel 4 ist ein Ausschnitt aus der Mitte des Satzes. Stellen Sie fest, um welche Takte des Harmoniemodells es sich handelt; schreiben Sie die Thematöne heraus.

5. »Eine sehr allmählich erfolgende dramatische Steigerung im Wachstum der ›weinenden und klagenden‹ melodischen Lianen bildet die Grundlage des Formprozesses«. (*Bergedorfer Programm, a.a.O.*) – Belegen Sie diese Äußerung Ligetis an NB 4.

**NB 4**

6. Das reduzierte Notenbild des Satzschlusses (NB 5) soll eine Orientierungshilfe sein. Motivisch-thematische Reminiszenzen treten in Violine und Klavier auf. Besondere Klangeffekte sind zu hören (HB 26):

   Violine: _____
   
   Horn: _____
   
   Klavier: _____

**NB 5**
**HB 26**

(© B. Schott's Söhne, Mainz – Für alle Noten auf dieser Seite)

*Stationen der Musik im 20. Jahrhundert*

# Lösungen – Hinweise

## György Ligeti: ›Trio für Violine, Horn und Klavier‹ (1982)

Paradigmen der Kompositionstechnik LIGETIS in den sechziger Jahren sind »Atmosphères« (1961), »Volumina« (1962) und als Hauptwerk das oratorische »Requiem« (1963–65), dessen »vielgestaltige Tonsprache« im Cellokonzert (1966) auf die reine Instrumentalmusik übertragen wurde.

In Konfrontation zum seriellen Denken sind diese Werke Repräsentanten einer Ästhetik der Klangzustände, Klang und Klangmetamorphose werden zur zentralen Kategorie, Klangfarbe erweist sich als »differenziert auskomponierbar«. Cluster und Mikropolyphonie sind kompositionstechnische Mittel, strukturelle Komplexität und extreme Expressivität wesentliche Merkmale. Endpunkt dieser Entwicklung ist 1974 »San Francisco Polyphony«.

Nach seiner einzigen Oper »Le Grand Macabre« (1977) erschienen neben seinem Klavierstück »Monument« bis zum »Horntrio« lediglich zwei Werke für Cembalo, »Hungarian Rock« und »Passacaglia ungharese« (1978), die satztechnisch auf das Trio vorausweisen. Melodik, Rhythmik und Harmonik prägen den Satz, dessen Komplexität zusammen mit emotionalem Ausdruck einen Bezug zu früheren Werken herstellt. Der Rekurs auf tradierte Formen ist vorformuliert, wenn LIGETI 1966 von der »Möglichkeit, über Form als Intendiertes wieder zu verfügen« spricht. (GYÖRGY LIGETI: Über Form in der Neuen Musik, in: ERNST THOMAS (Hrsg.): Form in der Neuen Musik, B. Schott's Söhne, Mainz 1966, S. 35)

**Zu Arbeitsblatt 20/1** (s. Aufgaben S. 62)

1. Hornquinten in aufsteigender Folge bilden strenggenommen ›verdeckte‹ Quinten. Sie sind als eine Konfiguration der Naturtöne 5, 6, 8, 9 und 10 satztechnisch unbedenklich und assoziieren den Klang von Naturhörnern. In den Einführungsnotizen zur Bergedorfer Uraufführung schreibt LIGETI:

   »Ein melodisch-harmonischer Keim - große Terz (g-h), Tritonus (es-a), kleine Sext (c-as) in absteigender Sukzession, eine ›schiefe‹ Variante der ›Hornquinte‹ - wird in allen vier Sätzen zu durchsichtigen, metrisch-rhythmisch komplexen polyphonen Formgebilden entwickelt.«

   Die als Doppelgriffe gespielte Hornquinte in G-Dur bleibt nur im ersten Intervall intakt, die kleine Sext wird infolge der chromatisch geführten Oberstimme nach As-Dur, der neapolitanischen II. Stufe, gerückt. Für die zweite Phrase der Violine legt der Terzgang der Oberstimme eine steigende Hornquinte in E-Dur nahe. LIGETI stellt die Intervalle um, die Terz ändert ihre Qualität und ist A-Dur zuzuordnen, die abschließende Quint ist Bestandteil des Sextakkords von B-Dur und erklingt erst nach einer verfremdenden Erweiterung. Der Grad der ›Schiefheit‹ ist höher als in der ersten Phrase.

2. Während die Violine die chromatische Totale ausschöpft, spielt das Horn in seinen beiden Phrasen mit Ausnahme des g' in Takt 4 Töne der Naturtonreihen über C und E. Stufenmelodik kontrastiert zu relativ großen Sprüngen. Das Metrum wird verunklart durch Überspielen der Taktschwerpunkte in Werten von 1/8 und 1/16 für die Violine und in triolischen Werten für das Horn, die sich im Klavier zu quintolischen verkürzen. Formal ist dieser Abschnitt gliederbar in einen Vordersatz mit korrespondierenden Phrasen (T. 1-5), in dem Violine und Horn eigenständig ihre ›Rolle‹ spielen, und in eine Fortspinnungspartie mit vertauschten, jedoch imitatorisch verknüpften Einsätzen der Instrumente (T. 6-8). In einem Epilog (T. 9-12) verschmelzen beide klanglich und funktional vor dem Einsatz des Klaviers mit einer Quarttransposition des Hornquintenkeims. Unter Einbezug des Akkordes H$^6$ in T. 10 wird eine harmonische Disposition mit chromatisch steigender Tendenz deutlich, die diesen Abschnitt ›tonal‹ zusammenhält. Insgesamt wird eine Traditionsnähe, eine historische Bezogenheit des Werkes ebenso evident, wie durch eine verfremdende Tonsprache eine ständige Verschleierung dieses Bezuges erreicht wird. Dieser Abschnitt wird, in seinen Taktgruppen variiert, noch zweimal wiederholt (T. 13-22, 23-40), so daß der Formteil A insgesamt dreigliedrig ist.

3. Die Dreiteiligkeit des Formteils B (T. 41-43, 44-53, 54-61) wird durchhörbar an der signalartigen leggiero-Figur des Horns, die jeweils den Beginn der Abschnitte markiert und im Verlauf vom Klavier bzw. der Violine dupliziert wird (vgl. HB 23). Die Elemente aus dem A-Teil werden miteinander simultan verknüpft.

**Zu Arbeitsblatt 20/2** (s. Aufgaben S. 63)

4. Der Mittelteil C ist gleichfalls dreigliedrig (T. 62-67, 68-75, 76-85) und hebt sich mit seiner klaren Satzstruktur vom Vorhergehenden ab (vgl. HB 23). Eine homophone erste Taktgruppe mit Reminiszenzen der ›schiefen‹ Hornquinte alterniert mit einer zweiten, imitatorisch gefügten.

5. Vgl. die Angaben unter 2., 3., 4. Die Reprise von A und B beginnt exakt mit dem Rückgriff auf T. 4 und konstituiert eine konventionelle Form A – B – A, ein Tabu der Neuen Musik (vgl. HB 23).

6. Der Schluß (ab T. 136) ist diastematisch abgesetzt und läßt den Satz in ›gläsernen Höhen‹ des Flageolett, im extrem hohen Register des Klaviers über einen langgezogenen Hornton verklingen.

7. Sind im bewegten Klangband des 2. Streichquartetts (1968) Rhythmik, Melodik und Harmonik aufgehoben, so treten im Horntrio bezüglich dieser Kategorien klarumrissene, festgefügte Gestalten auf.

**Zu Arbeitsblatt 20/3** (s. Aufgaben S. 64)

Im Einführungstext schreibt LIGETI:

»Der zweite Satz ist ein sehr schneller, polymetrischer Tanz, inspiriert durch verschiedene Volksmusiken von nicht-existierenden Völkern, als ob Ungarn, Rumänien und der ganze Balkan irgendwo zwischen Afrika und der Karibik liegen würden«. *(Bergedorfer Uraufführung, a.a.O.)*

*Stationen der Musik im 20. Jahrhundert*
# Lösungen – Hinweise

1. NB 1 : Die Violine beginnt mit einer Taktskandierung in der vorgegebenen metrischen Aufteilung. In Zweitakten werden die leeren Saiten der Geige gespielt, kombiniert mit den Intervallen der Hornquinte, Terz und Sext, deren Qualität in den Taktgruppen wechselt.
   NB 2: Die Violine bildet ab T. 31 eine weitere Gestalt aus, eine Zwölftonmelodie, die rhythmisch variiert wiederholt wird (T. 37).
   NB 3: Mit Obertönen zu B ebenfalls den Takt skandierend beginnt das Horn (T. 27ff.).
   NB 4: Ab T. 37 gibt sich das Horn melodisch. Die Naturtöne 11 und 13 werden über einen leggiero gespielten Ausschnitt der Teiltonreihe erreicht.
   NB 5: Der Klaviersatz, »der unterirdisch von der Tradition der Jazzpianistik gespeist wird« (LIGETI, Programm zur Bergedorfer Uraufführung, a.a.O.), prägt zwei Charaktere aus, eine durchgehende Ostinatoschicht (T. 11) und eine zweite Zwölftonreihe (T. 15), die zunächst horizontal, später vertikal sich verdichtend 16mal durchlaufen wird und in die Tiefe absinkt.

2. LIGETI setzt das Ventilhorn in F/hoch B voraus, verwendet es aber als Naturhorn in verschiedenen Stimmungen, greift also zurück auf die klassische Handhabung des Instruments und bewahrt ihm damit seine ursprüngliche Ausdrucksqualität. Die unreinen Naturtöne - der zu tiefe 7., der um 1/4 Ganzton zu tiefe 11. und der um 1/3 Halbton zu hohe 13., (der 14. wird nicht gekennzeichnet) - mußten ehemals durch eine besondere Anblasetechnik korrigiert werden.

3. Vgl. die Taktangaben unter 1.

**Zu Arbeitsblatt 20/4** (s. Aufgaben S. 65)

4. NB 6: Die Instrumente beginnen diesen Abschnitt mit simultanen Einsätzen. In der skandierenden Violine sind die Intervalle gegenüber dem ersten Auftritt (T. 1) teilweise ausgetauscht, das Horn festigt seine melodische Rolle mittels korrespondierender Phrasen. Die T. 59ff. weisen Polymetrik auf mit einem höchsten Dichtegrad in T. 61.

|  | T. 59 | T. 60 | T. 61 |
|---|---|---|---|
| Vln. | 3 3 2 | 3 3 2 | 3 2 3 |
| Hr. | 2 3 2 1 | 2 3 3 | 3 3 2 |
| Klavier | 3 3 2 | 3 3 2 | 1 3 3 1 |
|  | 3 3 2 | 3 3 2 | 4 4 |

   NB 7: Ab T. 75 nimmt der Klavierbaß die Zwölftonmelodie der Geige im Abstand von sechs Oktaven auf.

5. NB 8: Das Gerüst der leeren Violinsaiten wird aufgefüllt mit Skalen, die dem Klavier zugeordnet waren.
   NB 9: Das Klavier übernimmt die Taktskandierung kombiniert mit seinen ostinaten Läufen.

NB 11: Violine und Horn bilden einen imitatorischen Satz, in dem die Geige den ›Ton‹ des Horns aufnimmt. Das Klavier spielt im akkordischen Satz einen Kanon in Gegenbewegung, dessen Metrik zu 9/8 geglättet ist. Dieses neue Element ist vorgebildet in den Takten 145ff. (NB 10), die ihrerseits an den choralartigen Klaviersatz im vorausgehenden Andante erinnern.
Beim evtl. Hören des ganzen Satzes kann die Zeitleiste eine Orientierungshilfe sein.

| Zeit | 0 | 0.55 | 1.46 | 2.26 3.02 3.08 | 3.53 | 4.41 | 4.46 |
|---|---|---|---|---|---|---|---|
| Takt | 1 | 55 | 104 | 143 171 182 | 224 | 270 | 273 |
| Form | A1 | A2 | A3 | B | Reprise A | GP | Coda |

**Zu Arbeitsblatt 20/5** (s. Aufgaben S. 66)

1. Für den »con slancio« (mit Schwung) zu spielenden Satz ist ein dreitaktiges rhythmisches Modell (12 Viertel) konstitutiv, das neunmal wiederholt wird und bei seinem zehnten Eintritt nach dem zweiten Takt abbricht. Marschcharakter legen gerader Takt, Auftakt und ein als punktiert gehörter Rhythmus nahe.
   Die Marsch-Assoziation wird in Frage gestellt insofern, als aus der Reihung des Modells, dessen Notenwerte kleiner werden, ein Schwanken der Bewegung und damit eine innere Unruhe resultiert, die einem gleichmäßig fortschreitenden Marsch fremd sind – Verfremdung also auch hier.

2. Die Geige ist um 3/16 gegenüber dem Klavier verschoben.

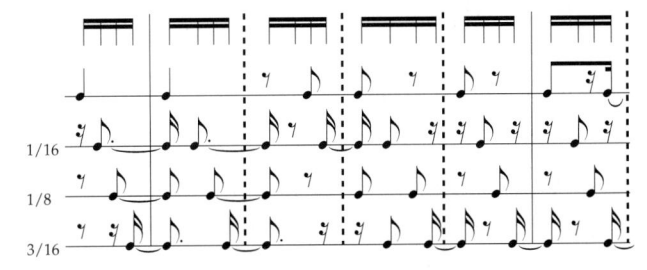

4. Die Tonhöhenstruktur ist zwölftönig ausgelegt (gis-d-fis-e-b-g-es-f-h-a-cis-c), in Violine und Klavier identisch. Die Reihentöne sind vertikal geordnet, die Länge der Reihendurchgänge verkürzt sich von sechs Vierteln durch zunehmende akkordische Komprimierung bis auf drei Viertel, wobei Permutationen nicht ausgeschlossen sind.

*Stationen der Musik im 20. Jahrhundert*

# Lösungen – Hinweise

5. Die Verschiebungen beginnen jeweils auf der zweiten Zählzeit der Takte 11, 17, 23 und 29.

### Zu Arbeitsblatt 20/6 (s. Aufgaben S. 67)

6./7. Der fließende Charakter des Trios ergibt sich aus der kontinuierlichen Viertelbewegung in allen Instrumenten und soll durch einen Vortrag »ohne Akzente, sehr gleichmäßig« (vgl. Partitur, B. Schott's Söhne, Mainz) unterstrichen werden. Mit dem ebenfalls zwölftönig geordneten Tonmaterial wird zunächst ein linearer Satz in weitausschwingenden Melodiekurven komponiert, dessen Zweistimmigkeit zusammen mit seiner homorhythmischen Struktur eine prinzipielle Identität der Tonkonstellation innerhalb der Takte zur Folge hat. Die Kommentierung des Trio als »homophon« bezieht sich wohl auf diese im Vergleich zum Marsch relative Einfachheit der Faktur. Im Verlauf des Satzes erfährt die Stimmigkeit eine Erweiterung, der Klaviersatz wird zunehmend akkordisch, die Instrumente erreichen extreme Lagen, bevor eine variierte Reprise des A-Teils einsetzt, in der das Horn »mit signalartigen melodischen Bildungen, abgeleitet aus der Hornmelodie des ersten Satzes« (LIGETI, Programm zur Bergedorfer Uraufführung, a.a.O.) dominiert.
Die Kurz-lang-Rhythmisierung der Tonrepetition ist vorgebildet in den Phrasenschlüssen der Hornmelodie der Takte 2–4 des Kopfsatzes.
Die Hornstimmungen sind E, B, A und As.

### Zu Arbeitsblatt 20/7 (s. Aufgaben S. 68)

1. Der Passacaglia-Baß des NB 1 setzt sich zusammen aus einem für den Lamento-Baß typischen chromatischen Quartgang und einer abschließenden Kadenzformel.
In BACHS Lamento entwickelt sich die chromatische Version der Unterstimme aus einer zunächst diatonischen Baßführung und korrespondiert mit der chromatischen Oberstimme. Zu den fallenden Melodielinien tritt das langsame Tempo. Die Perioden von ostinatem Baß und variativer Oberstimme entsprechen sich bei BACH und sind bei PURCELL asymmetrisch und verschoben.

2. Das Passacaglia-Thema ist ein fünftaktiges, zweistimmiges Harmoniemodell mit einem überwiegend chromatischen Quartgang als Oberstimme. Hinsichtlich der Periodengliederung knüpft der Satz an die Asymmetrie bei PURCELL an.
Mit Takt 6 beginnt der zweite Themendurchgang, dessen Töne jetzt auf Violine und Klavierbaß verteilt sind, während die rechte Hand die Gegenstimme spielt, die deutlich drei Phrasen mit zwei, drei und vier meist chromatisch fallenden Sekundschritten aufweist und in einem liegenden Akkord als Nachklang und Brücke zum zweiten Gegenstimmeneinsatz der Violine in Takt 14, der formal analog verläuft, endet.

3. Der Bezug des Harmoniemodells zum Hornquintenkeim ist mit Tritonus und kleiner Sext gegeben, die Terz hat ihre Qualität verändert. Die reine Quint und abschließende große Terz sind Intervalle der konventionellen Hornquinte, in fallender Richtung in der Position vertauscht. Mit dem liegenden h' des Horns sind es elf Töne, die sich mit dem des" im Klavier (T. 9 und 10) zur chromatischen Totale fügen.

### Zu Arbeitsblatt 20/8 (s. Aufgaben S. 69)

4./5. NB 4 ist der Werkausschnitt T. 43-49, es handelt sich um die drei Schlußtakte und die Takte 1-4 des Harmoniemodells, dessen Intervalltöne

|         | f  | es | d  | g  | c  | a  | gis (as) |
|---------|----|----|----|----|----|----|----------|
|         | a  | as | b  | e  | fis| f  | dis (es) |
| Takt    | 43 | 44 | 45 | 46 | 47 | 48 | 49       |
| vgl. T. | 3  | 4  | 5  | 1  | 2  | 3  | 4        |

durch zusätzliche Akkordtöne verunklart werden.

LIGETI greift auf das konventionelle Verfahren der rhythmischen Diminution zurück. Chromatik ist deutlich ausgebildet in den fallenden Septimparallelen des Klaviers, »Lianenwerk, das das Grundgerüst immer mehr durchwächst.« (LIGETI: *Programm zur Bergedorfer Uraufführung, a.a.O.*)

6. LIGETI spricht von einer Transformation des Klaviers in ein tiefes Schlagzeug, und weiter:

»Das Echo dieser imaginären, riesenhaften Trommel klingt in den Pedaltönen des Horns nach; als Reminiszenz erklingt auch der Hornquinten-Keim in Klavier und Violine, doch seltsam verfremdet, ein Foto einer Landschaft, die inzwischen im Nichts aufging.« (LIGETI: *Programm zur Bergedorfer Uraufführung, a.a.O.*)

Ab T. 79 orientiert sich die Violine am Verlauf der Mittelstimme des Klaviers ab T. 6 (zuerst im Tritonus-, dann im Quartabstand) und an der Violinstimme ab T. 14 (im Sekund- bzw. Primabstand).

| T. 79ff.: | h | gis | h | a  | as | g   | b | a  | ges | f   |
|-----------|---|-----|---|----|----|-----|---|----|-----|-----|
| T. 6ff.:  | f | es  | d | f  | es | d   | des | f | e  | d   | des | c |
| T. 14ff.: | a | g   | fis | a | g  | ges | f | b | as | g   | fis | e |

## Literatur

WOLFGANG BURDE: György Ligeti. Eine Monographie, Zürich 1993

ULRICH DIBELIUS: Ligetis Horntrio, in: Melos 1/1984

OTTO KOLLERITSCH (Hrsg.): György Ligeti. Personalstil – Avantgardismus – Popularität. Studien zur Wertungsforschung Bd. 19, Wien 1987

MUSIK-KONZEPTE Bd. 53: György Ligeti, München 1987

OVE NORDWALL: György Ligeti, Mainz 1971

*Stationen der Musik im 20. Jahrhundert*

# Adriana Hölszky: ›Jagt die Wölfe zurück!‹ (1989/90) — Arbeitsblatt 21/1

ADRIANA HÖLSZKY wird 1953 als Rumäniendeutsche in Bukarest geboren und beginnt zunächst in ihrer Heimatstadt ein Kompositions- und Klavierstudium, das sie als 23jährige abbrechen muß, weil sie einen Ausreiseantrag gestellt hat. Nach ihrer Übersiedlung in die Bundesrepublik im Jahr 1976 setzt sie ihr Studium dann in Stuttgart fort in den Fächern Komposition und Klavierkammermusik. Seit ihrer künstlerischen Abschlußprüfung unterrichtet sie an der Stuttgarter Musikhochschule.

Die Preisträgerin verschiedener Kompositionswettbewerbe wirkt heute selbst als Jurymitglied. Ihre Konzerttätigkeit als Pianistin, vor allem im LIPATTI-TRIO, hat sie aufgegeben, um sich ganz der Komposition widmen zu können.

Vehement wehrt sie sich gegen jeden feministischen Anspruch; sie will nichts Besonderes darin sehen, als Frau zu komponieren. Auch künstlerisch sträubt sie sich gegen Klischees und Schubladendenken, möchte sich nicht einer bestimmten Stilrichtung zuordnen lassen, sondern entwickelt jeweils ganz unterschiedliche, individuelle Lösungen.

Neben dem Ausprobieren neuer vokaler Techniken mit Einbeziehen von Atem- und Lippengeräuschen - die verschiedensten Arten von Geräuschen spielen eine große Rolle in ihren Werken - experimentiert sie gern mit Klängen, die sich im Raum bewegen. Besonders in »Jagt die Wölfe zurück!« für eins ihrer bevorzugten Instrumentarien, das Schlagzeug-Ensemble, konzentriert sich die Aufmerksamkeit der Komponistin auf das Schaffen von linearen Klangwanderungen reiner Farben. Die nahtlose Übergabe der Klangbewegung erfordert wie in einem Stafettenlauf schnellste Reaktionsfähigkeit der sechs Schlagzeuger.

## Aufgaben — HB 27-28

1. Teilen Sie die verwendeten Instrumente ein in Membranophone (Fellklinger) und Metall-Idiophone (Metall-Selbstklinger) und in Instrumente mit oder ohne bestimmbare Tonhöhe. Markieren Sie mit verschiedenen Farben.

### Besetzung

| *Spieler I, III, V jeweils:* | *Spieler II, IV, VI jeweils:* | *Schlägel:* |
|---|---|---|
| 1 kl. Trommel mit Saiten | 1 kleine Trommel mit Saiten | Finger |
| 1 Bongo | 1 Bongo | flache Hand |
| 1 Tom-Tom | 1 Tom-Tom | Besen |
| 1 große Trommel (nur I) | 1 große Trommel (nur VI) | Paukenschlägel |
| 1 tiefe Pedalpauke (nur III) | 2 antike Zimbeln | Vibraschlägel |
| 3 japanische Tempelglocken (nur III) | 1 Cinelli (kleine Becken) | Xyloschlägel |
| 2 antike Zimbeln | 1 türkisches Becken | sehr harte Schlägel |
| 1 Cinelli (kleine Becken) | 1 chinesisches Becken | Tam-Tam-Schlägel |
| 1 türkisches Becken | 1 Thai-Gong | Trommelstöcke |
| 1 Thai-Gong | 1 Tam-Tam | Triangelstab / Stricknadel |
| 1 chinesisches Tam-Tam |  | Stiel |
|  |  | Superball |
|  |  | Baßbogen |

2. Erstellen Sie nach dem Hören von HB 27 (T. 1-11) ein Polaritätsprofil, indem Sie den Klangfarben einen Grad von Ton- bzw. Geräuschanteilen zwischen den Extremen reine Tonhöhe und Geräusch zuordnen.

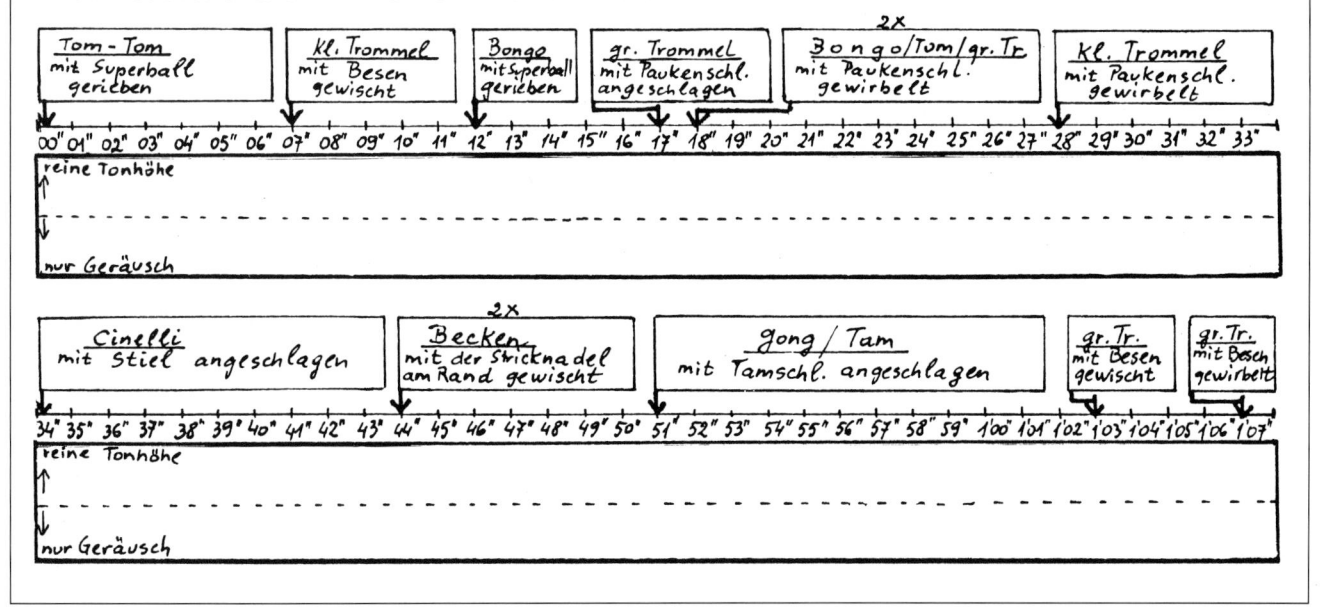

| Tom-Tom mit Superball gerieben | Kl. Trommel mit Besen gewischt | Bongo mit Superball gerieben | gr. Trommel mit Paukenschl. angeschlagen | 2x Bongo/Tom/gr.Tr. mit Paukenschl. gewirbelt | Kl. Trommel mit Paukenschl. gewirbelt |
|---|---|---|---|---|---|

00" 01" 02" 03" 04" 05" 06" 07" 08" 09" 10" 11" 12" 13" 14" 15" 16" 17" 18" 19" 20" 21" 22" 23" 24" 25" 26" 27" 28" 29" 30" 31" 32" 33"

reine Tonhöhe ↑
↓ nur Geräusch

| Cinelli mit Stiel angeschlagen | 2x Becken mit der Stricknadel am Rand gewischt | gong/Tam mit Tamschl. angeschlagen | gr.Tr. mit Besen gewischt | gr.Tr. mit Besen gewirbelt |
|---|---|---|---|---|

34" 35" 36" 37" 38" 39" 40" 41" 42" 43" 44" 45" 46" 47" 48" 49" 50" 51" 52" 53" 54" 55" 56" 57" 58" 59" 1'00" 1'01" 1'02" 1'03" 1'04" 1'05" 1'06" 1'07"

reine Tonhöhe ↑
↓ nur Geräusch

*Stationen der Musik im 20. Jahrhundert*

# Adriana Hölszky: ›Jagt die Wölfe zurück!‹ (1989/90)

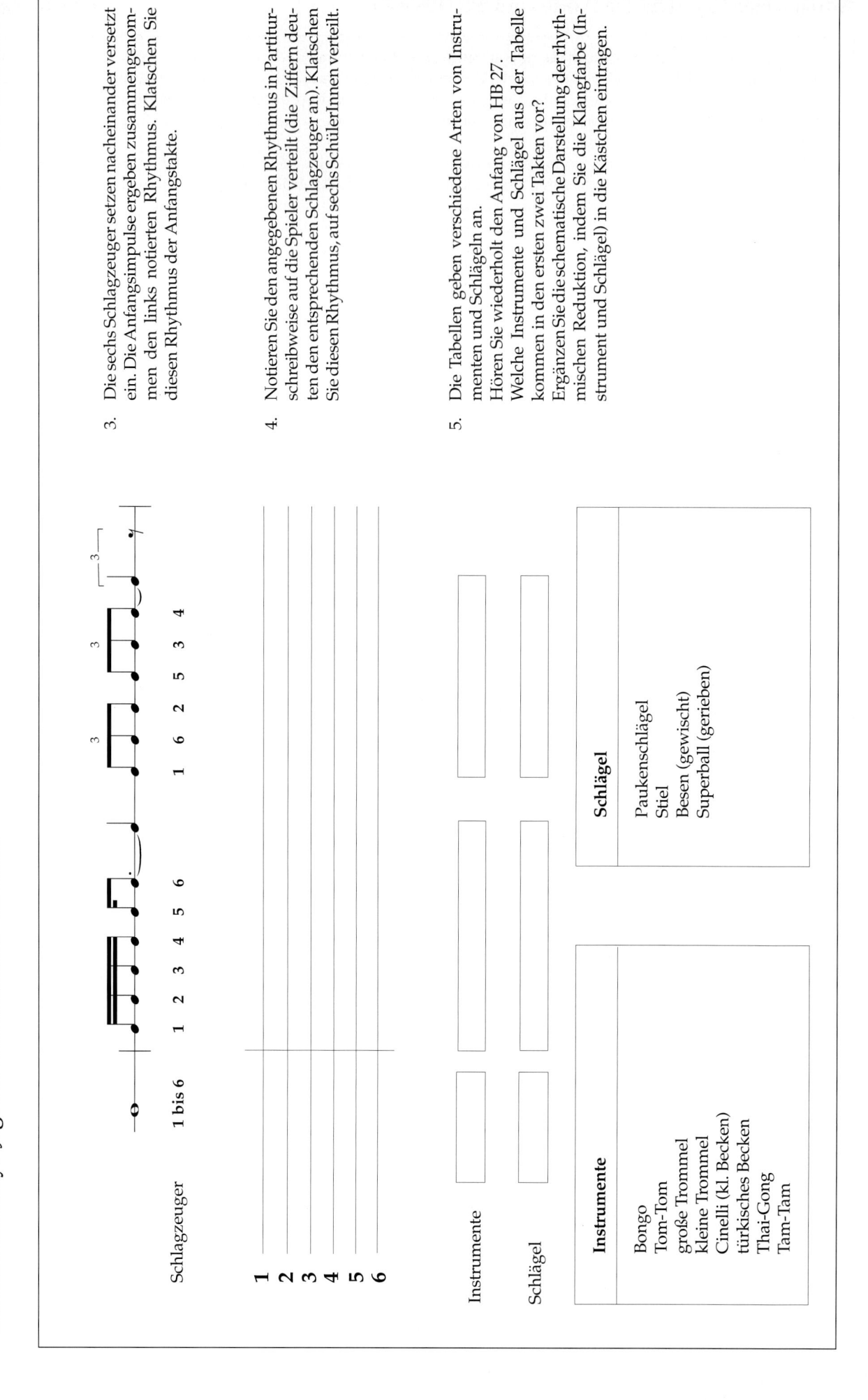

Arbeitsblatt 21/2

3. Die sechs Schlagzeuger setzen nacheinander versetzt ein. Die Anfangsimpulse ergeben zusammengenommen den links notierten Rhythmus. Klatschen Sie diesen Rhythmus der Anfangstakte.

Schlagzeuger   1 bis 6   1 2 3 4 5 6   1 6 2 5 3 4   1 6 2 5 3 4

4. Notieren Sie den angegebenen Rhythmus in Partiturschreibweise auf die Spieler verteilt (die Ziffern deuten den entsprechenden Schlagzeuger an). Klatschen Sie diesen Rhythmus, auf sechs SchülerInnen verteilt.

1
2
3
4
5
6

5. Die Tabellen geben verschiedene Arten von Instrumenten und Schlägeln an.
Hören Sie wiederholt den Anfang von HB 27.
Welche Instrumente und Schlägel aus der Tabelle kommen in den ersten zwei Takten vor?
Ergänzen Sie die schematische Darstellung der rhythmischen Reduktion, indem Sie die Klangfarbe (Instrument und Schlägel) in die Kästchen eintragen.

Instrumente

Schlägel

**Instrumente**

Bongo
Tom-Tom
große Trommel
kleine Trommel
Cinelli (kl. Becken)
türkisches Becken
Thai-Gong
Tam-Tam

**Schlägel**

Paukenschlägel
Stiel
Besen (gewischt)
Superball (gerieben)

*Stationen der Musik im 20. Jahrhundert*

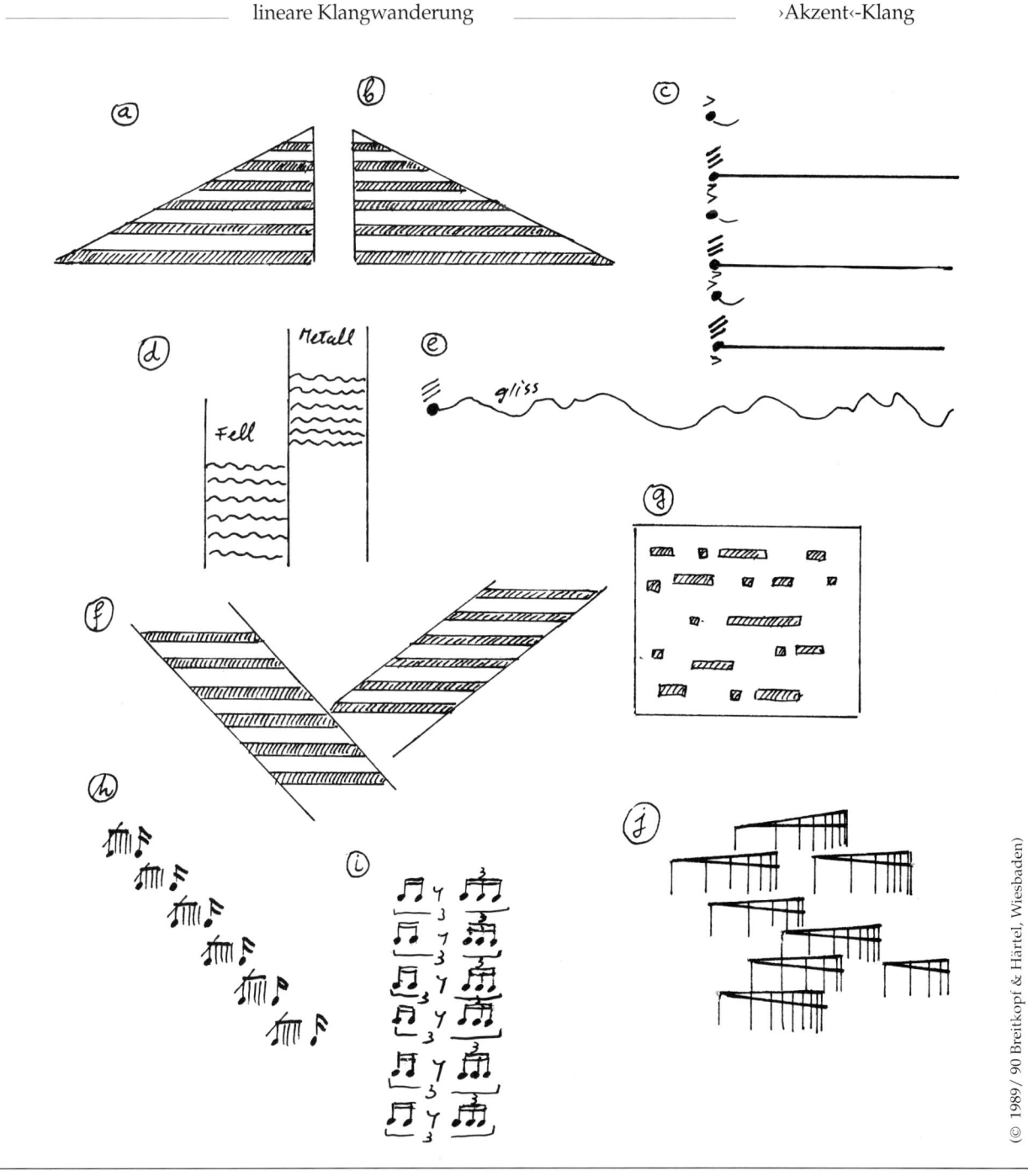

# Adriana Hölszky: ›Jagt die Wölfe zurück!‹ (1989/90) — Arbeitsblatt 21/3

6. Zwei Zeitempfindungsarten sind strukturell tragend in diesem Stück:
   a) die vorwärtsdrängenden, energiegeladenen Impulse (rhythmisch sehr scharf);
   b) die Geräuschbänder oder flukturierenden stationären Klänge, wo der Puls ausgeschaltet wird.

   Vergleichen Sie HB 27 (T. 1-11) mit HB 28 (T. 94 bis Ende), und erläutern Sie Ihren Höreindruck.

7. Hören Sie nochmals das HB 27, und benennen Sie in der Reihenfolge des Erscheinens, welche Klangstrukturtypen (aus den hier grafisch dargestellten) Sie wahrnehmen können.
   Beschreiben Sie diese, und ordnen Sie ihnen passende Bezeichnungen zu:

   | | | | |
   |---|---|---|---|
   | _____ | ›crescendo‹-Klang | _____ | rhythmisches Unisono |
   | _____ | ›decrescendo‹-Klang | _____ | ondulatorischer Orgelpunkt |
   | _____ | alternierende Flächen | _____ | ›Hagel‹-Klang |
   | _____ | versetzte Geräuschflächen | _____ | ›Sieb‹-Klang |
   | _____ | lineare Klangwanderung | _____ | ›Akzent‹-Klang |

(© 1989/90 Breitkopf & Härtel, Wiesbaden)

*Stationen der Musik im 20. Jahrhundert*

# Arbeitsblatt 21/4

## Adriana Hölszky: ›Jagt die Wölfe zurück!‹ (1989/90)

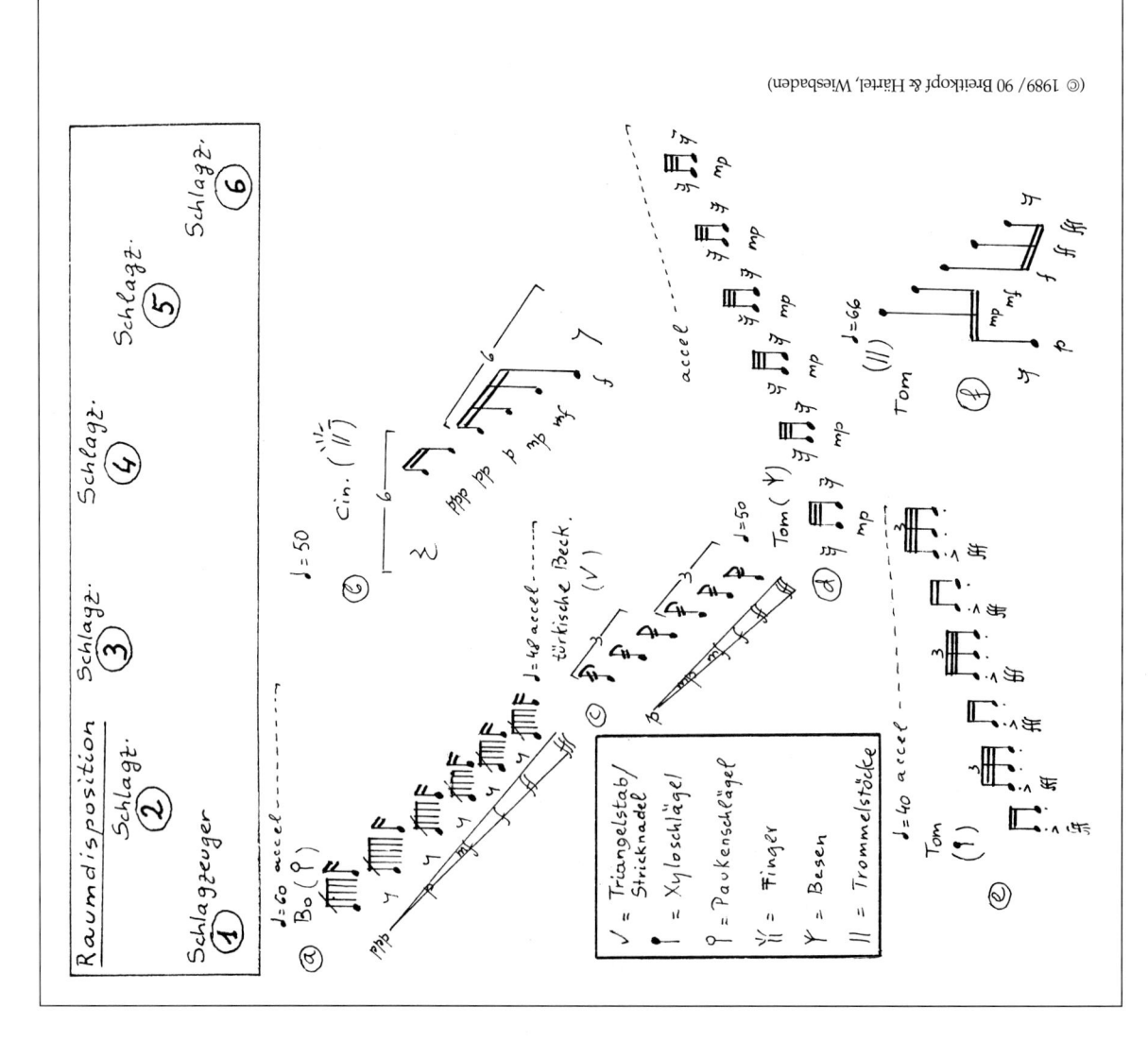

8. Die sechs Schlagzeuger stehen im Halbkreis weit voneinander entfernt und bilden einen ›Rahmen‹, in dem der Klang ›gejagt‹ wird. Die links unten abgebildeten Motivwanderungen entfalten Energiekreise, die sich im Raum bewegen.
Untersuchen Sie diese anhand der Notenausschnitte unter folgenden Gesichtspunkten:

   - Rhythmik
   - Dynamik
   - Klangfarbe
   - Anschlagsart.

   Probieren Sie selbst die angegebenen Klangfarben mit entsprechenden Instrumenten und Schlägeln aus.

9. Stellen Sie einen Bezug her zwischen der Kompositionstechnik dieses Werkes und dem Titel »Jagt die Wölfe zurück!«, der aus dem Gedicht »Die gestundete Zeit« von INGEBORG BACHMANN (s. Arbeitsblatt 21/6) abgeleitet wurde.

10. Die Entfaltung und der Zerfall der im Raum wandernden, pulsierenden Klänge bezieht sich auf mehrere Aspekte (s. unten).

    Welche davon scheinen Ihnen wesentlich für diese Raumkomposition?

    a) Tonhöhenbandbreite
    b) rhythmische Aktivität
    c) Dichte der Klangereignisse
    d) Homogenität der einzelnen Ereignisse
    e) Transformations- und Verfremdungsgrad der Klangfarbe
    f) räumliche Klangrotationen
    g) organisierter Klangfarbenwechsel (Fell / Metall)

© 1989/90 Breitkopf & Härtel, Wiesbaden

*Stationen der Musik im 20. Jahrhundert*

# Arbeitsblatt 21/5

## Adriana Hölszky: ›Jagt die Wölfe zurück!‹ (1989/90)

11. Vergleichen Sie dieses Werk mit »Zyklus für einen Schlagzeuger« von KARLHEINZ STOCKHAUSEN (s. AB 11, HB 13), und arbeiten Sie die wesentlichen Unterschiede heraus.

12. Inwiefern bestehen in »Jagt die Wölfe zurück!« Analogien zur herkömmlichen Imitation? Beschreiben Sie auch die Unterschiede.

13. Wie unterscheiden sich die links notierten Wiederholungsmomente der linearen Raum-Klangwanderungen? (Schlägelsymbole, vgl. AB 21/4.) Es sind diejenigen Klangrotationen im Raum, die eine ›auf der Stelle tretende Zeit‹ suggerieren, wobei sich die einzelnen Gesten bzw. Figuren (s. links) verselbständigen bis zur Isolation.

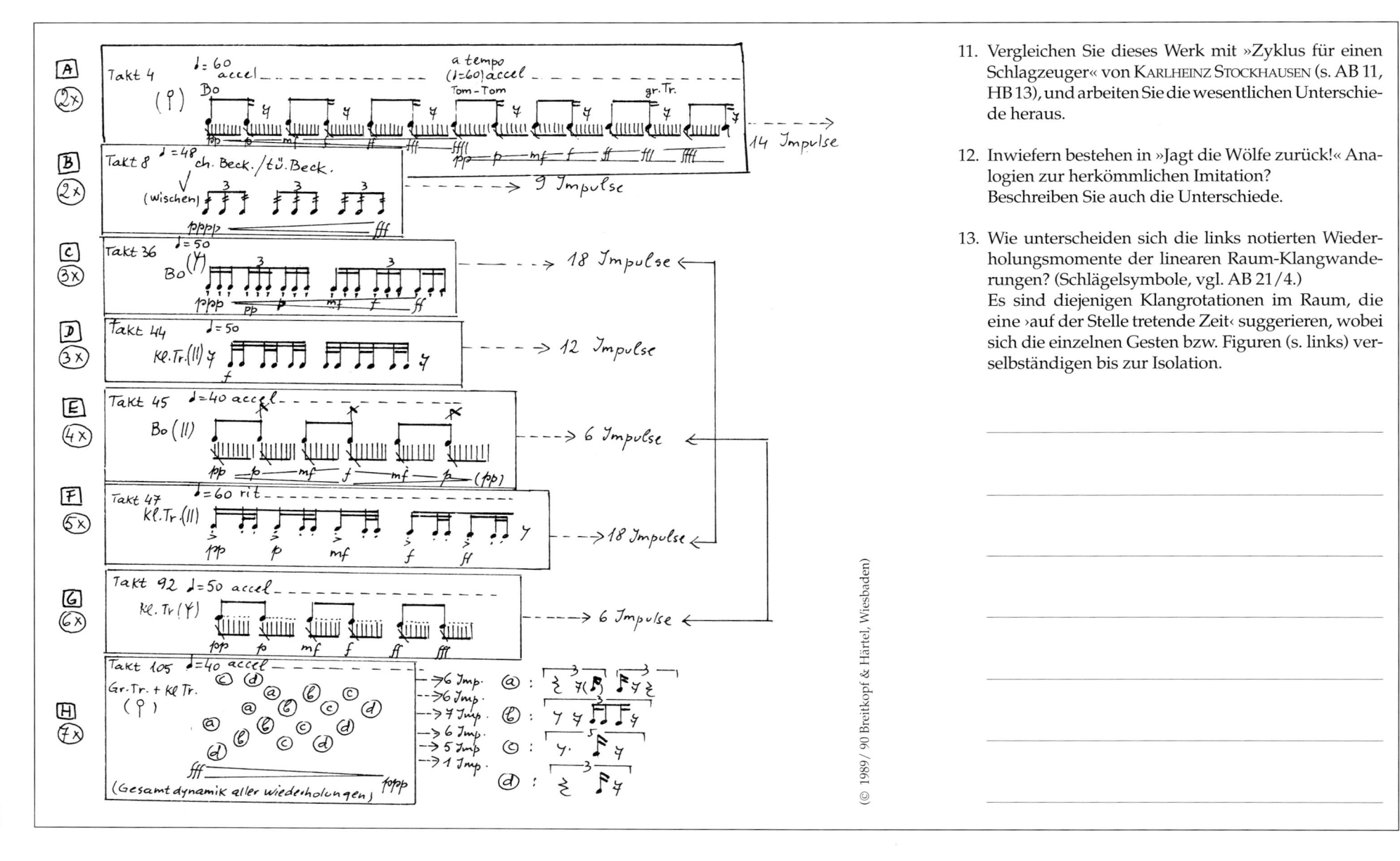

© 1989/90 Breitkopf & Härtel, Wiesbaden

*Stationen der Musik im 20. Jahrhundert*

# Adriana Hölszky: ›Jagt die Wölfe zurück!‹ (1989/90)     Arbeitsblatt 21/6

*Maurits Cornelis Escher: ›Relativität‹ (1953), Lithographie*

14. Können Sie das ›auf der Stelle Treten‹ (der Zeit) auch auf andere Dimensionen übertragen? Inwiefern paßt die Lithographie »Relativität« von MAURITS CORNELIS ESCHER in diesen Zusammenhang?

15. Beschreiben Sie die Stimmung des Gedichts »Die gestundete Zeit« von INGEBORG BACHMANN. Welche Beziehungen und Übereinstimmungen zwischen dem Gedicht und der Komposition »Jagt die Wölfe zurück!« können Sie feststellen?

**Die gestundete Zeit**    (Erstveröffentlichung 1952)

Es kommen härtere Tage.
Die auf Widerruf gestundete Zeit
wird sichtbar am Horizont.
Bald mußt du den Schuh schnüren
und die Hunde zurückjagen in die Marschhöfe.
Denn die Eingeweide der Fische
sind kalt geworden im Wind.
Ärmlich brennt das Licht der Lupinen.
Dein Blick spurt im Nebel:
die auf Widerruf gestundete Zeit
wird sichtbar am Horizont.

Drüben versinkt dir die Geliebte im Sand,
er steigt um ihr wehendes Haar,
er fällt ihr ins Wort,
er befiehlt ihr zu schweigen,
er findet sie sterblich
und willig dem Abschied
nach jeder Umarmung.

Sieh dich nicht um.
Schnür deinen Schuh.
Jag die Hunde zurück.
Wirf die Fische ins Meer.
Lösch die Lupinen!

Es kommen härtere Tage.

INGEBORG BACHMANN (1926-1973)

*Stationen der Musik im 20. Jahrhundert*

# Lösungen – Hinweise

**Zu Arbeitsblatt 21/1** (s. Aufgaben S. 73)

1. Membranophone mit bestimmbarer Tonhöhe: Pauke; ohne bestimmbare Tonhöhe: Bongo, Tom-Tom, große Trommel, kleine Trommel.
   Metall-Idiophone mit bestimmbarer Tonhöhe: Thai-Gong, antike Zimbeln; ohne bestimmbare Tonhöhe: Cinelli (kleine Becken), türkisches und chinesisches Becken, Tam-Tam, japanische Tempelglocken.

2.

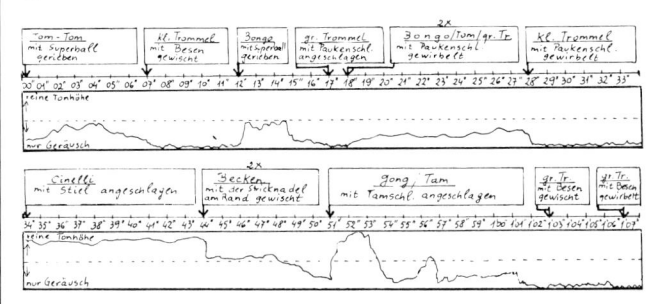

**Zu Arbeitsblatt 21/2** (s. Aufgaben S. 74)

4./5.

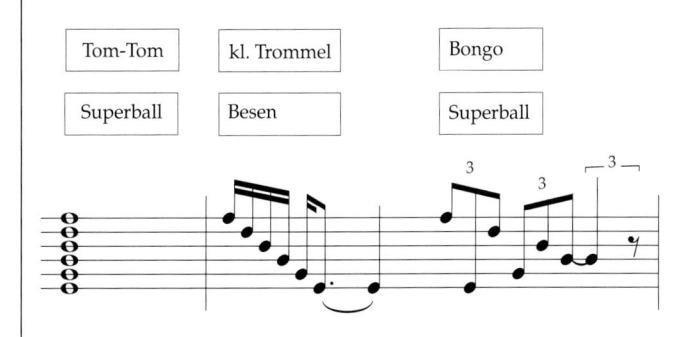

**Zu Arbeitsblatt 21/3** (s. Aufgaben S. 75)

6. Die Spannung zwischen diesen beiden Zeitempfindungen trägt strukturell das Stück weiter. Die Komposition besteht aus wellenartigen Versuchen, Energiekreise und Klangvektoren im Raum zu bewegen. Im Laufe des Stückes entfaltet sich mehr und mehr das rhythmisch-indifferente Geräusch und der liegende Klang bis hin zu der reinen Tonhöhensäule im hohen Frequenzbereich am Schluß (z. B. antike Zimbeln mit Bogen gestrichen). Der vorwärts gerichtete energetische Gestus in HB 27 wird verdrängt von zeitlos-statischen Klangflächen in HB 28.

7. Reihenfolge der Klangstrukturtypen:
   b) ›decrescendo‹-Klang (Tom-Toms mit Superball)
   a) ›crescendo‹-Klang (kl. Trommeln mit Besen gewischt)
   f) versetzte Geräuschflächen (Bongos mit Superball)
   c) ›Akzent‹-Klang (gr. Trommeln mit Paukenschlägel)
   h) lineare Klangwanderung (Bongos mit Paukenschlägel, dann Tom-Toms und große Trommeln ebenso)
   f) versetzte Geräuschflächen (kl. Trommeln mit Trommelstöcken gewirbelt)
   c) ›Akzent-Klang‹ (Cinelli mit Schlägelstiel)
   h) lineare Klangwanderung (Becken mit Stricknadel oder Triangelstab am Rande gewischt)
   c) ›Akzentklang‹ (Gongs, dann Tam-Tams mit Tam-Tam-Schlägel)

**Zu Arbeitsblatt 21/4** (s. Aufgaben S. 76)

8. <u>Rhythmik</u>: Jeder der abgebildeten Kreisläufe a) bis f) behält jeweils ein anderes rhythmisches Motiv bei, das - auf die sechs Schlagzeuger verteilt - durch den Raum geschleudert wird.
   Die unterschiedlichen Einsatzabstände der einzelnen Spieler ergeben unterschiedliche Impulsfrequenzen, vergleichbar den verschiedenen Gangarten des Pferdes: Schritt, Trab, Galopp. Hinzu kommen noch Tempounterschiede und Beschleunigungen.
   Nur bei e) werden zwei verschiedene rhythmische Bausteine verwendet, sonst gibt es nur eine einzige Zelle, die in der Klangbewegung rhythmisch unverändert erscheint.
   <u>Dynamik</u>: a), b), c) und f) verlaufen im nahtlosen Crescendo, d) und e) haben konstante Lautstärke.
   <u>Klangfarbe und Anschlagsart</u>: Instrumentale Klangfarbe und Anschlagsart bleiben für alle Spieler innerhalb der jeweiligen Raumbewegung gleich.
   Die verschiedensten Schattierungen der Klangfarbe werden auf ein und demselben Instrument durch unterschiedliche Schlägel und Anschlagsarten erzeugt.
   So ist z. B. bei d), e) und f) das klangliche Resultat total unterschiedlich, obwohl in allen drei Fällen die Fellinstrumentenfarbe des Tom-Toms verwendet wird: bei d) das leise, schattenhafte Geräusch des Anschlags mit dem Besen (mezzopiano), bei e) der kräftige, kompakte, kernige Schlag mit dem Xylophonschlägel (fortissississimo), bei f) der agressive, kriegerische Charakter des Anschlags durch Trommelstöcke.

9. Der Titel hat keinen illustrativen Charakter, sondern bezieht sich auf den grundlegenden Gestus dieser bedrohlichen, düsteren Klanglandschaft in ständiger Bewegung: der Klangimpuls wird mit wechselnder Geschwindigkeit durch den Raum kreisförmig ›gejagt‹, gedrängt, wie gehetzte Wölfe. Die Komposition wurde nicht durch das Gedicht inspiriert, sondern erst nachdem das Musikstück fertig war, wurde ein Satz aus INGEBORG BACHMANNS Gedicht (ein wenig abgewandelt) als assoziatives Pendant ausgewählt.

10. Dieses Stück ist ein Beispiel, in dem nicht wie üblich die Tonhöhe (a) oder die Rhythmik für die Struktur bestimmend sind, sondern die Transformationen und Verfremdungen der Klangfarbe (e) und der organisierte Klangfarbenwechsel (g) formbildend sind. Die Homogenität der einzelnen Ereignisse (d) in sich ist maximal, da immer gleiche Klangfarben innerhalb des gemeinsamen Feldes vorkommen, also nur reine Farben verwendet werden, ähnlich wie bei einem Gemälde, das nur die Grundfarben rot, grün, blau, gelb und keine

# Lösungen – Hinweise

Mischfarben wie etwa lila, orange oder braun enthält. Um die Aufmerksamkeit des Hörers auf die Raumentfaltung des Klanges zu lenken, wurde die rhythmische Aktivität (b) innerhalb eines zusammengehörigen Feldes unterdrückt; die rhythmische Zelle ändert sich während der wandernden Phase nicht. Was die Dichte der Klangereignisse (c) betrifft, gibt es in diesem Stück keine besonderen Modifikationen der vertikalen Dichte, d. h. kein Spieler tritt solistisch hervor, sondern alle sind immer gleichberechtigt beteiligt; dicht verzahnt wie in einem Uhrwerk wirken sie zusammen wie ein einziger Organismus. Jedoch wird die horizontale Dichte (also das Nacheinander) der Ereignisse differenziert gestaltet, so daß eine elastische Zeitempfindung beim Hören entsteht. Man hat den Eindruck, daß die Zeit sich ausdehnt oder schrumpft ohne Fixierung auf einen Grundpuls. Die räumlichen Klangrotationen (f) spielen eine vorrangige Rolle.

**Zu Arbeitsblatt 21/5** (s. Aufgaben S. 77)

11. Bei STOCKHAUSEN gibt es unterschiedlich konzipierte Stadien, der Grad der Determiniertheit der Struktur variiert im Stück. Es gibt einerseits eindeutig festgelegte und andererseits undeterminierte Felder. In »Jagt die Wölfe zurück!« ist alles determiniert: sowohl die Klangfarbe, die Anschlagsart, Tonhöhe und Lautstärke. Bei STOCKHAUSEN spielen die Zahlenverhältnisse als Ausgangspunkt beim Komponieren eine wesentliche Rolle, wobei die Aperiodizität und Unwiederholbarkeit der Klangereignisse als Charakteristika erscheinen. In »Jagt die Wölfe zurück!« gibt es eine andere Zeitempfindung: die Zeit als ein Kontinuum von alternierenden, wiederholbaren Kreisläufen, die um den Hörer herum rotieren. Im Unterschied zu »Zyklus« finden nur Klangtransformationen reiner Farben statt. In STOCKHAUSENS »Zyklus« werden heterogene Felder mit Mischfarben (Holz, Metall, Fell innerhalb eines Feldes) hauptsächlich punktuell und diskontinuierlich verwendet.

12. Analogie: Eine Zelle wird unter den verschiedenen Spielern weitergereicht. Unterschied: Die Imitation wird hier auf die Spitze getrieben durch extrem kurze Motive, die mit hoher Geschwindigkeit, wie in einer Zentrifuge, durch den Raum geschleudert werden. Es gibt im Gegensatz zur herkömmlichen Imitation keine Themen, keine Stimmfortführung und keinen polyphonen Satz. In HÖLSZKYS Komposition bleibt der hauptsächlich lineare, einstimmige Charakter der im Raum umhergeschleuderten rhythmischen Figur erhalten, trotz Verdichtungen. Der Sinn der Übernahme des isoliert stehenden Motivs ist nicht die kontrapunktische Arbeit, sondern die Kinetik an sich. Der Prozeß der nahtlosen Übernahme einer Zelle wird nicht unterbrochen, denn das Stück lebt von dieser Bewegung. Da hier der kontrapunktische Kontext fehlt, findet eine Entfremdung des bekannten Gestus des Imitierens statt. Auch die Mobilität bzw. Geschwindigkeit der Klangbewegung im Raum ist hier viel größer als im imitatorischen Satz. Die Geschwindigkeit der Klangbewegung ist Schwerpunkt der Komposition. Diese Klangwanderung wird nicht suggeriert, sondern findet real im Raum statt, da die Spieler weit voneinander entfernt aufgestellt sind.

13. Jedes Moment ist unverwechselbar, da an jeder Stelle entweder andere rhythmische Motive, mit anderer Klangfarbe oder anderer Dynamik rotieren.
Die Momente A, E und G sind nicht identisch, obwohl sie auf dem gleichen rhythmischen Motiv im accelerando basieren; sie haben unterschiedliche Klangfarben (bei A Bongo/ Tom-Tom/ gr. Trommel mit Paukenschlägel, bei E Bongo mit Trommelstöcken, bei G kleine Trommel mit Besen geschlagen) und unterschiedlichen dynamischen Verlauf (bei A zweimalig ansetzendes crescendo, bei E crescendo - diminuendo, bei G crescendo). Wo die Farbe beibehalten wird (bei D und F kleine Trommel mit Trommelstöcken gespielt), sind die rhythmische Figur, die Lautstärke und das Tempo unterschiedlich. Das Wiederholungsmoment B unterscheidet sich am meisten von den anderen, da die hier vorkommende Farbe (Becken mit Triangelstab oder Stricknadel am Rande gewischt) in den anderen Momenten nicht mehr erscheint; dies gilt auch für das hier wiederholte rhythmische Motiv.
Das dritte Moment C, rhythmisch verwandt mit B, weist Analogien auch mit G auf durch Verwendung derselben Schlägelart (Besen). Es unterscheidet sich aber durch ein anderes Instrument (bei C Bongo, bei G kleine Trommel). Obwohl beide im gleichen Tempo beginnen, hebt sich G durch ein accelerando ab. H bildet eine Ausnahme, da hier vier unterschiedliche rhythmische Zellen überlagert werden im Sinne einer polyrhythmischen Figur.
Die Anzahl der Wiederholungen steigert sich von einer Stelle zur nächsten. Der Höreindruck von ›nicht vorwärts kommen‹, von Leerlauf im Kreis verstärkt sich je mehr Wiederholungen stattfinden. Dadurch verselbständigen sich die Figuren zu ›im Leerlauf wandernden Signalen‹.
Diese Stellen haben die Funktion des Einfrierens der ständigen Bewegung, die durch die Wiederholung automatisiert wird.

**Zu Arbeitsblatt 21/6** (s. Aufgaben S. 78)

14. Die Lithographie »Relativität« von ESCHER ist ein interessantes Beispiel dafür, wie in anderer Dimension (Raum statt Zeit) und mit anderen Mitteln das Gefangensein, das Steckenbleiben künstlerisch dargestellt wird. Trotz der Fortbewegung des Treppensteigens gibt es hier kein Vorankommen. Gleich einem Perpetuum mobile bewegen sich die Figuren nur scheinbar vorwärts, auf und ab, können jedoch nicht aus dem Leerlauf der Kreisbewegung ausbrechen. Eine an Sisyphus gemahnende Sinn- und Hoffnungslosigkeit macht sich breit, verstärkt durch die roboterhaft gesichtslosen, entmenschlichten Figuren.

15. Sowohl in dem Gedicht als auch in der Komposition geht es um die Auseinandersetzung mit dem Problem der Zeit; einer Zeit, die bedrohlich ist und ruhelos gejagt wird. Härte und Illusionslosigkeit sind Aspekte, die im Gedicht und im Schlagzeugstück vorherrschen.

# Einführung III – Musikgeschichte der DDR

»Gibt es eine DDR-Musik?« Diese Frage wurde immer wieder gestellt. Nicht nur ironisch![1] HANS VOGT bedauert in seinem Buch »Neue Musik seit 1945«, daß man von den DDR-Komponisten so gut wie nichts weiß. Die Geschichte der Musik in der DDR hat nach dem zweiten Weltkrieg eine andere Entwicklung durchgemacht als in der Bundesrepublik. Die unterschiedlichen politischen Voraussetzungen haben das Musikschaffen in beiden Teilen Deutschlands beeinflußt. 1980 beschreibt der Rundfunkjournalist ULRICH DIBELIUS die unterschiedlichen Entwicklungen:

> »Die Ausgangsbedingungen für die beiden Teile Deutschlands waren in den ersten Nachkriegsjahren nahezu gleich, zumal im abgeschirmten Bereich der Kultur mit seinem langsam und oft schleppenden Veränderungstempo. Heute [1988!], vierzig Jahre später, ist die kulturelle wie auch speziell die musikalische Situation in der Bundesrepublik und in der Deutschen Demokratischen Republik in nahezu allem ungleich. [...] In der BRD war die Bedeutung Arnold Schönbergs und der Zwölftonmethode bis hin zu der von Webern ausgehenden seriellen Organisation des gesamten parametrischen Satzes bald erkannt und zur Grundmaxime erhoben worden (1948/52), während man sich in der DDR erst allmählich und über den vermittelnden Ansatz bei Alban Berg zu größerer Duldsamkeit gegenüber der Wiener Schule und den dodekaphonen Praktiken durchringen konnte, etwa ab 1955/56, nicht ohne den Einfluß der kunstpolitischen Direktiven des XX. Stalinismus-kritischen Parteitags der KPdSU.«[2]

Zunächst wurde die Musik SCHÖNBERGS und seiner Schule vollkommen abgelehnt. Der »sozialistische Realismus« verfolgte ein volkserzieherisches Konzept klassizistischer Erbe-Aneignung. Der stalinistische Kulturapparat erwartete von seinen Komponisten Kantaten zu politischen Feiern und Gedenktagen und eine zweckoptimistische Instrumentalmusik in Gestalt einer Sonatenhauptsatzdialektik mit dem Sieg der positiven Kräfte. So endet das 1963 entstandene Violinkonzert von GERHARD ROSENFELD mit einer Sostenuto-Episode. Diese Episode haftet im Gedächtnis, selbst wenn ihr am Schluß noch ein offenbar unumgängliches C-Dur-Fortissimo-Staatsoptimismus-Alibi angehängt wird.

> »Mit dem Versuch in den siebziger Jahren, auf der politischen Ebene die Entspannungspolitik voranzubringen, öffnet sich auch das künstlerische Spektrum. Es lockerte sich die restriktive Haltung gegenüber Komponistennamen wie Boulez, Cage, Kagel, Ligeti, Messiaen, Nono, Stockhausen.«[3]

Dieser Prozeß der Öffnung, den einige Autoren und Komponisten bereits Mitte der sechziger Jahre ansetzen, verlief nie geradlinig. Obwohl am Verband der Komponisten und Musikwissenschaftler der DDR seit 1974 die DDR-Musiktage (nationales Festival) im Zwei-Jahres-Wechsel mit der »DDR-Musik-Biennale« (internationales Festival, gegründet 1967) veranstaltet wurden, fanden noch im September 1989 kurz vor der politischen Wende die 1988 erstveröffentlichten »Positionen« (Verlagsmitteilungen des Verlages Peters Leipzig mit Beiträgen zur Neuen Musik) eine harsche Ablehnung der Berliner Kulturfunktionäre:

> »Diese ›Positionen‹ vertreten nicht die Positionen unserer sozialistischen Musikpolitik!«[4]

Als der Komponist PAUL-HEINZ DITTRICH (geb. 1930), dessen Kompositionen in den 60er Jahren weder publiziert noch aufgeführt wurden, versuchte, seinen Studenten an der HANNS-EISLER-Hochschule in Ost-Berlin, an der er bis 1976 tätig war, die Kompositionen ARNOLD SCHÖNBERGS vorzustellen und seine Standpunkte über Neue Musik darzulegen, wurde ihm vom Konrektor der Hochschule empfohlen, am Alexanderplatz Schallplatten zu verkaufen.

Der Komponist GEORG KATZER (geb. 1935) spricht in seinem Referat zur Generalversammlung des Deutschen Musikrates in Bonn Anfang 1990 unverholen aus:

> »Es erklang viel Musik in der DDR, aber es war nur zum kleinen Teil die Musik der SED. Die Botschaften wirklicher Musik waren der alten Führung kein echtes Bedürfnis, ihr Geschmack war, allem revolutionären Gehabe zum Trotz, verkitscht, und am Horn liebten sie wohl eher die Eignung zu Jagdsignalen. Sie wurden nicht im Konzert, nicht in der Oper gesehen, wo sie übrigens auch nicht vermißt wurden. Die neue Musik gar der DDR-Komponisten war ihnen verdächtig, weil diese, das fühlten sie wohl, nicht systemkonform war. Wenn trotzdem beträchtliche Summen wie für den Gesamtbereich Kultur so auch für die Musik bereitgestellt wurden, dann in der Hoffnung und Absicht, damit nach innen und außen zu reputieren und sie, die Musik, propagandistisch einzufunktionieren.«[5]

Die heute namhaften Komponisten der mittleren Generation, geboren in der Zeit des Faschismus in Deutschland, waren Schüler von HANNS EISLER (1898–1962), RUDOLF WAGNER-RÉGENY (1903–1969) und PAUL DESSAU (1894–1979): REINER BREDEMEYER (geb. 1929), PAUL-HEINZ DITTRICH (geb. 1930), SIEGFRIED MATTHUS (geb. 1934), GEORG KATZER (geb. 1935), FRIEDRICH SCHENKER (geb. 1942), UDO ZIMMERMANN (geb. 1943), JÖRG HERCHET (geb. 1943), HERMANN KELLER (geb. 1945).

Einer der vielseitigsten Komponisten der DDR ist FRIEDRICH SCHENKER (geb. 1942 in Zeulenroda im Vogtland). Er studierte Komposition bei FRITZ GEISSLER, GÜNTER KOCHAN und PAUL DESSAU. 1975 erhielt er den HANNS-EISLER-Preis. Als Posaunist ist er Mitbegründer der Gruppe NEUE MUSIK HANNS EISLER (Leipzig 1979), die mit der Berliner Bläservereinigung zum wichtigsten Ensemble und Anreger Neuer Musik in der DDR wurde. SCHENKERS innovatorische Techniken, seine Vorliebe für Klangphänomene auf tiefen Instrumenten stempelten ihn zum Publikumsprovokateur. Der Komponist wählte wiederholt Themen, zu denen er engagiert Stellung bezog: etwa mit dem sinfonischen »In memoriam Martin Luther King« (1969/70) gegen Rassendiskriminierung; mit dem »Epitaph für Neruda« (1973/74) als Apell gegen das antidemokratische Regime in Chile; 1974 entstand sein bissig-satirischer »Leitfaden für angehende Speichellecker« nach Texten von MAJAKOWSKI für Sopran und Klavier. SCHENKERS anspruchsvollstes Werk ist seine 1985 im Leipziger Gewandhaus uraufgeführte »Michelangelo-Symphonie«.

---

1/3 Georg-Friedrich Kühn: Zeitgenössische Komponisten in der DDR, in: Attila Csampai/ Dietmar Holland: Der Konzertführer – Orchestermusik von 1700 bis zur Gegenwart, Rowohlt, Reinbek 1987, S. 1249f.
2 Ulrich Dibelius: Moderne Musik II, Piper, München 1988, S. 277f.
4 Musiktexte 33/34, 4 Verlag Musiktexte, Köln 1990, S. 124
5 Georg Katzer: Das Vergangene trotz Zukunft weiter bewältigen, in: nmz, 6, 12, Gustav Bosse-Verlag, Regensburg 1990, S. 1ff.

Stationen der Musik im 20. Jahrhundert

# Friedrich Schenker: ›Landschaft I – Farben‹ (1974)   Arbeitsblatt 22/1

FRIEDRICH SCHENKERS erste Reaktion auf seine Reise nach Rom im Jahr 1973 war seine Orchesterkomposition »Landschaften«. Der Komponist schrieb in einem Kommentar zur Uraufführung am 25. 9. 1975 durch das auftraggebende HÄNDEL-Festspielorchester Halle:

> »Es mache sich jeder Hörer beim Anhören dieser Stücke Bilder. [...] Öffentlich steht mit der poetischen Konzeption der vier Stücke die Emanzipation der Klangfarbe zur dominanten Komponente.«[6]

> »Der Begriff ›Landschaften‹ wurde bei der Komposition komplex gesehen, also: Naturlandschaften, utopische Landschaften, Notenlandschaften (rein graphisch betrachtet) usw.«[7]

Eine gewisse Modellfunktion haben SCHÖNBERGS fünf Orchesterstücke op. 16 von 1909. Es geht dabei um das

> »Weiterdenken [...] von Klangfarben-Komposition, das Schönberg vor allem mit dem dritten Stück ›Farben‹ angeregt hat. Schenkers erste Landschaft [es folgen drei weitere Zwei- bis Dreiminuten-Stücke] mit dem gleichen Titel rückt diese Beziehung in die Nähe einer ›Hommage à Schönberg‹ «.[6]

Auch SCHÖNBERGS »Werkcharakteristik in einem Brief an Richard Strauss vom Juli 1909 [...] findet in Schenkers ›Landschaften‹ ihre recht genaue Entsprechung. [...]
›Es sind kurze ... Stücke (zwischen 1 und 3 Minuten Dauer) ohne cyklischen Zusammenhang, ... insbesondere Klang und Stimmung ... absolut nicht symphonisch, direkt das Gegenteil davon, keine Architektur, kein Aufbau. Bloß ein bunter, ununterbrochener Wechsel von Farben, Rhythmen, Stimmungen.‹ [...] Dennoch ist jede ›Landschaft‹ präzis gegliedert und in deutlich unterscheidbare Abschnitte aufgeteilt. [...] [Es] ist ihnen gemeinsam, daß jeweils die zeitliche Mitte eines Satzes durch einen speziellen Attraktionspunkt, ein besonders signifikantes musikalisches Ereignis [markiert ist].«[6]

**Aufgaben**   HB 29

1. Lesen Sie aufmerksam und wiederholt die Einführungsseite (S. 81) durch, und machen Sie sich mit der Situation des Komponierens in der DDR vertraut. Unterstreichen Sie zentrale Informationen.

2. Prägen Sie sich die zentralen Textaussagen zu SCHENKERS »Landschaften« ein. Diskutieren Sie die Texte.

3. Hören Sie sich die »Landschaft I – Farben« (Dauer 2'24") wiederholt an (HB 29), und formulieren Sie Ihren Klangeindruck mit einigen Stichworten.
   Welche ›Klangbilder‹ machen Sie sich?
   Entwerfen Sie eine kleine Skizze!
   Vergleichen Sie Ihre Ergebnisse.

4. Vergleichen Sie die Wirkung dieser Komposition mit der Beschreibung des Berliner Musikwissenschaftlers FRANK SCHNEIDER:

> »Der Stückablauf ähnelt, bildlich gesprochen, dem atmosphärischen Vorgang der Nebelbewegung. Die gleichsam schwebenden diffusen Klanggespinste zerteilen sich und lichten sich auf, lassen für Momente Gegenständliches - mehr oder weniger detailliert - erkennen, um am Ende alles wieder zu entrücken und dicht zu umschleiern.«[7]

5. a) Tragen Sie in die Zeitleisten unten deutlich gehörte (HB 29) Strukturmerkmale ein. (Gesamtdauer = 2'24")
   b) Wie ist das Klangfarbenspiel gegliedert?
      Wie ist die Zeitmitte des Stückes komponiert?
   c) Welche Instrumente und Instrumentengruppierungen hören Sie?

---

[6] Frank Schneider: Friedrich Schenker: Landschaften für großes Orchester (Analyse), in: Nordiska Musikdagar 1978, hrsg. von der Kungl. Musikaliska Akademiens Skrittserie Nr. 27, Stockholm 1980, S. 272ff.
[7] LP-Text der NOVA 885167, VEB Deutsche Schallplatten Berlin, DDR 1979

**Teil I**

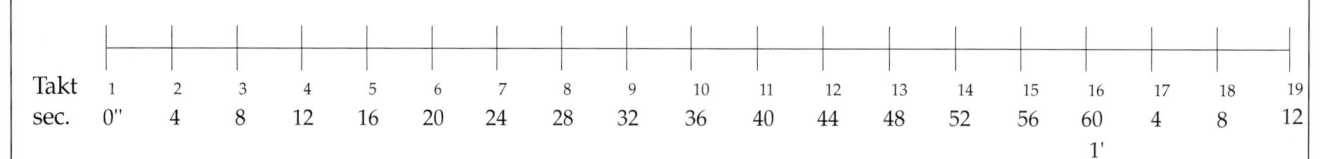

| Takt | 1 | 2 | 3 | 4 | 5 | 6 | 7 | 8 | 9 | 10 | 11 | 12 | 13 | 14 | 15 | 16 | 17 | 18 | 19 |
|---|---|---|---|---|---|---|---|---|---|---|---|---|---|---|---|---|---|---|---|
| sec. | 0" | 4 | 8 | 12 | 16 | 20 | 24 | 28 | 32 | 36 | 40 | 44 | 48 | 52 | 56 | 60 | 4 | 8 | 12 |

1'

**Teil II**

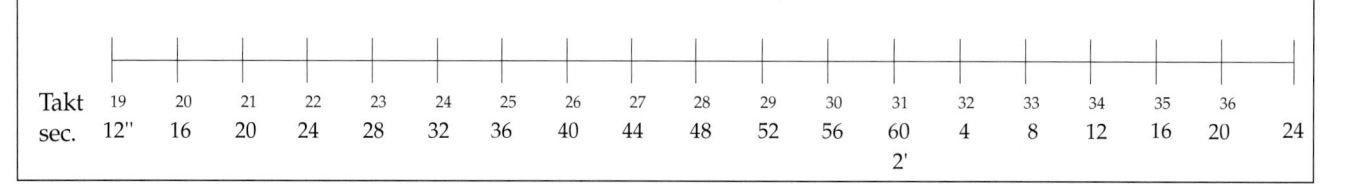

| Takt | 19 | 20 | 21 | 22 | 23 | 24 | 25 | 26 | 27 | 28 | 29 | 30 | 31 | 32 | 33 | 34 | 35 | 36 |
|---|---|---|---|---|---|---|---|---|---|---|---|---|---|---|---|---|---|---|
| sec. | 12" | 16 | 20 | 24 | 28 | 32 | 36 | 40 | 44 | 48 | 52 | 56 | 60 | 4 | 8 | 12 | 16 | 20 | 24 |

2'

*Stationen der Musik im 20. Jahrhundert*

# Friedrich Schenker: ›Landschaft I – Farben‹ (1974) — Arbeitsblatt 22/2

6. Der zu Beginn hörbare Grundklang, ein Cluster aus 53 Tönen, ist aufgebaut aus fünf Intervallserien. Untersuchen Sie das Notenbeispiel, und tragen Sie Ihre Ergebnisse in die Noten ein. Dieser Clusterkomplex wird in den ersten 10 Takten (sec. 1–40) allmählich umgeschichtet und im Klangraum verlagert.

   Machen Sie sich nach Ihrer Tonhöhenuntersuchung diesen Klangprozeß durch wiederholtes Hören (HB 29) bewußt.

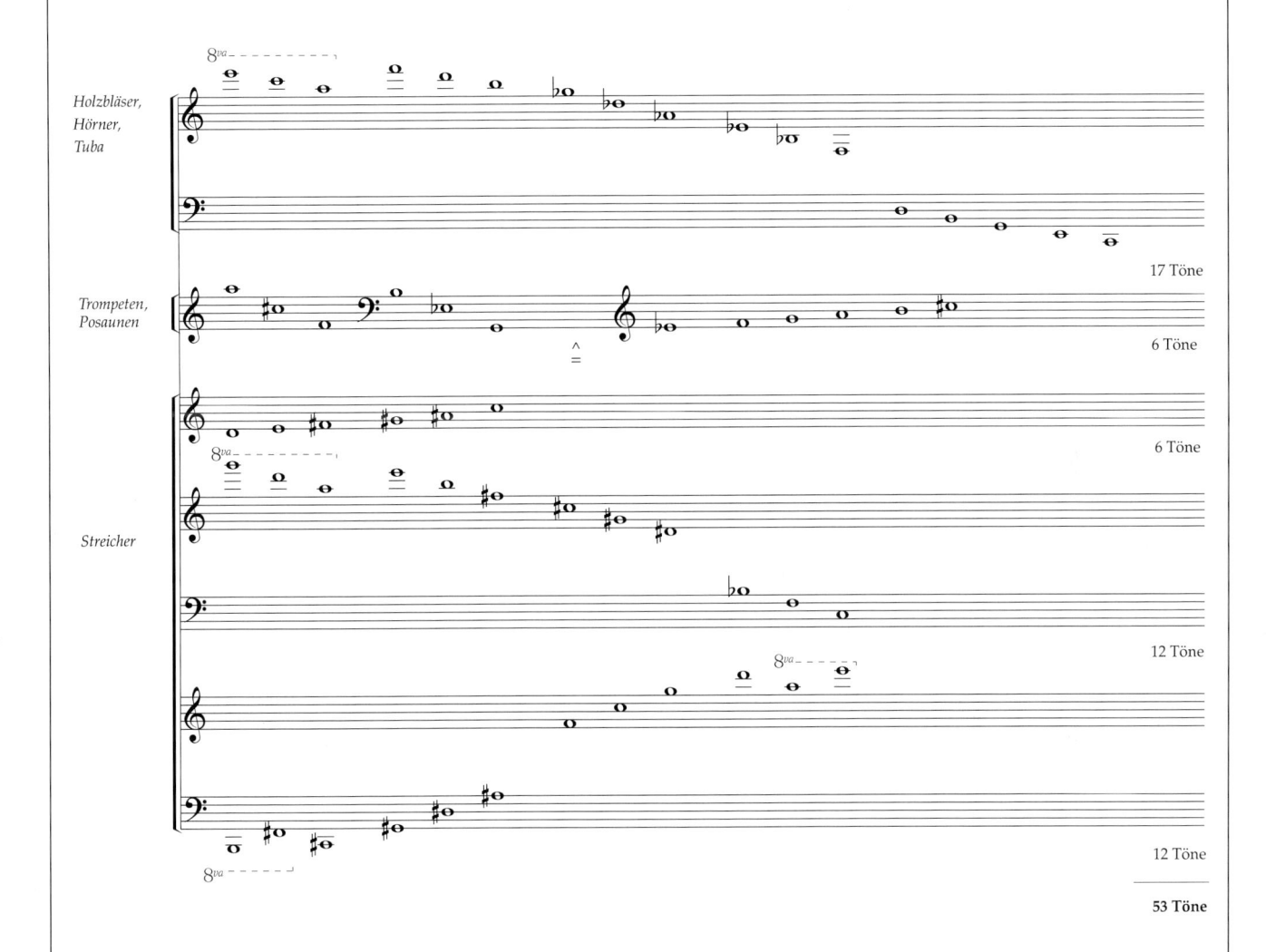

*Holzbläser, Hörner, Tuba* — 17 Töne

*Trompeten, Posaunen* — 6 Töne / 6 Töne

*Streicher* — 12 Töne / 12 Töne

**53 Töne**

(© Kungl. Musikaliska Akademien, Stockholm)

*Stationen der Musik im 20. Jahrhundert*

# Lösungen – Hinweise

## Vorbemerkung

Die Partitur ist im Verlag Peters, Leipzig als Autograph-Edition erschienen unter der Nummer 9685 (Maße: 80 cm Höhe, 32 cm Breite). Das räumliche Ausmaß und der Komplexionsgrad dieser Partitur schließen eine Arbeit der SchülerInnen am Notentext aus. Die wesentlichen Strukturen sind durch die Arbeitsmaterialien und die Hörerfahrungen zu erarbeiten. Insgesamt legt diese Art von Klangfarbenkomposition ein Erfassen der Höreindrücke näher als ein Sich-Verlieren im Notentext.

**Zu Arbeitsblatt 22/1** (s. Aufgaben S. 82)

1./2. Diskussion und Wiederholung der Textinhalte.

3. Offenes Feld möglicher Antworten und Reaktionen.

4. Offene Vergleichsergebnisse mit individuellen Begründungen.

5. a) Siehe Grafik unten.

5. b) I. T. 1-10: siehe AB-Text der Aufgabe 4;
II. T. 11-18: Clusterspaltung: Der Bläserapparat wirbelt den Cluster wie eine heftige Böe auf. Die Streicher liegen in gläserner Erstarrung, bevor sich ein Instrument nach dem anderen am Bläserwirbel beteiligt. Es baut sich ein immer plastischer hervortretendes Säulen-Gefüge auf.
III. T. 18 (1'12'') = Satzmitte: ab hier werden aus dem Grundcluster melodische Bewegungen entwickelt.
IV. Ab T. 19 (Glockenspiele, Vibraphon, Röhrenglocken, Klavier und Harfe neben Streichern und Bläsern): melodische Bewegungen in Form kurzgliedriger expressiver Legato-Gesten, zunächst in Unisono-Koppelung der Bläser, mehrmals unterbrochen von Cluster-Einwürfen, kontrapunktiert von vier Pizzicato-Takten der Streicher mit Dauerabnahmen von vier bis zu einer Schlagzeit (T. 19-22).
V. Beim zweiten Ansatz in T. 22, vom Ton $g^1$ in den Bläsern ausgehend, wird die motivische Bewegung zusammenhängender: konturierte, zerfließende Motivgestalten, die sich auch in den Streichern bilden, schieben sich dicht ineinander und bilden polyphone Strukturen. Koloristisches Changieren und harmonisch-homophones Gleiten zwischen Tonlinien und flächiger Aufspaltung.
VI. Ab T. 31 lösen sich die Konturen auf. Nach skalenartigen Cembalo-Linien erfolgt eine Rückverwandlung in die ursprüngliche Clusterform.
Die letzten beiden Takte entsprechen als komprimierte Zeitraffer den ersten zehn Takten. Der Satz schließt, wie er begann: mit dem Ausgangscluster in gestaltloser Grau-Mischung.

5. c) Besetzung des Orchesters: je drei Flöten (auch kleine Flöten), Oboen, Klarinetten, Fagotte; vier Hörner in F, drei Trompeten in C, drei Posaunen, Tuba; Pauken, Vibraphon, zwei Glockenspiele, Röhrenglocken; Harfe, Klavier, Cembalo; Streicher.

**Zu Arbeitsblatt 22/2** (s. Aufgaben S. 83)

6. In den Streichern durchdringen sich Reihen von zwölf Quinten (von $H_2$ bis $e^4$), von zwölf Quarten (von c bis $g^4$) und eine Ganztonreihe in der Mittellage (von $d^1$ bis $c^2$). Trompeten und Posaunen besetzen die zu den Streichern komplementäre Ganztonreihe, verteilt in drei Oktavlagen, so daß sich scheinbar ein unabhängiges Reihensegment aus vier kleinen Sexten, symmetrisch gruppiert um den Tritonus $h$-$f^1$, ergibt. Auch die siebzehn Holzbläser, Hörner und Tuben spielen zwischen C und $e^4$ eine in sich gespiegelte, um eine Mittelachse geordnete Reihe. Dabei sind vom Zentralton $as^1$ aus jeweils drei Quarten und fünf Terzschritte abwärts und aufwärts besetzt.

### Literatur

KOMPONIEREN ZUR ZEIT, Gespräche mit Komponisten der DDR, hrsg. von Mathias Hansen, Leipzig 1988

MUSIKGESCHICHTE DER DDR, Bd. V (1945-1976), hrsg. von Heinz Alfred Brockhaus und Konrad Niemann u.a., Verlag Neue Musik, Berlin 1980

MUSIKSCHREIBEN NACH DER WENDE. Gespräche mit DDR-Komponisten, geführt von Bettina Brand, Rias Berlin, 13.6.1990

FRANK SCHEIDER: Momentaufnahme, Notate zu Musik und Musikern in der DDR, Leipzig (Reclam), 1979

HANS VOGT: Neue Musik seit 1945, Stuttgart 1970

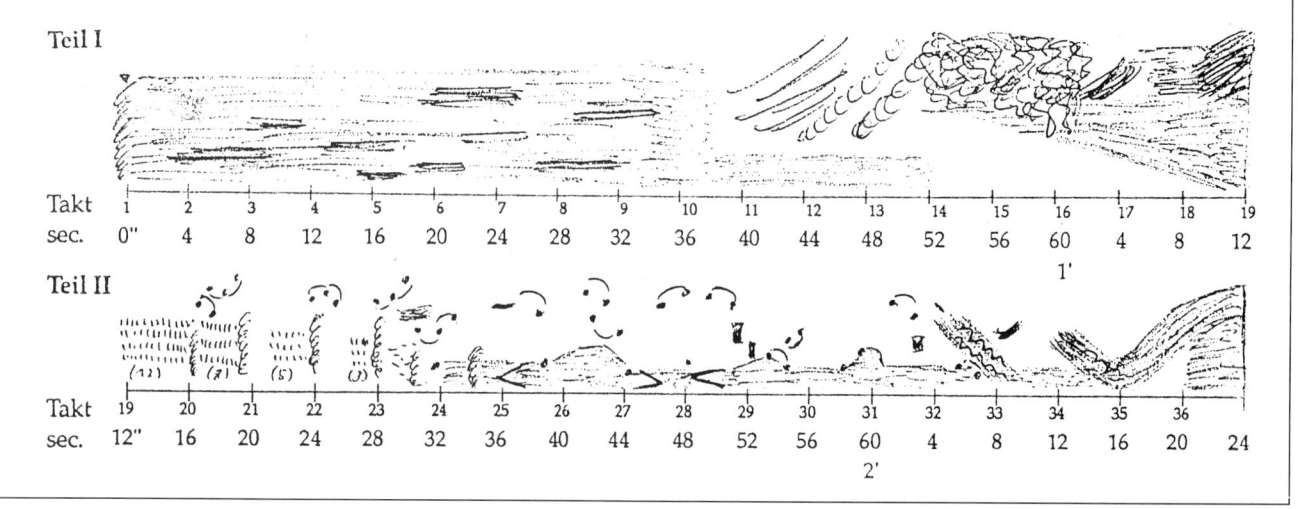

# Einführung in die ›Musikwerkstatt‹

»Die Musik schließt dem Menschen ein unbekanntes Reich auf; eine Welt, die nichts gemein hat mit der äußeren Sinnenwelt, die ihn umgibt und in der er alle durch Begriffe bestimmbaren Gefühle zurückläßt, um sich dem Unaussprechlichen hinzugeben.«
(E. T. A. HOFFMANN, in: *Allgemeine Musikalische Zeitung, Leipzig, 12. Jahrgang, 4.7.1810, Sp. 630*)

Der romantische Dichter, Komponist und Maler E. T. A. HOFFMANN hat mit diesen Worten ausgedrückt, was viele Menschen empfinden: Musik vermittelt uns im Grunde Unsagbares. Und doch hat auch er immer wieder über Musik geschrieben. Das Bedürfnis, Musik zu verstehen, sie begrifflich zu erfassen, ist - so scheint es - unstillbar. Mit Hilfe der Notenschrift kann man ihrer Struktur leichter auf die Spur kommen.

### Generalbaß
Schon seit der Antike befassen sich Musiktheorien mit Sinn und Regelsystemen von Musik. Ein relativ einfaches System stellt die *Generalbaßschrift* dar. Über Jahrhunderte bis hin zur Popharmonik ist sie Grundlage zur Erfassung von Zusammenklängen. Der Gitarrenspieler, der mit wenigen Akkorden einen Popsong begleitet, zehrt - unbewußt - von Erkenntnissen, die der Italiener GIOSOFFO ZARLINO 1558 formuliert hat. In seiner Schrift »Le Istitutioni harmoniche« verwendet er den Begriff »Harmonia perfetta«: vollkommene Harmonie. Darunter versteht er den ›fröhlichen‹ Dur-Dreiklang (›Divisione armonica‹ – vgl. ›Goldener Schnitt‹) und den ›traurigen‹ Moll-Dreiklang (›Divisione aritmetica‹). In diesen Dreiklängen verschmelzen mehrere Einzelintervalle - und ihre von MARIN MERSENNE 1627 entdeckten *Obertöne* - ineinander zum *Akkord*: Sie werden eins. Zentraler Ton, aus dem die übrigen hervorgehen, ist der Dreiklangsgrundton.

Mit der Erkenntnis des prinzipiellen Aufbaus der Akkorde von unten nach oben wird der Baß zur Fundamentalstimme, zum *Generalbaß*, dem die Akkorde ›gehorchen‹.

Eine praktikable Bezifferung gibt exakt die Akkordtöne an: Alle Abweichungen vom Dreiklang in seiner Grundgestalt als Norm werden durch Ziffern ausgedrückt.

Zwischen 1600 und 1750 war ein so großer Teil der Musik von dieser neuen harmonischen Praxis bestimmt, daß man vom ›Generalbaßzeitalter‹ spricht.

Zum wichtigsten Generalbaßinstrument wurde das Cembalo als Stütze für Sänger, aber auch für Instrumentalisten. Es konnte ein ganzes Orchester harmonisch und rhythmisch zusammenhalten, indem der Cembalist kontinuierlich die Akkorde anriß, oft gleichzeitig als Leiter des Ensembles. Drei Begriffe drücken jeweils von einem anderen Blickwinkel in etwa dasselbe aus:
- Generalbaß,
- bezifferter Baß,
- Basso continuo.

Der Continuo-Spieler (an Cembalo, Orgel, Laute, Gitarre) wird zur Verstärkung der tragenden Baßstimme häufig durch Violoncello/ Posaune/ Fagott unterstützt. Er hat improvisatorische Freiheit, da die Ziffern nur ein Tongerüst bieten, das sich kunstvoll ausfüllen läßt.

### Kontrapunkt
Während sich die Lehre vom Generalbaß vorwiegend mit der Harmonik befaßt (der ›Vertikalen‹), geht es in der Lehre vom *Kontrapunkt* im Kern um die sangliche Linienführung der Stimmen (der ›Horizontalen‹). Die kontrapunktische Schreibweise der *Polyphonie* mit Höhepunkten schon im 15. und 16. Jahrhundert ist älter als die Generalbaßschrift.[1]

Die kontrapunktischen Übungen im zweistimmigen Satz schulen den Sinn für sangliche Melodiebildung und für die Verflechtung gleichwertiger Stimmen (s. AB 24/2-24/4). In den Kanonbeispielen (s. AB 24/5) wird die ›Zwillingsverwandtschaft‹ sich nachahmender Stimmen deutlich, die Einheit in der Zweistimmigkeit.

Diesen grundlegenden Übungen in *modaler Polyphonie* folgen zahlreiche Beispiele *homophoner, funktionsharmonisch* bestimmter Melodik.

### Charakteristische Melodien
Sind die Übungen der ersten zwölf Arbeitsblätter aus sachlichen und methodischen Gründen eng an Regeln gebunden, lassen die weiteren Übungen (AB 25/1-25/10) zunehmend persönliche Gestaltungsfreiheit. Aber dabei werden Stützen geboten, so mit der reizvollen Aufgabe, historisch typische Melodien nachzuahmen, abzuwandeln, zu ergänzen. Das schärft auch das Bewußtsein für *Stil*unterschiede. Diese Erfindungsübungen von *barocker Fortspinnungsmelodik* bis hin zu *Chorussen* für Rockband fordern die Fantasie heraus. Verständnis für die Kunst des Komponierens wird angebahnt, womöglich Lust am Komponieren geweckt.

Wichtiger als die perfekte Durcharbeitung aller Arbeitsblätter ist, daß immer wieder etwas von dem dahinterstehenden Sinn aufscheint: Musik soll als Sprache erkannt werden, die ganz eigenen Gesetzen folgt und mehr ist als ein Transportmittel von Stimmungen und Gefühlen.

Zwar können auf diesen Arbeitsblättern nur wenige musikalische Stile und Kompositionstechniken dargelegt werden. Aber wer die Bildung und Verknüpfung von Akkorden sowie Kontrapunktik und homophone Melodiebildung im Prinzip verstanden hat, dem eröffnen sich weitere Perspektiven fast von selbst. Der unmittelbare gestalterische Umgang mit dem Tonmaterial - wie mit dem Ton für eine Vase - schafft unersetzliche Erfahrungen.

Das ›Unaussprechliche‹ der Musik liegt nicht nur in ihrem sinnlichen und geistigen Gehalt, sondern auch in der ihr ureigenen Machart und Logik, mit der die Töne zusammengesetzt (lat. ›com-ponere‹) werden zu in sich sinnvollen Gebilden. Dieses Kapitel soll dazu dienen, die Logik des musikalischen Satzes zu erfahren und zu durchschauen.

---

[1] Nicht nur historisch gesehen wäre die Behandlung des Kontrapunkts vor dem Generalbaß sinnvoll. So käme z. B. die entwickelnde Darlegung von Durchgang, Wechselnote und Vorhalt (s. AB 24/3-24/4) dem Generalbaßverständnis zugute. Andererseits ist das Regelwerk des Kontrapunkts komplizierter und der Anspruch an die musikalische Erfindungskraft höher. So hat der Beginn mit dem mechanischeren Verfahren des Generalbasses doch viel für sich, ohne daß die andere Reihenfolge ausgeschlossen sei.

*Musikwerkstatt*

# Generalbaß

**Arbeitsblatt 23/1**

**Sind Sie fit? – Überprüfen Sie Ihre Grundkenntnisse über das Tonmaterial**

## A Skalen-Lehre

Die sieben *leitereigenen Töne* der Tonleitern in Dur und Moll bilden das Tonmaterial im Bereich der *dur-moll-tonalen* Musik.

**Aufgaben**

1. Notieren Sie sämtliche Dur- und Molltonleitern (rein/harmonisch/melodisch).

## B Intervall-Lehre

Wenn im Generalbaß Intervalle angegeben werden, so ist grundsätzlich das Intervall gemeint, das sich vom *Baßton* aufwärts errechnet.

Überprüfen Sie Ihre Intervallkenntnisse mit folgenden Aufgaben.
Verwenden Sie für die Bestimmung der Intervalle diese Abkürzungen:
r = rein/g = groß/k = klein/ü = übermäßig/v = vermindert.

2. Bestimmen Sie die folgenden Intervalle:

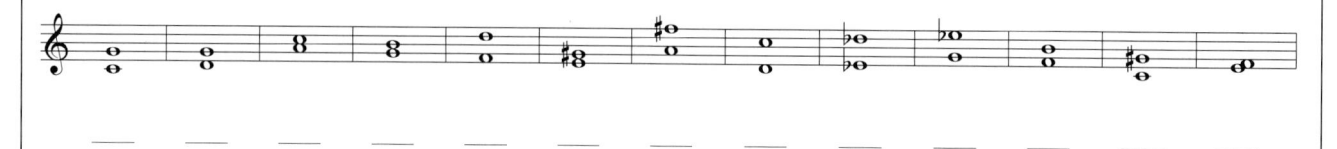

3. Schreiben Sie die gewünschten Intervalle über den angegebenen Ton:

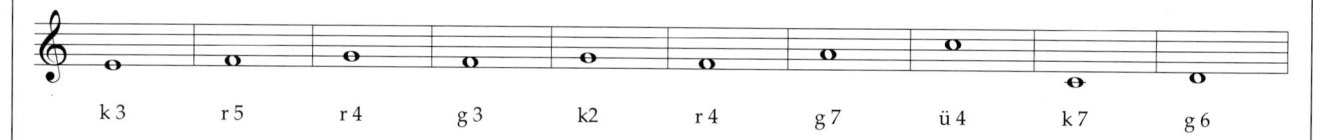

k 3    r 5    r 4    g 3    k 2    r 4    g 7    ü 4    k 7    g 6

## C Dreiklangslehre

Die Töne des Dreiklangs bezeichnen wir mit *Grundton, Terzton* und *Quintton*. In der Akkord-Bezeichnung wird zuerst die Tonart (Dur mit großen, Moll mit kleinen Buchstaben), sodann die Dreiklangsstufe (mit römischen Ziffern) und die Dreiklangsstellung (mit arabischen Zahlen) angegeben.

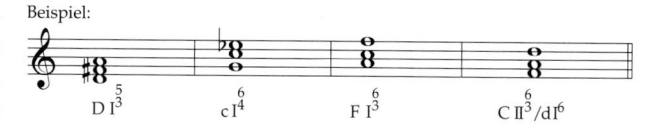

Beispiel:

D I$_3^5$    c I$_4^6$    F I$_3^6$    C II$_3^6$/d I$^6$

(Die Mehrdeutigkeit eines Akkordes schlägt sich in verschiedenen Bezeichnungen nieder.)

4. Bestimmen Sie folgende Dreiklänge:

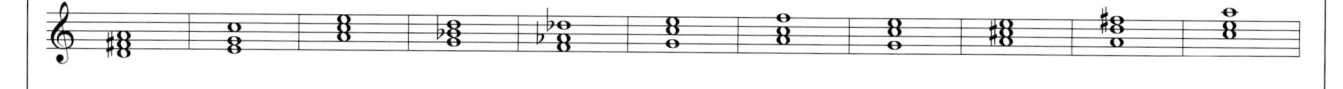

5. Schreiben Sie folgende Dreiklänge:

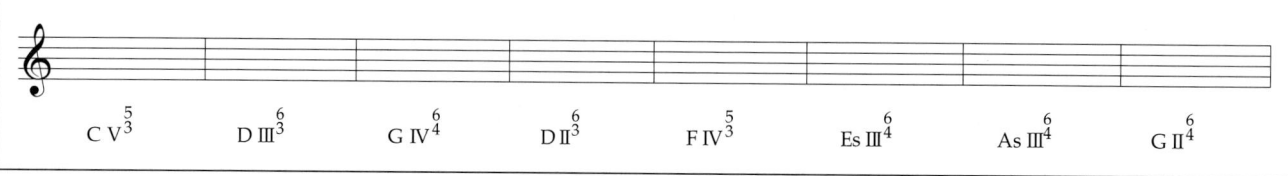

C V$_3^5$    D III$_3^6$    G IV$_4^6$    D II$_3^6$    F IV$_3^5$    Es III$_4^6$    As III$_4^6$    G II$_4^6$

*Musikwerkstatt*

# Generalbaß

**Arbeitsblatt 23/2**

## Die vierstimmige Darstellung von Dreiklängen. Der vierstimmige Satz

In seinem Lehrwerk »Gründlicher Unterricht des Generalbasses«, Leipzig 1738, schreibt JOHANN SEBASTIAN BACH in der 1. Regel, wie man den Generalbaß durchgehend mit vier Stimmen spielen kann:

»Den vorgeschriebenen Generalbaß spielt man mit der linken Hand allein; die anderen Stimmen aber – sie mögen durch Zahlen angedeutet sein oder nicht – mit der rechten.«

In eben dieser Form wollen wir die nachfolgenden Übungen schriftlich ausarbeiten:
- im Baßschlüssel notieren wir die Baßstimme,
- im Violinschlüssel die drei Oberstimmen Tenor, Alt und Sopran.

In der vierstimmigen Darstellung des Dreiklangs muß ein Ton, in der Regel der *Grundton*, verdoppelt werden.
Im vierstimmigen Satz kann der Dreiklang in drei *Lagen* auftreten.
Die Lage eines Akkordes wird nach seinem höchsten Ton, dem Sopran, bestimmt.
Mit dem Giebelzeichen ∧ werden die drei Lagen angegeben.

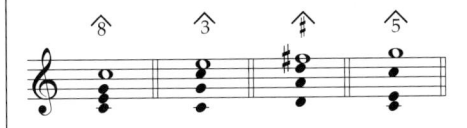

Oktavlage – der Grundton des Dreiklangs liegt im Sopran (8).
Terzlage – der Terzton des Dreiklangs liegt im Sopran (3)
bzw. der erhöhte Terzton liegt im Sopran (♯).
Quintlage – der Quintton des Dreiklangs liegt im Sopran (5).

### Aufgaben

1. Schreiben Sie die nachfolgenden Akkorde entsprechend dem Beispiel in den angegebenen Lagen:
   (Ein ♯ oder ♭ unter der Baßnote bezieht sich auf den Terzton des Akkords.)

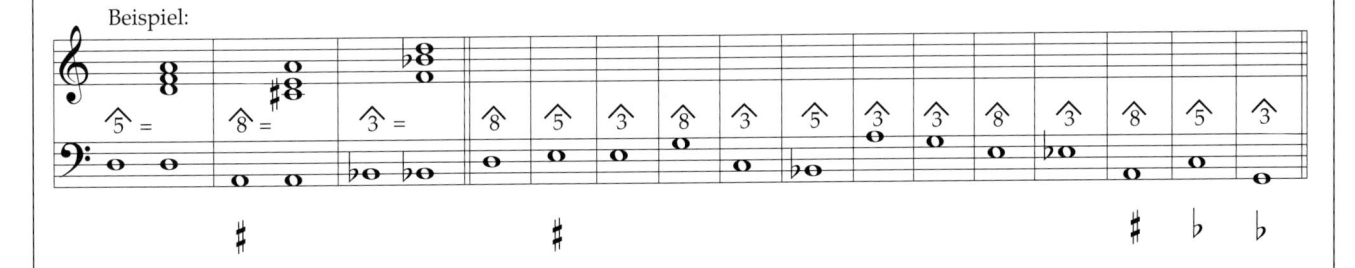

## Verbindung der Hauptdreiklänge in Dur und Moll

### A Verbindung der Stufen I – V – I

In der Akkordfortschreitung ist entscheidend, daß die Harmonien nicht unvermittelt nebeneinandergestellt, sondern ›verbunden‹ werden. Dabei gelten vorerst folgende Regeln:
- gemeinsame Töne bleiben liegen,
- die anderen Stimmen gehen auf dem nächsten Weg zum folgenden Akkord,
- offene *Quint- und Oktavparallelen* sind verboten.

2. Schreiben Sie die angegebenen Akkorde und achten Sie dabei auf die Stimmenfortschreitung:

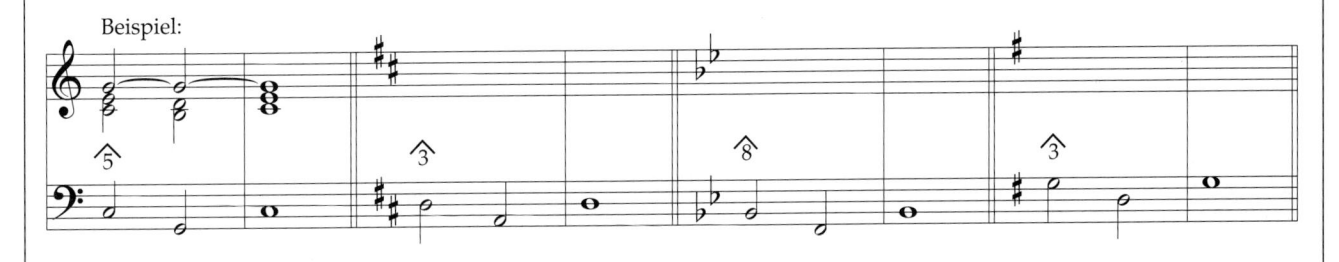

*Musikwerkstatt*
# Generalbaß
**Arbeitsblatt 23/3**

**B Verbindung der Stufen I – IV – I**

Auch hier kann ein gemeinsamer Ton liegen bleiben (s. Bindebögen im Notenbeispiel).

**Aufgaben**

1. Setzen Sie die folgenden Akkordverbindungen vierstimmig aus.

**C Verbindung der Stufen I–IV–V–I (vollständige Kadenz)**

Die Verbindung der Stufen IV – V birgt Gefahren! Hier ist kein gemeinsamer Ton vorhanden, und in der Fortschreitung können die streng verbotenen Quint- und Oktavparallelen entstehen. Wir können diese Stimmführungsfehler dadurch vermeiden, daß wir die Oberstimmen in Gegenbewegung zum Baß führen.

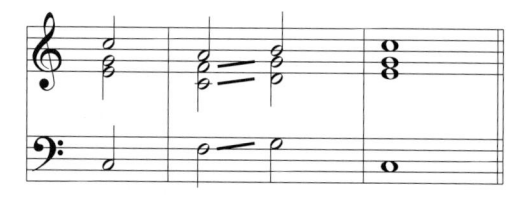

also nicht:

sondern:

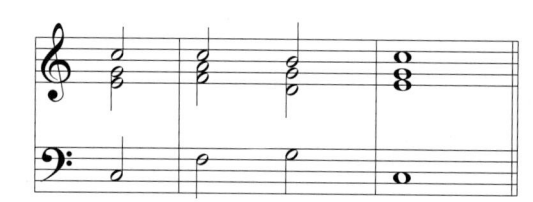

2. Setzen Sie die folgenden Baßstimmen im vierstimmigen Satz aus, und beachten Sie - zur leichteren Stimmführung - die angegebenen Lagebezeichnungen.

3.

*Musikwerkstatt*

# Generalbaß

**Arbeitsblatt 23/4**

## Die Dreiklangsumkehrungen und weitere Akkordverbindungen

### 1. Umkehrung

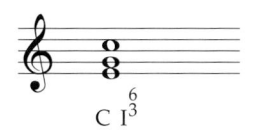

Wenn die Terz des Dreiklangs in den Baß gelegt wird, erhalten wir die 1. Umkehrung des Dreiklangs, den *(Terz-) Sextakkord,* Bezifferung mit 6 oder $\substack{6\\3}$.

In der vierstimmigen Darstellung ist eine Reihe von Akkordbildungen möglich.

C I$^6_3$

Regel: Am besten den Grundton verdoppeln, in zweiter Linie den Quintton, zuletzt den Terzton. Die Terzverdopplung, also die Verdopplung des Baßtones, ist nur möglich, wenn dieser nicht leittönig aufwärts geführt wird.

**Aufgaben**

1. Setzen Sie die folgenden Aufgaben vierstimmig aus.

Beispiel:

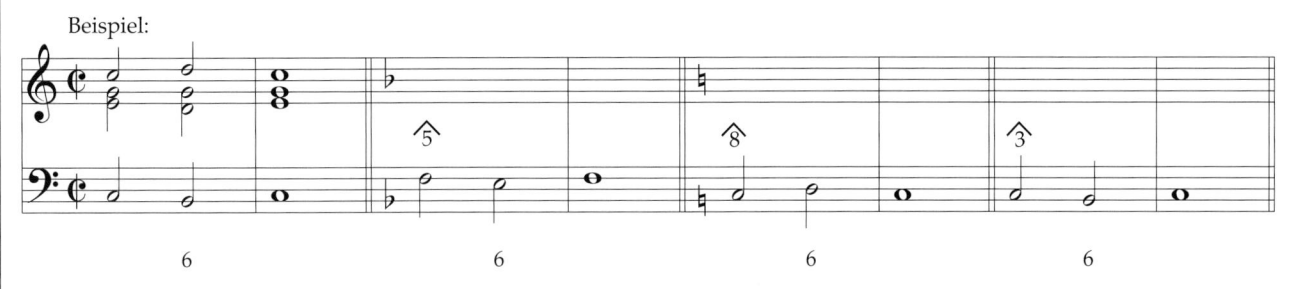

Bei mehreren aufeinanderfolgenden Sextakkorden in stufenweiser Bewegung kann die vierte Stimme wegfallen.

Beispiel:

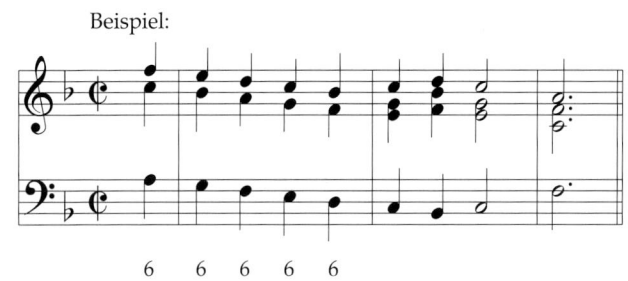

## Andere Dreiklangsverbindungen mit Haupt- und Nebendreiklängen

Hier ist (wie bei der Akkordverbindung IV–V) bei stufenweiser Fortschreitung des Basses auf *Gegenbewegung* in den Oberstimmen zu achten; je nach Lage entstehen unvermittelt verbotene Parallelbewegungen.

2. Vervollständigen Sie zum vierstimmigen Satz:

Beispiel:

3. Bearbeiten Sie die folgenden Bässe. Als Akkordmaterial werden Grundstellungen und Sextakkorde gefordert. Beachten Sie wiederum die Lage-Hinweise.

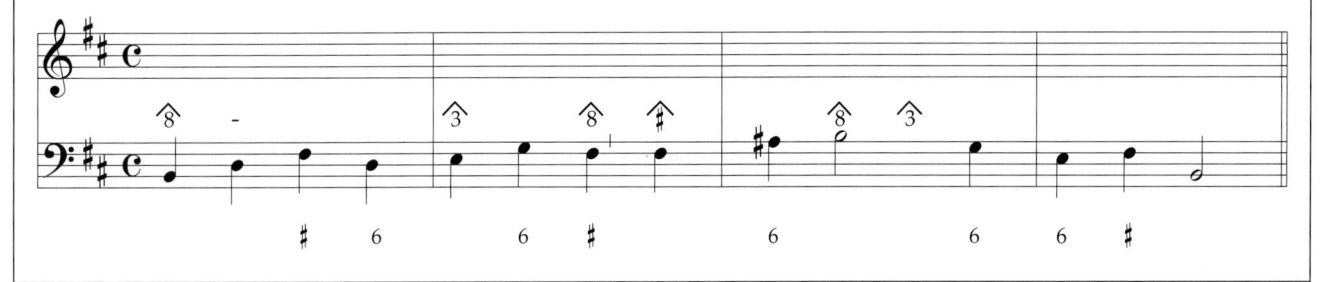

*Musikwerkstatt*

# Generalbaß

Arbeitsblatt 23/5

**2. Umkehrung**
Die 2. Umkehrung des Dreiklangs, bei der der Quintton den Baßton bildet, heißt *Quart-Sextakkord*.

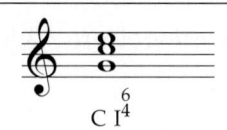

Er tritt häufig als sog. ›Vorhalts-Quartsextakkord‹ (s. Beispiel a) zur Dominante auf (die 6 geht zur 5, die 4 zur 3; dabei wird der Baßton verdoppelt!). Die Beispiele b) und c) zeigen den ›Wechselnoten-Quartsextakkord‹ und den ›Durchgangs-Quartsextakkord‹.

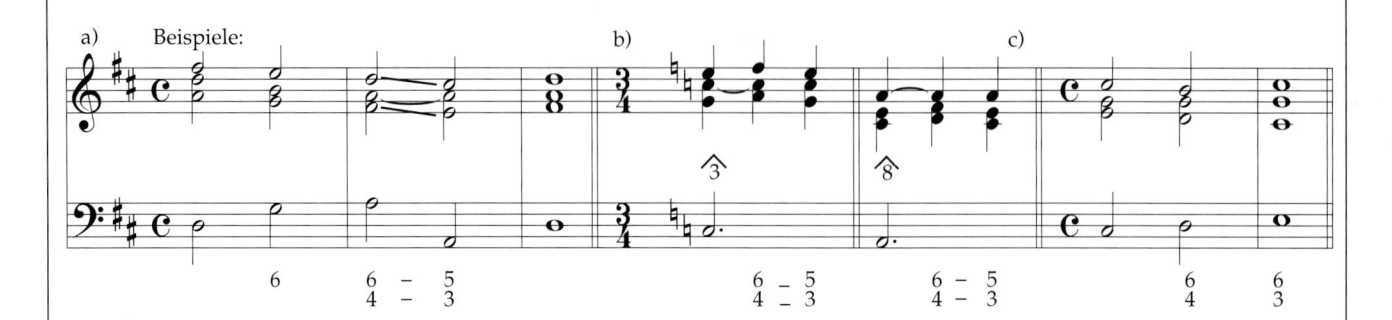

**Aufgaben**

1. Bearbeiten Sie den folgenden Baß. Beachten Sie die Lage-Bezeichnungen.

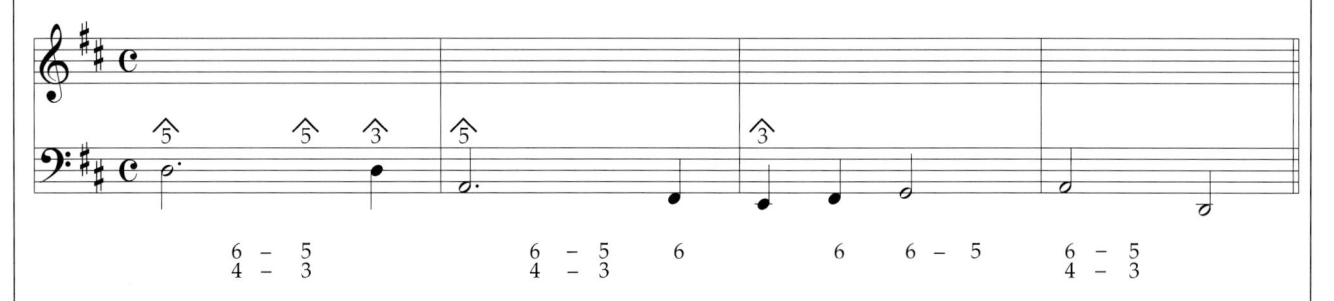

2. Die bislang erworbenen Kenntnisse reichen aus, um den folgenden Choralsatz durch Ergänzung der Mittelstimmen zu einem vierstimmigen Satz auszuarbeiten.
   Hinweis: Ein Querstrich durch eine Ziffer bedeutet die Erhöhung des betreffenden Intervalls, z. B. ⁄6.

## Fröhlich soll mein Herze springen

*Johann Crüger, 1653*

**Generalbaß**

Arbeitsblatt 23/6

*Musikwerkstatt*

## Der Septakkord und seine Umkehrungen

Der *Septakkord* ist ein Vierklang. Das charakteristische Intervall der Septe tritt zum Grunddreiklang hinzu. Die Bezifferung ist 7 (abgekürzt aus $\frac{7}{5}$).
$\phantom{xxxxxxxxxxxxxxxxxxxxxxxxxxxxxxxxxxxxxxxxxxxxxxxxxxxxxxx}$ 3

Septakkord

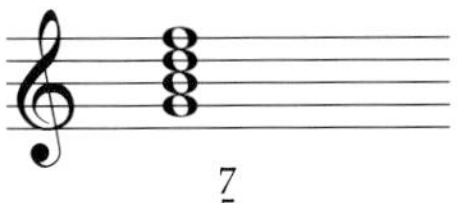

C V$^{7}_{5}$

Gleich dem Dreiklang ist er terzenweise aufgeschichtet. Im vierstimmigen Satz zwingt uns bisweilen die Stimmführung dazu, einen Ton aus dem Septakkord wegzulassen und dafür einen anderen zu verdoppeln.

Entbehrlich ist die Quinte; die Terz darf nicht verdoppelt werden.

Der *Dominant-Septakkord* ist der wichtigste unter den Septakkorden; er findet sich auf der V. Stufe in Dur und Moll.
Die Septime dieses Akkordes muß als abwärtsführender Leitton stufenweise nach unten geführt werden.

Dominant-Septakkord

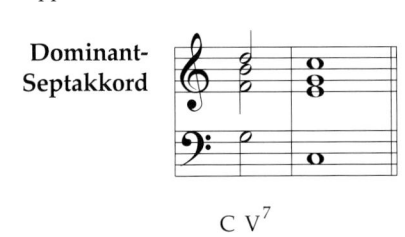

C V$^7$

**Aufgaben**

1. Die beiden folgenden Aufgaben sind im vierstimmigen Satz auszusetzen.

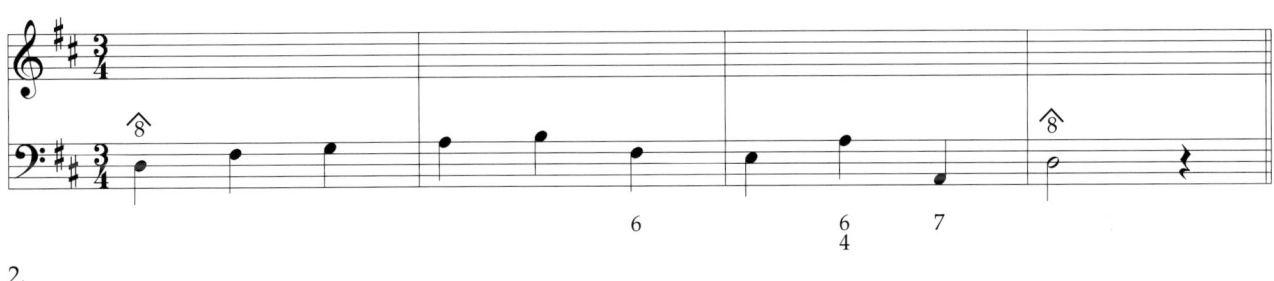

2.

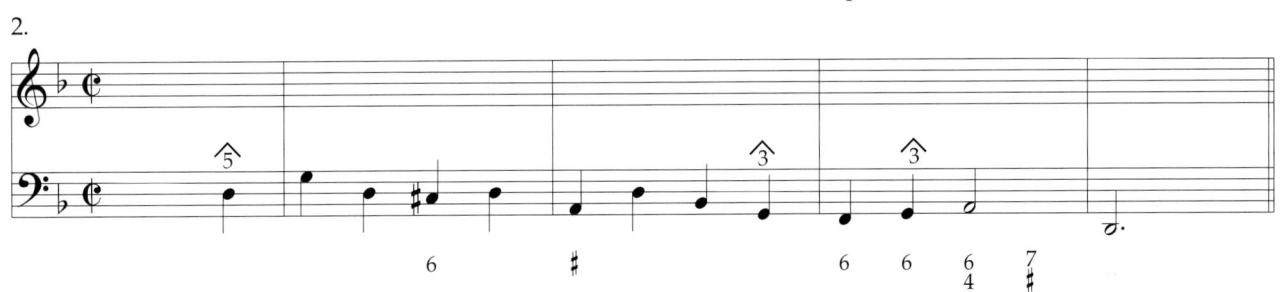

## Die Umkehrungen des Dominant-Septakkordes

Die <u>1. Umkehrung</u> mit der Terz im Baß heißt Terz-Quint-Sextakkord, abgekürzt *Quint-Sextakkord*; Bezifferung: $\frac{6}{5}$.

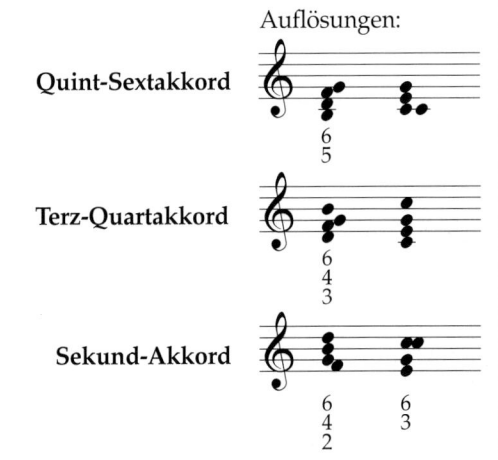

Die <u>2. Umkehrung</u> mit der Quint im Baß heißt Terz-Quart-Sext-Akkord oder abgekürzt *Terz-Quart-Akkord*; Bezifferung: $\frac{6}{4}$ oder $\frac{4}{3}$.
$\phantom{xxxxxxxxxxxxxxxxxxxxxxxxxxxxxxxxxxxxxxxxxxxxxxxxxxxxxxxxxx}$ 3

Die <u>3. Umkehrung</u> mit der Septime im Baß heißt Sekund-Quart-Sext-Akkord, abgekürzt *Sekund-Akkord*; Bezifferung: $\frac{6}{4}$ oder nur $\frac{4}{2}$ bzw. 2.
$\phantom{xxxxxxxxxxxxxxxxxxxxxxxxxxxxxxxxxxxxxxxxxxxxxx}$ 2

Auflösungen:

Quint-Sextakkord

Terz-Quartakkord

Sekund-Akkord

3. Ergänzen Sie zum vierstimmigen Satz:

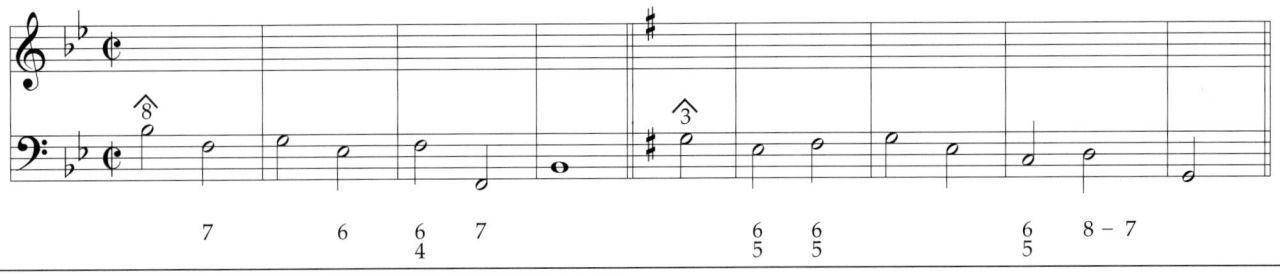

*Musikwerkstatt*

# Generalbaß

**Arbeitsblatt 23/7**

## Harmoniefremde Töne und Vorhaltsbildungen

Eine kunstvolle Ausgestaltung einer Generalbaßstimme weist mitunter schnelle Figuren auf, die – wollte man jeden einzelnen Ton mit einem Akkord versehen – zu einem sehr unruhigen Satzgefüge führten. Daraus hat sich folgende Regel entwickelt:

> Rasch vorübergehende *harmoniefremde Töne* in Form von *Durchgängen* (d) und *Wechselnoten* (w) werden nicht harmonisiert.

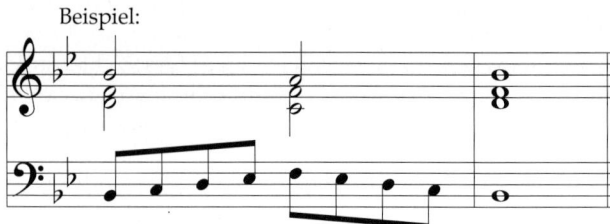

Der *Vorhalt* ist eine auf betontem Taktteil stehende Dissonanz, die in derselben Stimme zur Auflösung kommt. Die häufigsten Vorhalte sind: 4-3, 9-8 und 7-6.

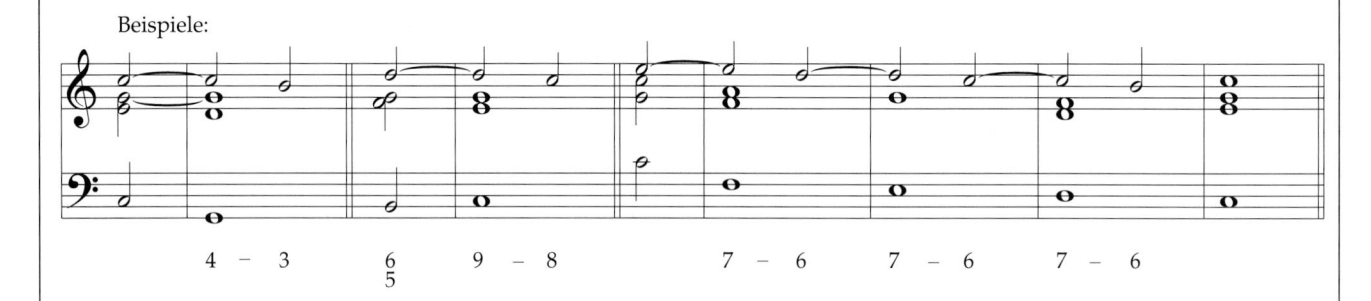

### Aufgabe

Es folgt ein längerer Generalbaß, der nur zu Beginn eine Lagebezeichnung aufweist. Dies bedeutet, daß für eine gute Stimmführung mitunter ein Lagenwechsel erfolgen muß, der sich aus der Fortschreitung des gesamten Satzes ergibt.

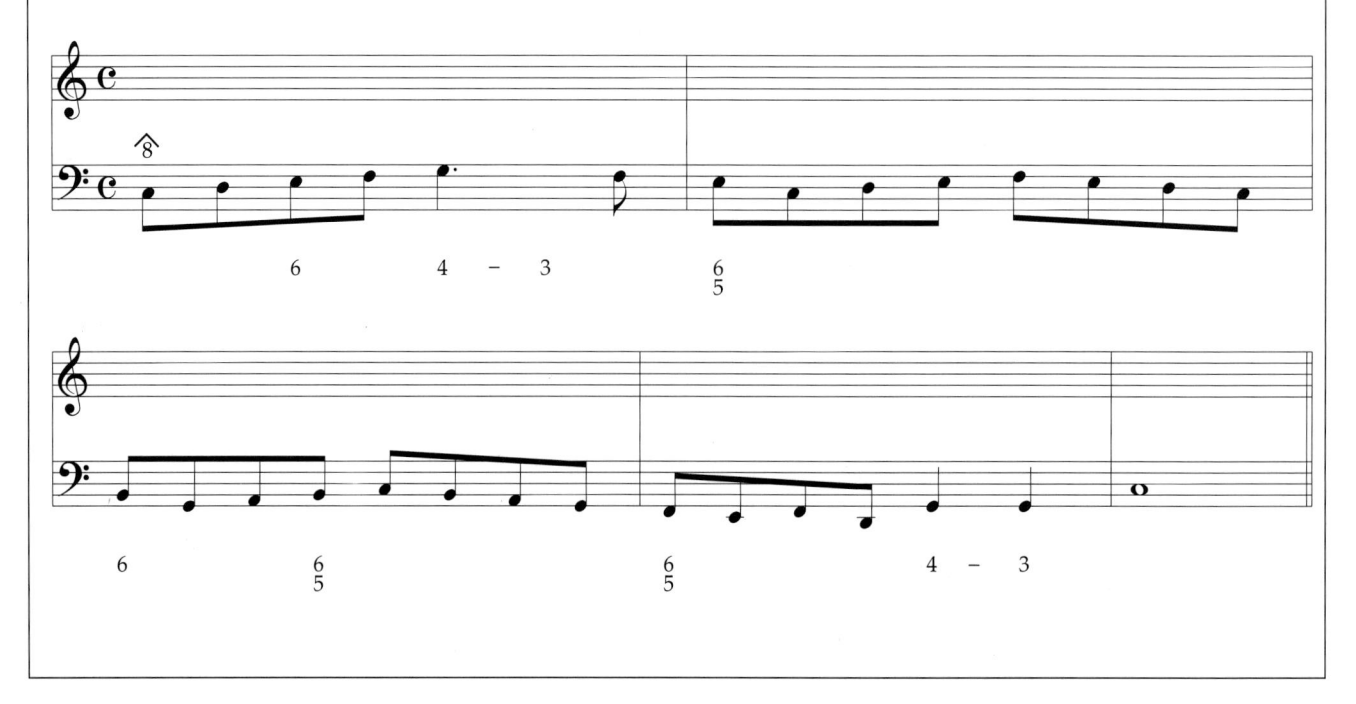

*Musikwerkstatt*

# Lösungen – Hinweise

## Methodische Hinweise

Die Arbeitsblätter bezwecken keinesfalls, den SchülerInnen ein Kompendium des Generalbaßspiels anzubieten. Umfang und Intention verbieten dies von vornherein. Es sollen hier nur knapp die Theorie des Generalbaßspiels dargestellt und den SchülerInnen einige Arbeitsunterlagen zur Verfügung gestellt werden, mit denen sie die Gesetzmäßigkeiten einer strengen Stimmführung im vierstimmigen Satz anwenden lernen und diese in einigen Arbeitsstufen ausführen. Die schriftliche Form der Ausführung wird wohl die Regel sein; das eigentliche Generalbaßspiel am Tasteninstrument bleibt dem Studium vorbehalten. Aus methodischen Gründen empfiehlt es sich, die Generalbaßübungen zunächst nur in *enger Lage* ausführen zu lassen, wobei die Baßstimme im unteren System, Tenor, Alt und Sopran im oberen System notiert werden.

Mit gewissen Vorkenntnissen bei den SchülerInnen sollte natürlich gerechnet werden können. Sie sollten den Bau verschiedener Skalen (Dur/Moll/Modi) kennen, sichere Intervallkenntnisse besitzen und über das einfache Akkordmaterial Bescheid wissen. Dies zu überprüfen dient das Arbeitsblatt 23/1.

Wünschenswert sind auch Kenntnisse zur Grundkadenz. Die vierstimmige Darstellung des Dreiklangs führt bei manchen SchülerInnen zu Schwierigkeiten. Sie übertragen das aus der Dreiklangslehre geprägte Akkordbild meist auf den vierstimmigen Satz, so daß Grundstellungen und Umkehrungen erkannt werden, wo es sich nur um andere Akkordlagen bzw. andere Funktionen handelt. Deshalb sollte der Lagebegriff mit mehreren Beispielen sicher eingeführt werden. Nur wenige Lehrbücher arbeiten mit einem eigenen Lagezeichen. Das hier verwendete Giebelzeichen (^) zur Unterscheidung ist sinnfällig und kann bei sorgfältiger Anwendung nicht zu Verwechslungen mit der Generalbaßbezifferung führen. Stets wird in den Arbeitsblättern die Lagebezeichnung über den Noten, die Bezifferung unter den Noten angegeben. Um schwierigen Stimmfortschreitungen aus dem Wege zu gehen, wird das Lagezeichen in fast allen Übungen beibehalten. Bei zusätzlichen Übungen ist es für die Arbeit der SchülerInnen eine große Erleichterung, wenn sie die Aufgaben mit gegebener Melodie ausarbeiten sollen. Die Arbeitsblätter sind in Progression angelegt; dennoch ist die Mitarbeit des Lehrers auf allen Stufen notwendig. Auch kann auf die jeweilige Kontrolle im Unterricht nicht verzichtet werden.

**Zu Arbeitsblatt 23/1** (s. Aufgaben S. 86)

2. r 5 — r 4 — k 3 — g 3 — g 6 — g 3 — g 6 — k 7 — k 7 — k 6 — ü 4 — ü 5 — k 2

3. k 3 — r 5 — r 4 — g 3 — k 2 — r 4 — g 7 — ü 4 — k 7 — g 6

4. D I $^5_3$ — C I $^6_3$ — a I $^5_3$ — d IV $^5_3$ — Des I $^6_3$ — G IV $^6_4$ — F I $^6_3$ — C I $^6_4$ — D V $^5_3$ — G V $^6_4$ — a I $^6_3$

5. C V $^5_3$ — D III $^6_3$ — G IV $^6_4$ — D II $^6_3$ — F IV $^5_3$ — Es III $^6_4$ — As III $^6_4$ — G II $^6_4$

**Zu Arbeitsblatt 23/2** (s. Aufgaben S. 87)

1.

*Musikwerkstatt*

# Lösungen – Hinweise

2.

**Zu Arbeitsblatt 23/3** (s. Aufgaben S. 88)

1.

2.

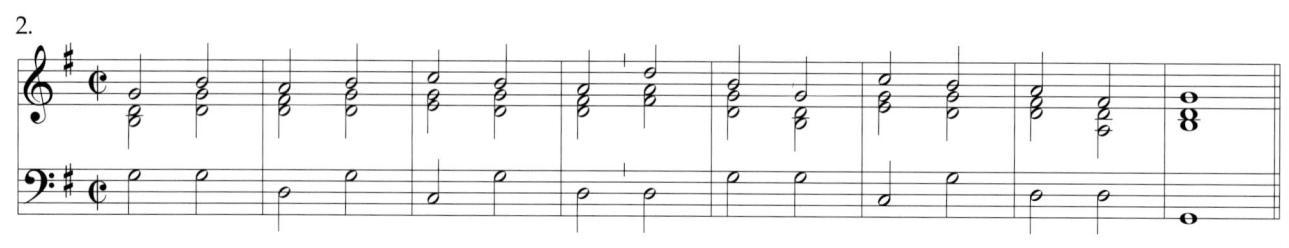

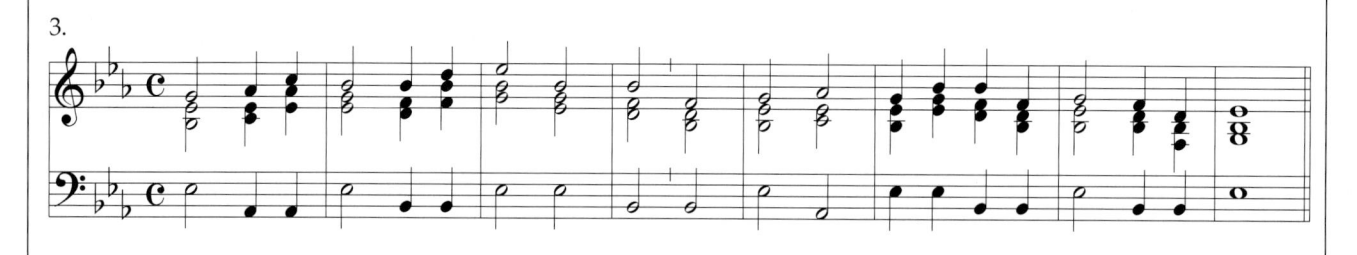

3.

**Zu Arbeitsblatt 23/4** (s. Aufgaben S. 89)

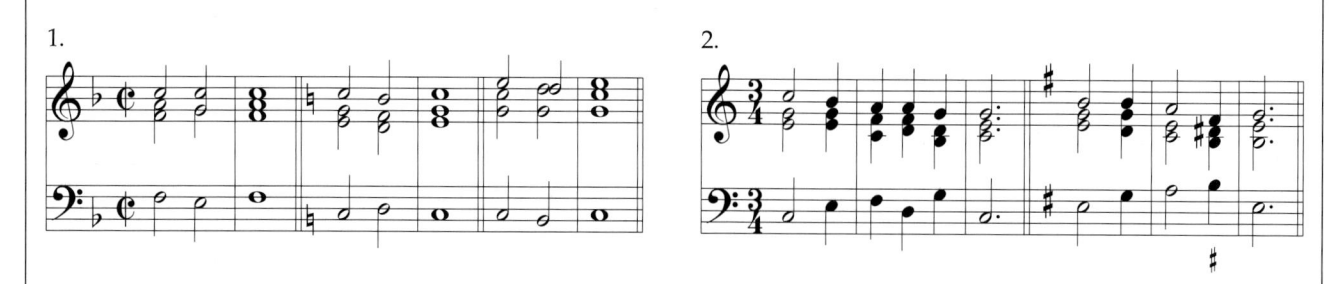

1.     2.

3.

*Musikwerkstatt*

# Lösungen – Hinweise

**Zu Arbeitsblatt 23/5** (s. Aufgaben S. 90)

1.

2.

**Zu Arbeitsblatt 23/6** (s. Aufgaben S. 91)

1.

2.

3.

**Zu Arbeitsblatt 23/7** (s. Aufgaben S. 92)

*Musikwerkstatt*

# Kontrapunkt

**Arbeitsblatt 24/1**

## Melodik. Vorübung zum Kontrapunkt

Grundregeln für melodische Gestaltung haben sich an uralten Vorbildern gebildet, so an der ›Ostersequenz‹ des WIPO VON BURGUND (11. Jhdt.): »Christen, bringt dem Opferlamm Gesänge dar!«

Dorisch — Finalis
Vic - ti - mae pa - scha - li lau - des im - mo - lent Chri - sti - a - ni

Phrygisch — Finalis

### Regeln

A. Wenden Sie überwiegend Tonschritte (k2, g2) als die sanglichen Hauptelemente vokaler Melodik an. Vermeiden Sie Tonwiederholungen (r1).
B. Für Tonsprünge gilt: Es sind nur k3, g3, r4, r5, selten r8 und k6 (k6 nur aufwärts) erlaubt. Verwenden Sie nicht mehr als zwei Sprünge nacheinander, der zweite Sprung in der Regel in Gegenrichtung zum ersten; Dreiklangsbildungen nur selten!
C. Tonartgrundton oder Quinte stehen am Anfang der Melodie. Die Melodie geht am Schluß schrittweise in die Finalis (= Grundton).
D. Kurze Melodien sollten nur einen Spitzenton (= höchsten Ton) haben.

### Aufgaben

1. Erfassen Sie statistisch die Intervallstruktur von Liedern/Chorälen. Ziehen Sie Schlüsse daraus.

| Lied / Choral | r 1 | k/g 2 | k/g 3 | r 4 | r 5 | k/g 6 | k/g 7 | r 8 | andere |
|---|---|---|---|---|---|---|---|---|---|
| | | | | | | | | | |
| | | | | | | | | | |
| | | | | | | | | | |
| | | | | | | | | | |

2. Prägen Sie sich die Regeln anhand obiger und weiterer Notenbeispiele ein.

3. Erfinden Sie in ganzen Noten regelgetreu kurze stammtönige dorische (d'- d'') und phrygische (e'- e'') Melodien.

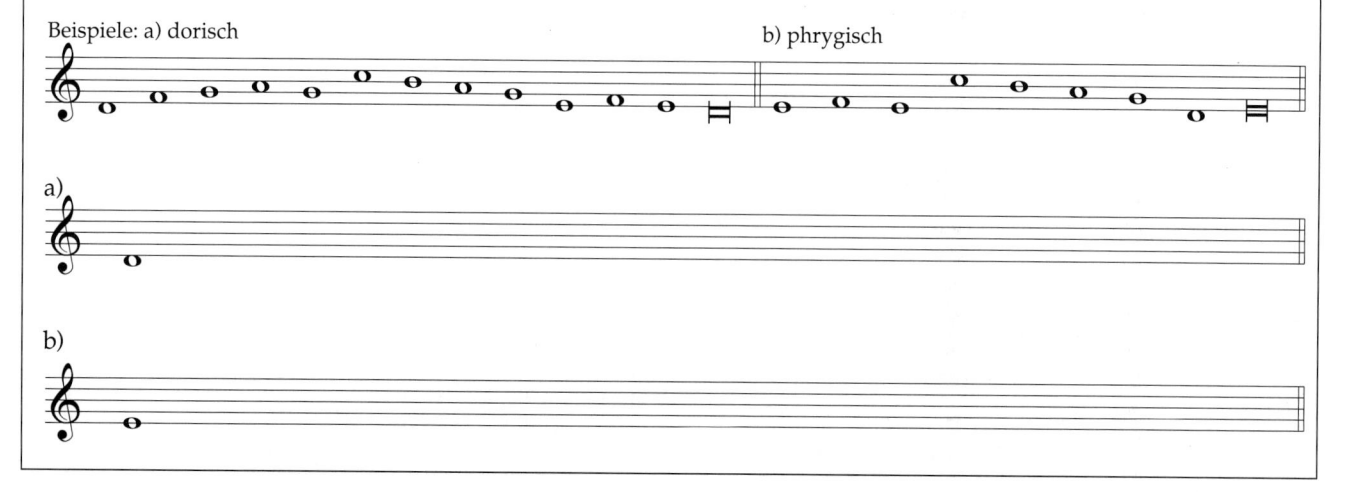

Beispiele: a) dorisch    b) phrygisch

a)

b)

# Kontrapunkt

**Arbeitsblatt 24/2**

*Musikwerkstatt*

## Punctus contra punctum – Note gegen Note

Der schon um 1300 verwendete Begriff *Kontrapunkt* (Kp.) verdankt seinen Namen der Anfängerübung, jeder Note eines *cantus firmus* (c.f.) (d. h. einer vorgegebenen Kernmelodie) eine dazu passende Note entgegenzusetzen: ›punctus contra punctum‹.

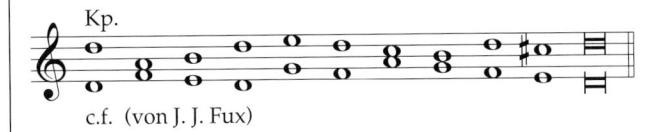

c.f. (von J. J. Fux)

### Regeln

A. Als *vollkommene Konsonanzen* gelten r1, r5, r8; als *unvollkommene Konsonanzen* gelten k3, g3, k6, g6, k10, g10; als *Dissonanzen* gelten alle übrigen Intervalle.

B. Keine Einklangs-, Quint-, Oktavparallelen.

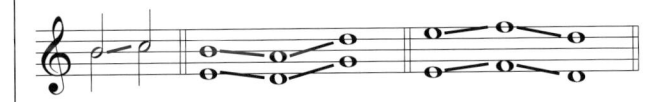

C. Keine Dissonanzen im Satz ›Note gegen Note‹.

D. Bei Anfangs- und Schlußton vollkommene Konsonanzen.

E. Nicht mehr als drei Terz-, Sext-, Dezimparallelen direkt nacheinander.

F. Die Spitzentöne von cantus firmus und Kontrapunkt sollten nicht gleichzeitig auftreten.

G. *Leittöne* können das Schlußgefühl bekräftigen, z. B. cis - d (s. Notenbeispiel oben).

H. Gegenbewegung erhöht die Selbständigkeit der Stimmen.

I. Wird ein Kontrapunkt so konstruiert, daß er regelgemäß ebenso über wie unter den cantus firmus paßt, ist er ein *doppelter Kontrapunkt*:

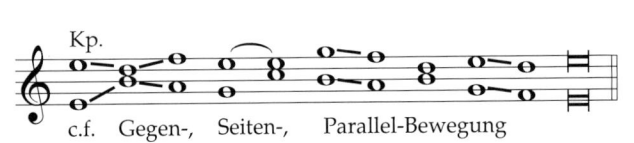

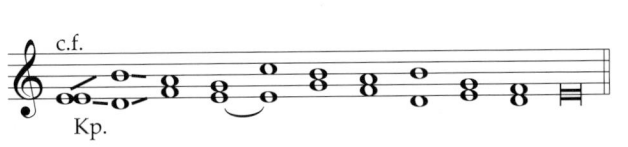

c.f. Gegen-, Seiten-, Parallel-Bewegung

### Aufgaben

1. Kennzeichnen Sie in den Notenbeispielen die Zusammenklänge (z.B. g3, r5, k10) sowie die Spitzentöne von cantus firmus und Kontrapunkt.

2. Prägen Sie sich die Regeln anhand der Notenbeispiele in der linken Spalte ein.

3. Ergänzen Sie die Kontrapunkte in den Notenbeispielen unten nach den Regeln A bis I. Beispiel d) und e) sollen den gleichen Kontrapunkt erhalten (oktavversetzt).

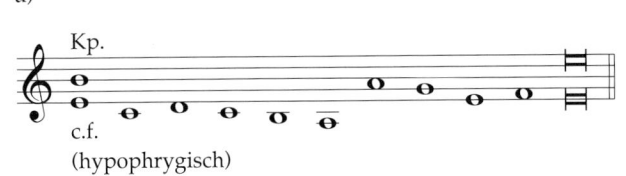

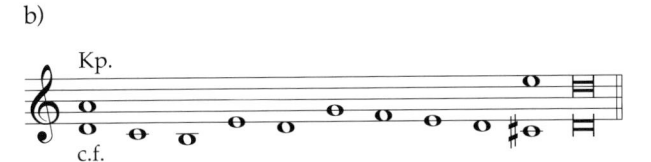

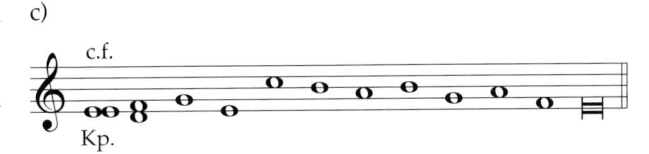

a) c.f. (hypophrygisch)

b)

c)

**doppelter Kontrapunkt** (in der Oktave)

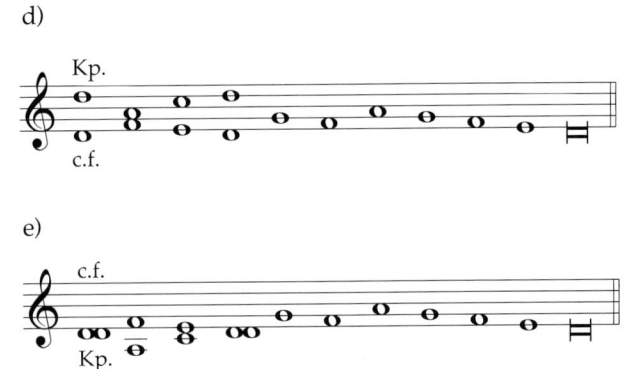

d)

e)

*Musikwerkstatt*

# Kontrapunkt

**Arbeitsblatt 24/3**

## ›Zwei, drei, vier Noten gegen eine‹

**Weitere Regeln**

A. Dissonanzen sind auf unbetonter Taktzeit (∪) möglich, aber nur, wenn sie schrittweise erreicht und verlassen werden, d.h. in Form von *Durchgängen* (d) und *Wechselnoten* (w).

B. Sprünge sind nur von Konsonanz zu Konsonanz erlaubt.

C. Das Verbot von Quint- und Oktavparallelen (vergleiche Arbeitsblatt 24/2) gilt auch für *Akzentparallelen*, d.h. Parallelen von Betonung (/) zu Betonung trotz unbetonter (∪) Zwischentöne.

D. Der Kontrapunkt kann im ersten Takt nach einer Pause beginnen (vgl. Aufgabe 1. b und d).

E. Beim Satz ›vier Noten gegen eine‹ ist eine *Cambiata* (ital. cambiare = wechseln) möglich, d.h. Terzabsprung aus Dissonanz in Form von Notenvertauschung, z.B. 7-5-6 statt 7-6-5.

F. Stimmkreuzungen sind vereinzelt erlaubt.

**Aufgaben**

1. Ergänzen Sie die Kontrapunkte; kennzeichnen Sie Durchgänge (d) und Wechselnoten (w).

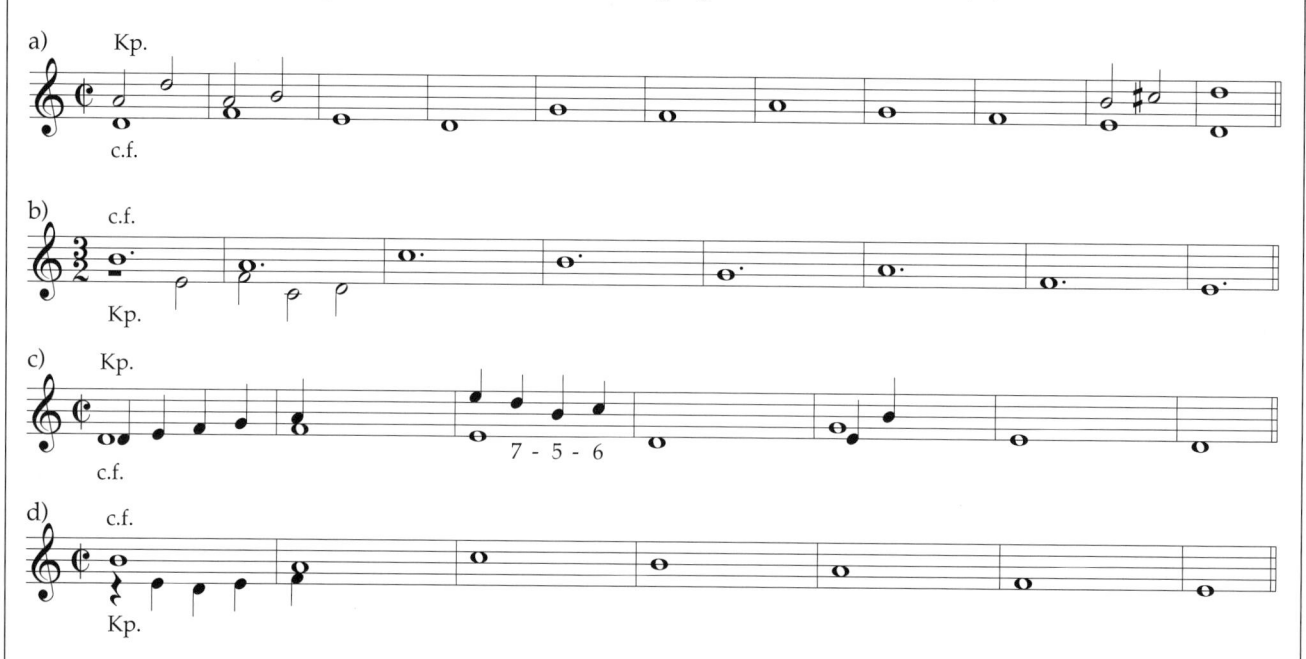

   a)
   b)
   c)
   d)

2. Markieren Sie in bekannten Liedern Durchgänge und Wechselnoten.
3. Charakterisieren Sie die Wirkung von Durchgängen und Wechselnoten in Stichworten.

# Kontrapunkt

Musikwerkstatt
**Arbeitsblatt 24/4**

## Synkopen/ Vorhalte

Wird der Satz ›Note gegen Note‹ synkopisch verschoben, entstehen daraus teilweise dissonante Zusammenklänge auf betonter Zeit, die der Auflösung bedürfen. Die Auflösung erfolgt in der Regel schrittweise abwärts, der Schwerkraft folgend. Durch Verzögerung entsteht Spannung: die Konsonanz wird dem Hörer kurz ›vorenthalten‹. Die Dissonanz auf betonter Zeit nennt man *Vorhalt*, z.B. 4 – 3.

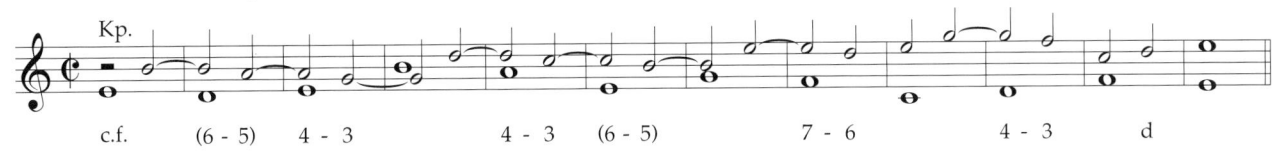

c.f.    (6 - 5)    4 - 3    4 - 3    (6 - 5)    7 - 6    4 - 3    d

Auch Konsonanzen können vorhaltartig wirken (z.B. 6–5 im obigen Beispiel in Takt 2 und 6), sie sind dann *Auffassungsdissonanzen*.

### Aufgaben

1. Ergänzen Sie den folgenden synkopischen Kontrapunkt.

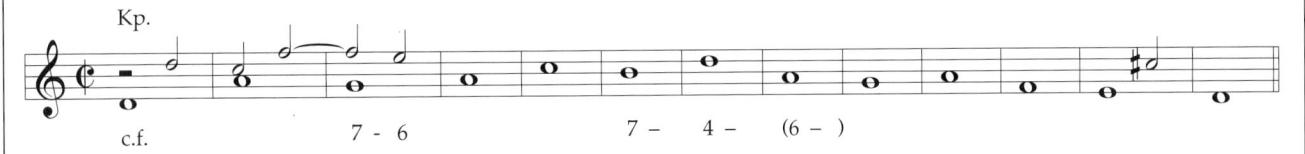

c.f.    7 - 6    7 -    4 -    (6 - )

## ›Blühender Kontrapunkt‹

Der ›blühende Kontrapunkt‹ (*contrapunctus floridus*) faßt alle bisherigen Übungen zusammen. Fux sagt dazu, er solle an »fließender melodischer Linie, Anmut der Bewegung, Schönheit und Mannigfaltigkeit der Gestaltung reich sein wie ein Garten an Blüten«.

Beispiele:                                                                                                    J. J. Fux

7 – 3 – 6

usw.

2. Erfinden Sie ›blühende Kontrapunkte‹ nach obigem Muster.

a)

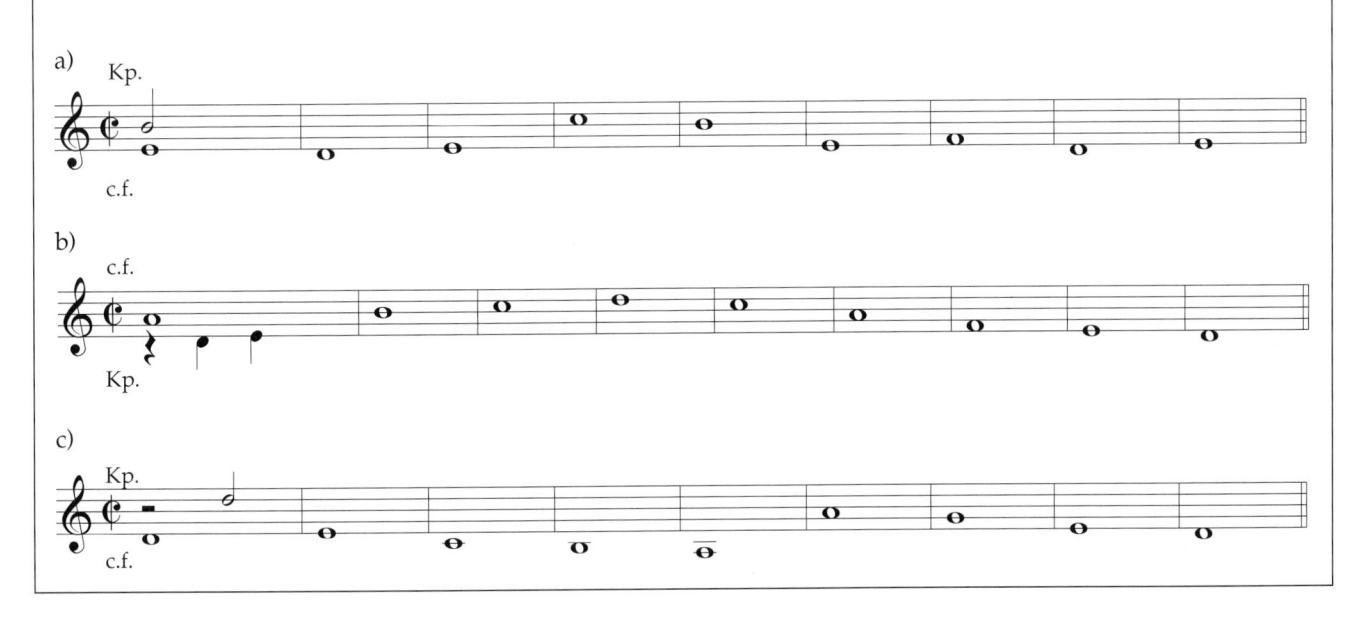

b)

c)

*Musikwerkstatt*

# Kontrapunkt

**Arbeitsblatt 24/5**

## Kanon

*Freie* und *strenge Imitationen* spielen eine zentrale Rolle in allen polyphonen Formen, auch in den Durchführungen von Sonate und Sinfonie. Der *Kanon* als strikt konsequentes Nachahmungsprinzip ist die strengste Form.

Wiederholung der Kanonmelodie auf gleicher Tonhöhe: *Einklangskanon* (r1).

*Reale*, d.h. intervallgetreue *Imitation*, aber im Oktavabstand (r8 ↑).

*Intervallkanon* mit Imitation auf der Oberquinte (r5 ↑). Sollen dabei nicht Grund- und Quinttonart zugleich erklingen (Bitonalität), ist statt der realen eine *tonale Imitation* nötig, die sich der Grundtonart anpaßt und für tonale Einheit sorgt. (Im Notenbeispiel rechts wird h' mit f" statt fis" im Takt 2 tonal ›beantwortet‹.)

### Imitationsarten

Grundgestalt — Krebs — Umkehrung — Krebsumkehrung — Augmentation = Vergrößerung — Diminution = Verkleinerung — Intervallkanon in der Umkehrung

### Aufgaben

1. Die Beispiele c) bis e) gehen von derselben Grundgestalt aus. Kennzeichnen Sie diese. Bilden Sie alle Imitationsarten von dieser Grundgestalt. Tragen Sie in die leeren Kästchen die Imitationsarten der Aufgaben a) bis e) ein.

2. Ergänzen Sie die angefangenen Kanonstimmen.

a)

b)

c) G über U 5↓  (Grundgestalt (𝄐) Ende)

d)  (Grundgestalt Anfang)

e)

3. Markieren Sie die Stellen mit tonaler Imitation.

*Musikwerkstatt*

# Lösungen – Hinweise

## Methodische Hinweise

*Kontrapunkt* ist die Satztechnik der *Polyphonie*: Zwei oder mehrere in sich selbständige melodische Linien werden zu einem Ganzen gestaltet. Als hohes Vorbild kontrapunktischer Kompositionsweise gilt die *Vokalpolyphonie* PALESTRINAS (1525–94). Darauf fußt das Kontrapunktlehrbuch von J. J. FUX »Gradus ad Parnassum«, Wien 1725. Nach ihm haben z.B. auch HAYDN, MOZART und BEETHOVEN gelernt. Die FUXsche Systematik ist in ihrer Einfachheit und Übersichtlichkeit bis heute mustergültig. Sie wird deshalb hier in den Ansätzen übernommen.

Die fünf Arbeitsblätter führen von einfachster einstimmiger Melodiebildung bis zum fließenden zweistimmigen Satz. Anhand satztechnischer Übungen soll zum einen das Prinzip kontrapunktischer Arbeitsweise verständlich werden, zum anderen sich das Gespür für melodische Gestaltung und für Zusammenklang schärfen. Selbst ein Anfänger ohne genaue Tonvorstellung kann die Übungen schaffen, wenn er die gegebenen Regeln genau anwendet. Damit es aber nicht bei grauer Theorie bleibt, muß alles gesungen - ggf. auch gespielt - werden, gemeinsam und einzeln. Sanglichkeit zu erzielen, ist ein wesentliches Ziel der Regeln! Alle Übungen sind beim Singen beliebig transponierbar, da sie in *relativer*, nicht in *absoluter Tonhöhe* gedacht sind.

Die Übungen sind ›technisch‹ so leicht wie möglich gehalten: rhythmisch einfach, wenige Intervalle, fast nur Stammtöne, alles im Violinschlüssel. Allerdings wird zugunsten von *Dorisch* und *Phrygisch* auf das gängige Dur verzichtet, um melodische Klischeebildungen zu vermeiden. Es soll sich der Sinn für alte und neueste *modale* Musik entwickeln, z.B. auch für die *Dorian Scale* in der Popmusik.

Die Kanonbeispiele (AB 24/5) bereiten nicht nur das Verständnis für strenge und freie Imitation in traditioneller Musik vor, sondern auch für die *Modi* der *Zwölftonmusik* (s. AB 8).

Die Übungen auf Arbeitsblatt 24/2 schließen auch den doppelten Kontrapunkt ein: Hierbei sind die Stimmen eines Satzes so vertauschbar, daß die tiefere zur höheren Stimme werden kann und umgekehrt.

Die Aufgaben können in gemeinsamer Arbeit aller, in kleinen Gruppen oder allein ausgeführt werden.

### Zu Arbeitsblatt 24/1 (s. Aufgaben S. 96)

Lösungsmodell zur *Ostersequenz* von WIPO VON BURGUND

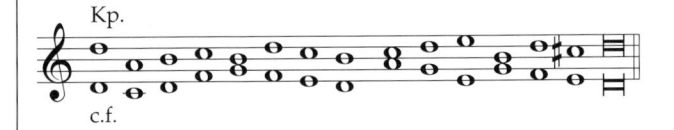

1. Lieder/Choräle vorgeben oder von SchülerInnen selbst wählen lassen. Ergebnis u.a.: Tonschritte herrschen vor.

2. Alle vier Regeln lassen sich erklären an den vier Notenbeispielen von AB 24/1 und den hier folgenden.

3. Aufbau der Kirchentöne wiederholen, u.a. an folgenden Beispielen mit Hinweis auf gleiche Finalis bei *authentischen* und *plagalen* (= Hypo-) Tonarten:

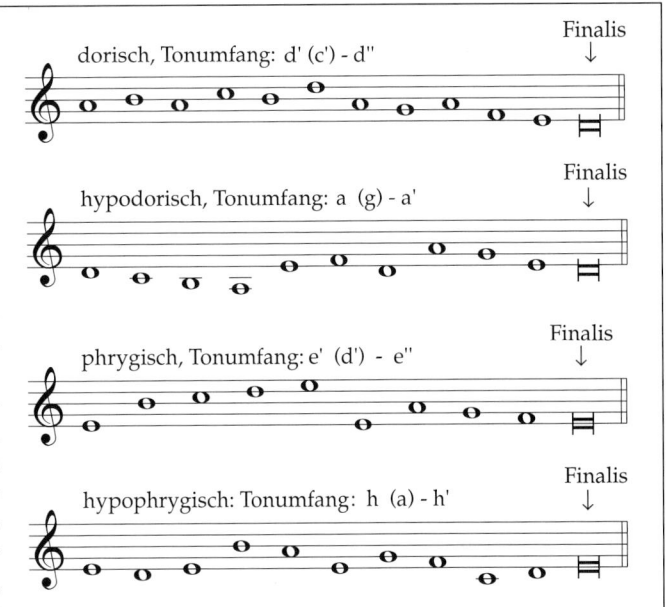

### Zu Arbeitsblatt 24/2 (s. Aufgaben S. 97)

1. Es kommen als Zusammenklänge vollkommene und unvollkommene Konsonanzen, aber keine Dissonanzen vor. Die Spitzentöne in c.f. und Kp. erscheinen in den Notenbeispielen nie zugleich.

2. Alle Regeln sind an den gegebenen und möglichst auch an weiteren Notenbeispielen der Arbeitsblätter zu überprüfen. Der Lehrer, die Lehrerin sollte darauf hinweisen, daß eine einzelne Tonwiederholung (r1) im Kontrapunkt möglich ist, s. Lösung 3. a).
Achtung: Stimmabstände nicht über Dezime kommen lassen, nur ganz selten Duodezime.

3. Lösungsmodelle für die Kontrapunkte:

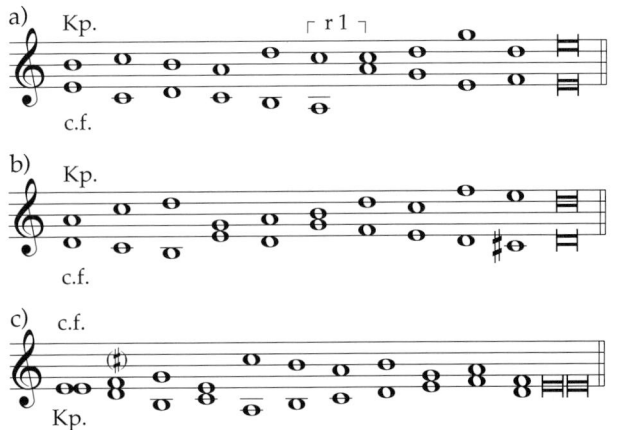

Beim doppelten Kontrapunkt in der Oktave die r5 meiden, da sie zur Dissonanz r4 wird, z.B. e'- h'/h'- e''.

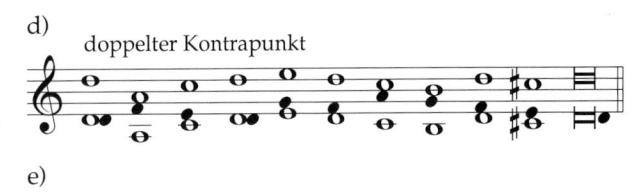

101

*Musikwerkstatt*

# Lösungen – Hinweise

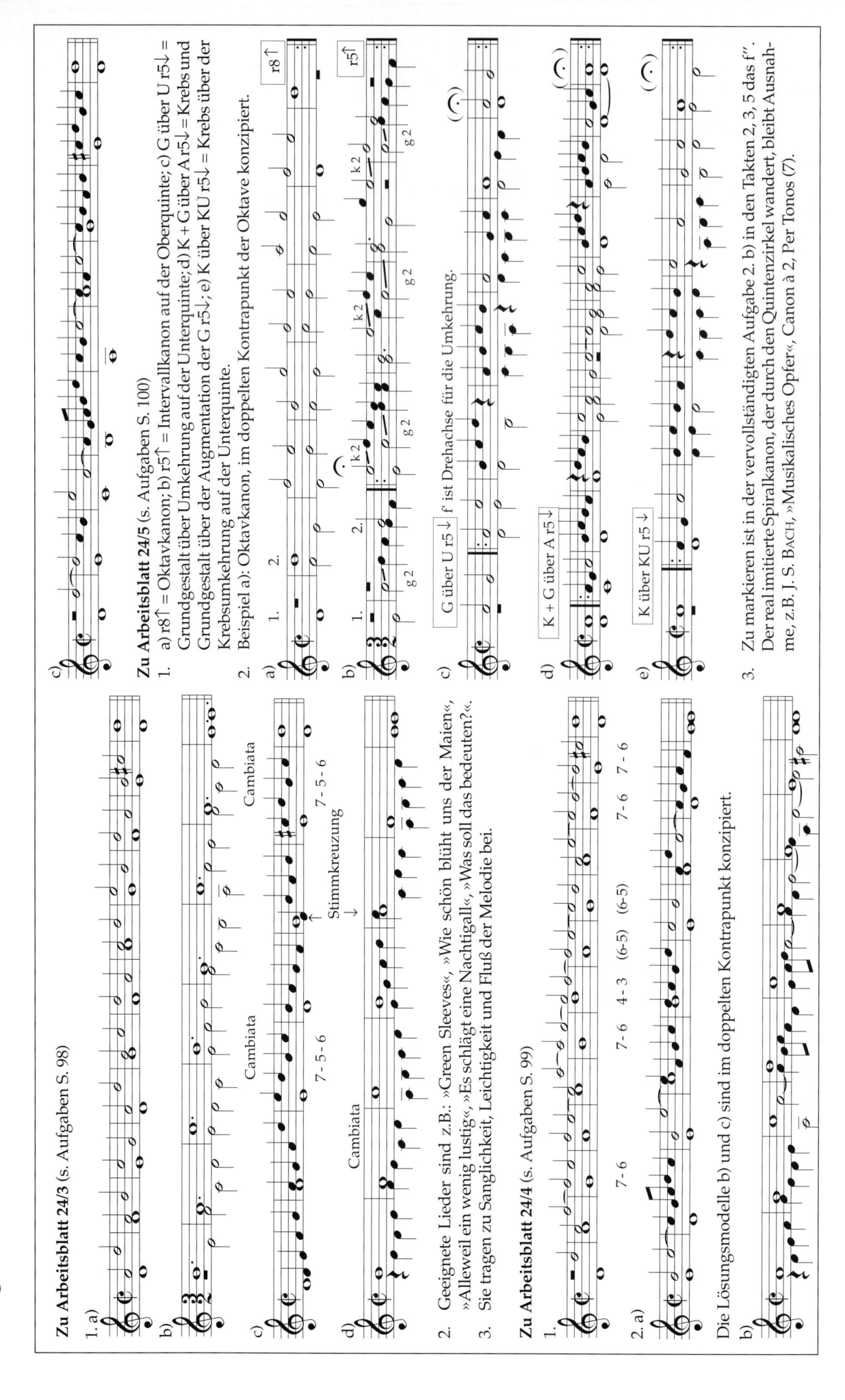

**Zu Arbeitsblatt 24/3** (s. Aufgaben S. 98)

1. a), b), c), d)

2. Geeignete Lieder sind z.B.: »Green Sleeves«, »Wie schön blüht uns der Maien«, »Alleweil ein wenig lustig«, »Es schlägt eine Nachtigall«, »Was soll das bedeuten?«.

3. Sie tragen zu Sanglichkeit, Leichtigkeit und Fluß der Melodie bei.

**Zu Arbeitsblatt 24/4** (s. Aufgaben S. 99)

1.

2. a)

Die Lösungsmodelle b) und c) sind im doppelten Kontrapunkt konzipiert.

b)

c)

**Zu Arbeitsblatt 24/5** (s. Aufgaben S. 100)

1. a) r8↑ = Oktavkanon; b) r5↑ = Intervallkanon auf der Oberquinte; c) G über U r5↓ = Grundgestalt über Umkehrung auf der Unterquinte; d) K + G über A r5↓ = Krebs und Grundgestalt über der Augmentation der G r5↓; e) K über KU r5↓ = Krebs über der Krebsumkehrung auf der Unterquinte.

2. Beispiel a): Oktavkanon, im doppelten Kontrapunkt der Oktave konzipiert.

   a) 1. 2.

   b) 1. 2.

   c) G über U r5↓ f' ist Drehachse für die Umkehrung.

   d) K + G über A r5↓

   e) K über KU r5↓

3. Zu markieren ist in der vervollständigten Aufgabe 2. b) in den Takten 2, 3, 5 das f''. Der real imitierte Spiralkanon, der durch den Quintenzirkel wandert, bleibt Ausnahme, z.B. J. S. Bach, »Musikalisches Opfer«, Canon à 2, Per Tonos (7).

*Musikwerkstatt*

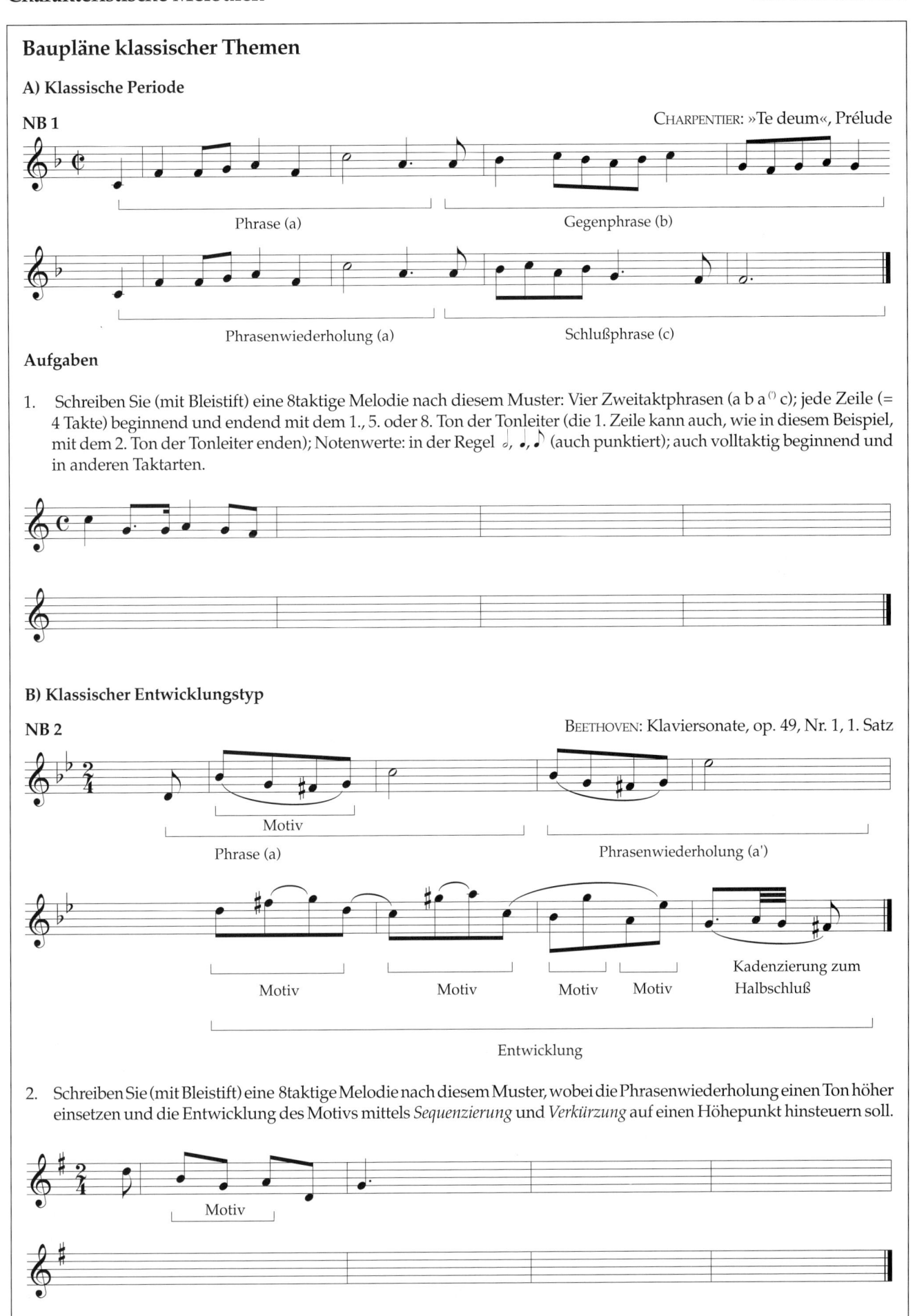

# Charakteristische Melodien

**Arbeitsblatt 25/1**

## Baupläne klassischer Themen

### A) Klassische Periode

**NB 1** — CHARPENTIER: »Te deum«, Prélude

Phrase (a) — Gegenphrase (b)

Phrasenwiederholung (a) — Schlußphrase (c)

### Aufgaben

1. Schreiben Sie (mit Bleistift) eine 8taktige Melodie nach diesem Muster: Vier Zweitaktphrasen (a b a⁽'⁾ c); jede Zeile (= 4 Takte) beginnend und endend mit dem 1., 5. oder 8. Ton der Tonleiter (die 1. Zeile kann auch, wie in diesem Beispiel, mit dem 2. Ton der Tonleiter enden); Notenwerte: in der Regel ♩, ♪, ♫ (auch punktiert); auch volltaktig beginnend und in anderen Taktarten.

### B) Klassischer Entwicklungstyp

**NB 2** — BEETHOVEN: Klaviersonate, op. 49, Nr. 1, 1. Satz

Motiv

Phrase (a) — Phrasenwiederholung (a')

Motiv — Motiv — Motiv — Motiv — Kadenzierung zum Halbschluß

Entwicklung

2. Schreiben Sie (mit Bleistift) eine 8taktige Melodie nach diesem Muster, wobei die Phrasenwiederholung einen Ton höher einsetzen und die Entwicklung des Motivs mittels *Sequenzierung* und *Verkürzung* auf einen Höhepunkt hinsteuern soll.

Motiv

*Musikwerkstatt*

# Charakteristische Melodien

**Arbeitsblatt 25/2**

### Abwandlung klassisch-romantischer Themen

**Aufgaben**

1. Stellen Sie in NB 3-5 die jeweilige Bauform fest.
2. Überführen Sie jedes Thema unter weitgehender Beibehaltung der 1. Zweitaktphrase in eine andere Themenform, und beschreiben Sie die Charakteränderung.

**NB 3** — HAYDN: Sinfonie Nr. 94, 4. Satz

a)

**NB 4** — BEETHOVEN: Klaviersonate, op. 2, Nr. 1, 1. Satz

b)

**NB 5** — SCHUBERT: Sinfonie Nr. 8, 1. Satz

c)

# Charakteristische Melodien

*Musikwerkstatt*

**Arbeitsblatt 25/3**

## Regeln für den Bau von Melodien

1) Schreiben sie nur Melodien, die Sie ›innerlich hören‹. Wenn Sie sich nicht klar über die Wirkung sind, singen Sie die Melodie mehrmals, oder überprüfen Sie sie am Instrument. Wenn Sie selbst kein Instrument spielen, lassen Sie sich die Melodie vorspielen (MitschülerInnen, LehrerIn) – wenn kein anderer gestört werden soll: am besten auf einem Keyboard über Kopfhörer.

2) Vergegenwärtigen Sie sich die jeweilige Tonleiter, indem Sie zunächst den Quint-Oktav-Rahmen singen

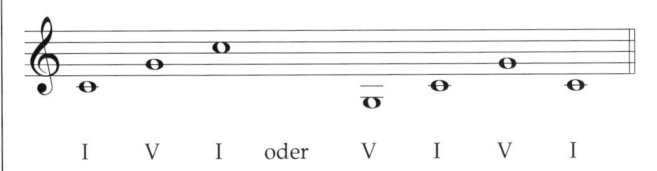

und von diesen Fixpunkten aus die anderen Stufen einbeziehen.

3) Sprechen oder singen Sie die *rhythmischen Muster* (z.B. Ragtime) zunächst auf einem Ton, dann auf den für das Musikstück vorgesehenen Tönen (Skala, Akkord).

4) Ist für das Musikstück ein *Akkordplan* vorgesehen, so schreiben Sie alle Akkordtöne im Rahmen des Fünfliniensystems auf (plus evtl. 1 Hilfslinie), z.B.

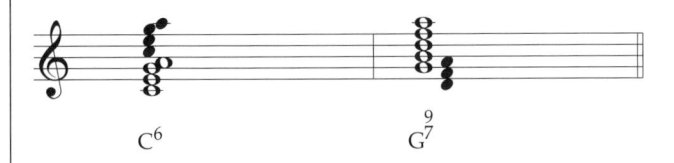

Singen Sie in Ihrer Stimmlage die Akkordfolge ohne Rhythmus so durch, daß Sie jeweils 2–3 benachbarte Töne herausgreifen und über gleiche oder benachbarte Töne zum nächsten Akkord fortschreiten, z.B.

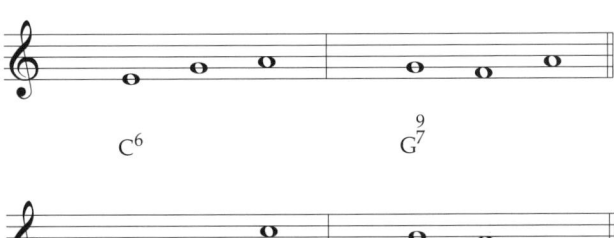

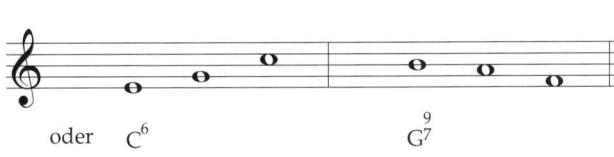

Die Akkordbuchstaben bedeuten:

a) *ohne Ziffern:* die Töne 1, 3, 5 vom angegebenen Grundton aus gerechnet:

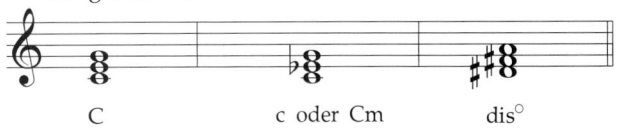

b) mit *Ziffern rechts vom Buchstaben:* Zusatztöne, vom Grundton aus gerechnet (Ausnahme: $\frac{6}{4}$ ersetzen $\frac{5}{3}$):

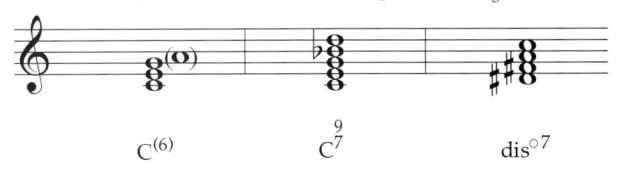

Bei Dur- und Molldreiklängen bezeichnet ›7‹ immer eine kleine Sept.

c) Ziffern *unter dem Buchstaben:* der betreffende Akkordton liegt im Baß bzw. in der Unterstimme:

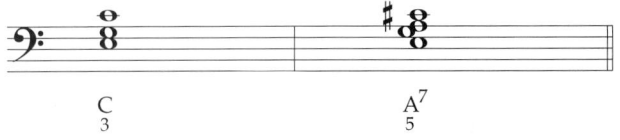

d) > *neben der Ziffer:* Erniedrigung des betreffenden Tones,

e) *durchgestrichener Buchstabe:* Grundton weglassen.

5) Entwerfen Sie für die ersten beiden Takte eine *charakteristische Zweitaktphrase*, die die ganze Melodie in Gang bringt. Die Zweitaktphrase kann kontrastiert, abgewandelt oder frei weitergeführt werden.

6) *Instrumentierung*

a) Alle hier vorkommenden Musikstücke sind in erster Linie für ein Melodieinstrument gedacht und können im Grunde solistisch – so z.B. Ab 25/6 – gespielt werden.

> Informieren Sie sich über Tonumfang, Notation und zu vermeidende Spielschwierigkeiten des betreffenden Instruments entweder beim Spieler selbst oder in einem Instrumentenhandbuch, z.B. W. PAPE: Instrumentenhandbuch, Köln 1976; H. KUNITZ: Instrumenten-Brevier, Wiesbaden 1961.

b) Die hinzukommende Begleitung besteht - nach ihrer Wichtigkeit geordnet - aus:

1. Baß: Klavier/Cello/Keyboard/Baßgitarre/Akkordeon. Bei AB 25/5 muß der Baß je nach Stil rhythmisiert werden.
2. Schlagzeug bzw. Percussion: entsprechend dem jeweiligen Stil. Ausprobieren!
3. Mittelstimmen: Akkordgitarre/Klavier/Keyboard/ Backgroundchor 2st./ Streicher 2st.

So läßt sich z.B. der Ragtime von AB 25/8 in folgenden zwei Besetzungen (beide ohne Schlagzeug) aufführen:
– mit Streichquartett,
– (transponiert nach B-Dur) mit Klarinette/Trompete für die Oberstimme, Gitarre/Banjo für die Akkorde auf den Zählzeiten 2 und 4 (wenn auf AB 25/8 Doppelgriffe notiert sind), Posaune/Tuba/Kontrabaß für die Einzelnoten des unteren Systems.

*Musikwerkstatt*

# Charakteristische Melodien

Arbeitsblatt 25/4

## Eine Melodie behauptet sich gegen eine Baßlinie

### Aufgabe

Schreiben Sie eine rhythmisch ansprechende Oberstimme (möglichst in Zweitaktphrasen gegliedert) zur angegebenen Baßlinie.
- Vermeiden Sie *Parallelen* und *Akzentparallelen* (s. AB 24/3 ›Zwei, drei, vier Noten gegen eine‹) in Oktaven und Quinten zur Baßlinie.
- Benutzen Sie dabei erst die *pentatonische*, in einem zweiten Durchgang die *blues-pentatonische* Leiter (die schwarzen Noten geben den Quint-Oktav-Rahmen an):

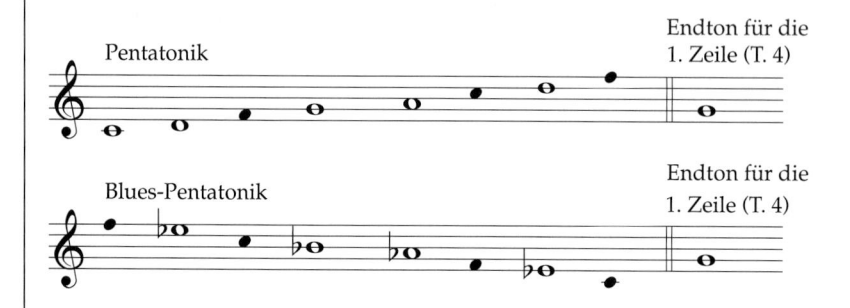

Bei der Blues-Pentatonik sollen die einzelnen Zweitaktphrasen überwiegend abwärts gerichtet sein.

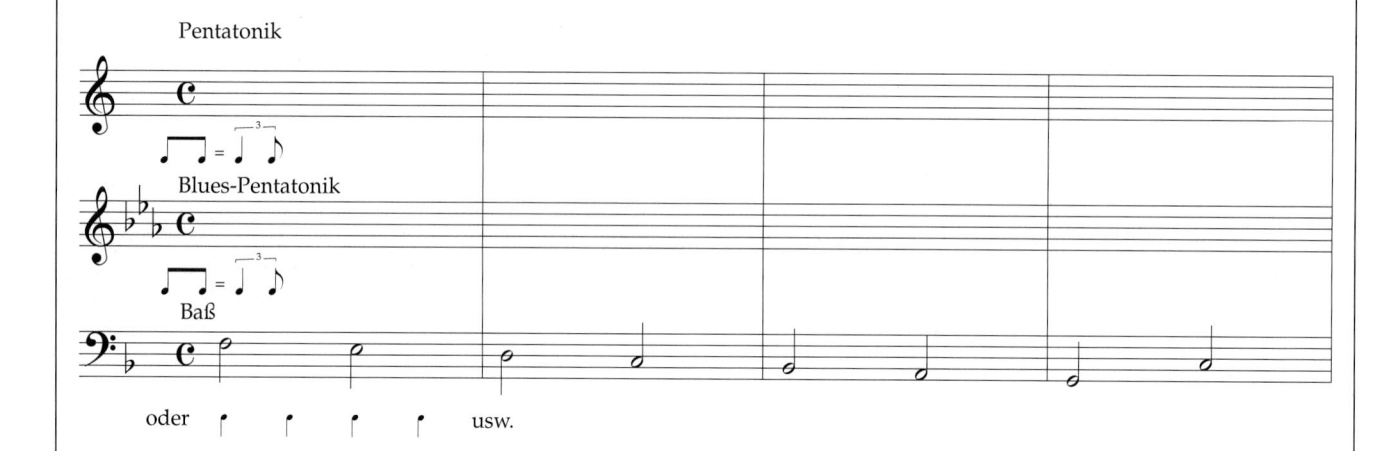

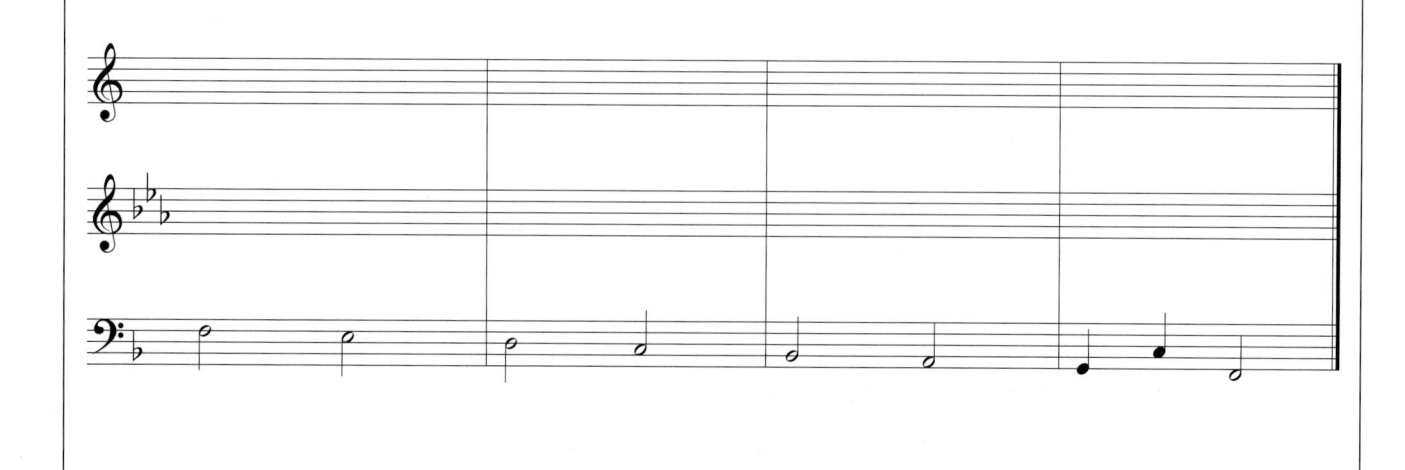

*Musikwerkstatt*

# Charakteristische Melodien

**Arbeitsblatt 25/5**

## Erfinden einer Oberstimme über einem Akkordgerüst

**Aufgaben**

1. Setzen Sie das Akkordgerüst aus, wie auf AB 25/3, Nr. 4) beschrieben.

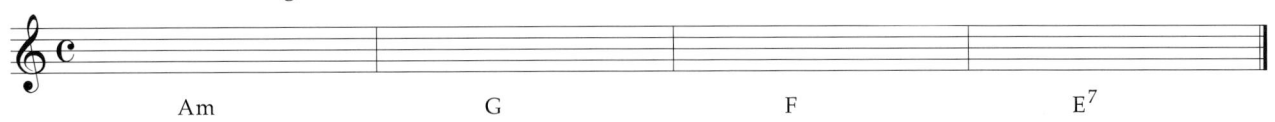

   Am — G — F — E$^7$

2. Schreiben Sie eine Oberstimme, bestehend aus akkordeigenen Tönen. Vermeiden Sie dabei (wie bei AB 25/4) Parallelen und Akzentparallelen zwischen Ihrer Oberstimme und der Unterstimme (= Baß) des Akkordgerüsts.

   Beispiel:

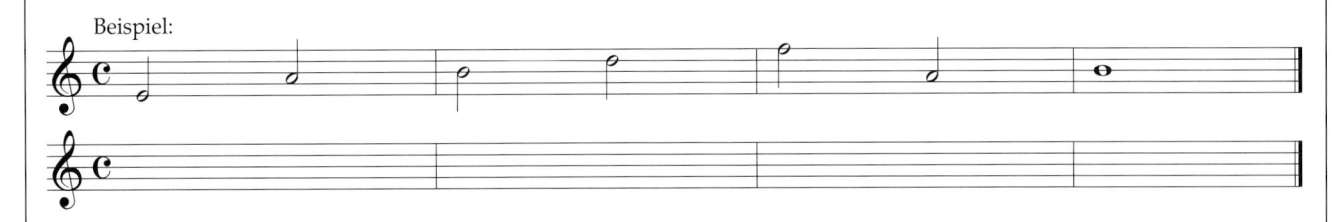

3. Ergänzen Sie diese Oberstimme mit akkordfremden Tönen, und zwar
   a) mit *Durchgangsnoten* = Verbindungsnoten auf unbetontem Taktteil zwischen Akkordtönen,

   Beispiel:

   b) mit *Wechselnoten* = oberen oder unteren Nebennoten auf unbetontem Taktteil zwischen Akkordtönen,

   Beispiel:

   c) mit *Vorhalten* = oberen (selten unteren) Nebennoten auf betontem Taktteil vor Akkordtönen.

   Beispiel:

4. Schreiben Sie eine Folge von 6-12 *Chorussen* für Rockband nach dem Muster von Deep Purple »April«, 1969 (wo am Anfang dasselbe Akkordgerüst - in g-Moll - verwendet wird) oder im 3/2-Takt eine Chaconne für ein Melodieinstrument allein nach dem Vorbild von Tommaso Antonio Vitalis »Ciaccona« für Violine und Generalbaß, der derselbe Baß - mit etwas anderer Harmonie - in g-Moll zugrundeliegt:

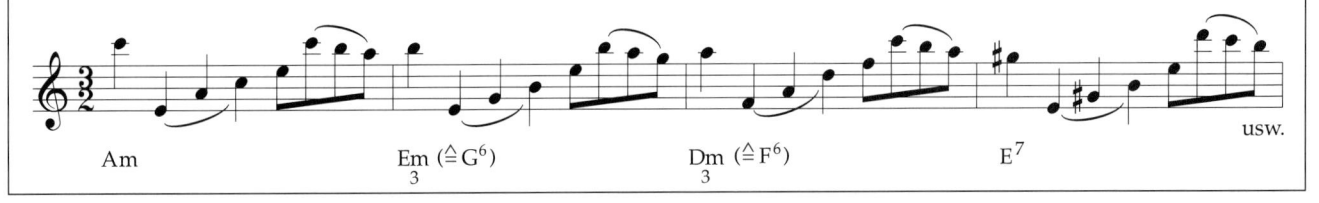

   Am — Em (≙ G$^6$) — Dm (≙ F$^6$) — E$^7$ — usw.

107

*Musikwerkstatt*

# Charakteristische Melodien

**Arbeitsblatt 25/6**

## Verwandlungen eines alten Kinderliedes für jüngere Spieler

**Aufgabe**

Wandeln Sie die angegebene Melodie des Kinderliedes ab unter Verwendung von:

a) Durchgangsnoten;
b) Wechselnoten;
c) Vorhalten.

*Musikwerkstatt*

# Charakteristische Melodien

**Arbeitsblatt 25/7**

## Ein Evergreen begegnet seinen Verwandten

### Aufgaben

1. Setzen Sie in der mittleren Notenzeile das Akkordgerüst aus, wie auf AB 25/3, Nr. 4) beschrieben.

2. Entwerfen Sie eine interessante Oberstimme zu dem Akkordgerüst des Liedes »Aux Champs Elysées«. Vermeiden Sie (wie bei AB 25/4) Parallelen und Akzentparallelen in Quinten und Oktaven zur Baßlinie.

3. In Ihrem Kurs ergeben sich (wie auch bei AB 25/4) verschiedenartige Oberstimmen.
   Sie können diese in zweierlei Weise aufführen:
   – als *Rondo*, wobei sich die unten angegebene Liedmelodie mit den Oberstimmen abwechselt, oder
   – als *Variationenfolge*, wobei die verschiedenen Oberstimmen die Variationen zum Thema »Aux Champs Elysées« bilden.

   **Mögliche Besetzung**
   Oberstimme: Melodieinstrument/Leadgitarre
   Akkorde: Klavier/Rhythmusgitarre
   Baß: Klavier/Gesang/Baßgitarre

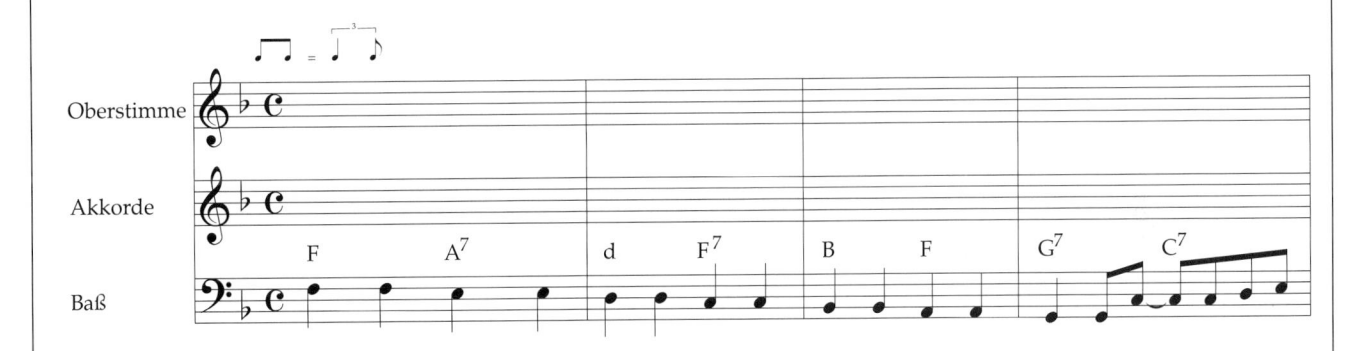

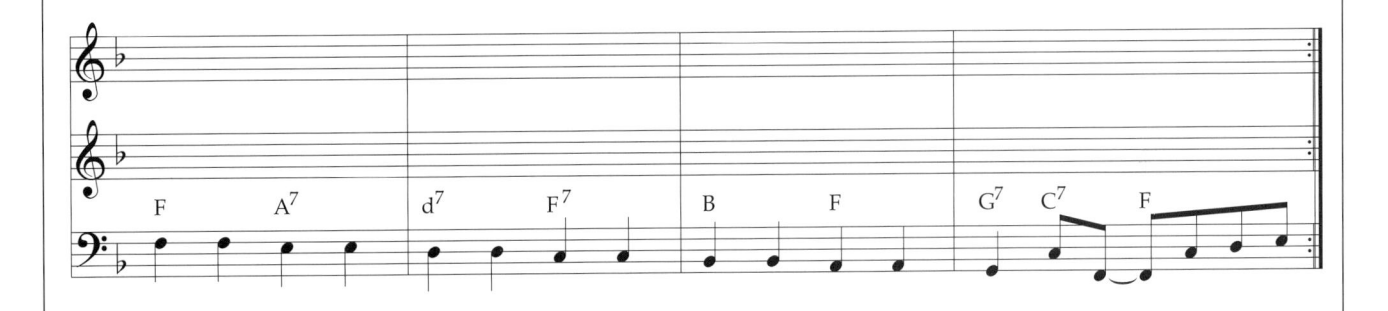

**Aux Champs Elysées**

*Melodie: M. Wilsh/ M. Deighan*
*Text: Pierre Delanoë*

Aux Champs E - ly - sées, aux Champs E - ly - sées, au so - leil, sous la pluie, à mi - di ou à mi - nuit il y a tout ce que vous vou - lez aux Champs E - ly - sées.

(© 1969 by Intersong Music Ltd., London, SVL: Hanseatic Musikverlag GmbH, Hamburg)

*Musikwerkstatt*

# Charakteristische Melodien

**Arbeitsblatt 25/8**

## It's Time for Ragtime

**Aufgabe**
Schreiben Sie zu der angegebenen Baßstimme eine Ragtime-Melodie, und benutzen Sie dazu folgende Rhythmen:

a)

b)

c)

d) Für T. 7a/8a; T. 15/16; T. 15a/16a

110

*Musikwerkstatt*

# Charakteristische Melodien

Arbeitsblatt 25/9

## Musikalische CharakTiere: Die Bremer Stadtmusikanten

### Aufgaben

1. Lesen Sie den Text, und markieren Sie alle Stellen, die mit Musik zu tun haben.

Es hatte ein Mann einen Esel, der schon lange Jahre die Säcke unverdrossen zur Mühle getragen hatte, dessen Kräfte aber nun zu Ende gingen, so daß er zur Arbeit immer untauglicher ward. Da dachte der Herr daran, ihn aus dem Futter zu schaffen, aber der Esel merkte, daß kein guter Wind wehte, lief fort und machte sich auf den Weg nach Bremen: dort, meinte er, könnte er ja Stadtmusikant werden. Als er ein Weilchen fortgegangen war, fand er einen Jagdhund auf dem Wege liegen, der jappte wie einer, der sich müde gelaufen hat. »Nun, was jappst du so, Packan?« fragte der Esel. »Ach«, sagte der Hund, »weil ich alt bin und jeden Tag schwächer werde, auch auf der Jagd nicht mehr fort kann, hat mich mein Herr wollen totschlagen, da hab ich Reißaus genommen; aber womit soll ich nun mein Brot verdienen?« »Weißt du was«, sprach der Esel, »ich gehe nach Bremen und werde dort Stadtmusikant, geh mit und laß dich auch bei der Musik annehmen. Ich spiele die Laute, und du schlägst die Pauken.« Der Hund wars zufrieden, und sie gingen weiter.

Es dauerte nicht lange, so saß da eine Katze an dem Weg und machte ein Gesicht wie drei Tage Regenwetter. »Nun, was ist dir in die Quere gekommen, alter Bartputzer?« sprach der Esel. »Wer kann da lustig sein, wenns einem an den Kragen geht«, antwortete die Katze, »weil ich nun zu Jahren komme, meine Zähne stumpf werden, und ich lieber hinter dem Ofen sitze und spinne, als nach Mäusen herumjage, hat mich meine Frau ersäufen wollen; ich habe mich zwar noch fortgemacht, aber nun ist guter Rat teuer: wo soll ich hin?« »Geh mit uns nach Bremen, du verstehst dich doch auf die Nachtmusik, da kannst du ein Stadtmusikant werden.« Die Katze hielt das für gut und ging mit.

Darauf kamen die drei Landesflüchtigen an einem Hof vorbei, da saß auf dem Tor der Haushahn und schrie aus Leibeskräften. »Du schreist einem durch Mark und Bein«, sprach der Esel, »was hast du vor?« »Da hab ich gut Wetter prophezeit«, sprach der Hahn, »weil unserer lieben Frauen Tag ist, wo sie dem Christkindlein die Hemdchen gewaschen hat und sie trocknen will; aber weil morgen zum Sonntag Gäste kommen, so hat die Hausfrau doch kein Erbarmen, und hat der Köchin gesagt, sie wollte mich morgen in der Suppe essen, und da soll ich mir heute abend den Kopf abschneiden lassen. Nun schrei ich aus vollem Hals, solang ich noch kann.« »Ei was, du Rotkopf«, sagte der Esel, »zieh lieber mit uns fort, wir gehen nach Bremen, etwas Besseres als den Tod findest du überall; du hast eine gute Stimme, und wenn wir zusammen musizieren, so muß es eine Art haben.« Der Hahn ließ sich den Vorschlag gefallen, und sie gingen alle viere zusammen fort …

*(aus: Brüder Grimm: Kinder- und Hausmärchen)*

2. Um welches (menschliche) Problem geht es in diesem Märchenanfang? Welche Rolle spielt die Musik dabei?

_____

_____

_____

3. Wie lassen sich die vier Tiere in musikalischen Charakterstücken darstellen?

| Tier | musikalischer Charakter | musikalische Mittel |
|---|---|---|
| Esel | | |
| Jagdhund | | |
| Katze | | |
| Hahn | | |

111

*Musikwerkstatt*

# Charakteristische Melodien

**Arbeitsblatt 25/10**

## Musikalische CharakTiere: Die Bremer Stadtmusikanten

### Aufgabe

Komponieren Sie zu jedem Tier ein einstimmiges Charakterstück, das die in AB 25/9 aufgelisteten Merkmale zum Ausdruck bringt. Verwenden Sie dazu die folgenden Akkordgerüste:

a) Walzer, Foxtrott, Marsch (wobei im 4/4-Takt auch zwei Harmonien zu einem Takt zusammengefaßt werden könnnen)

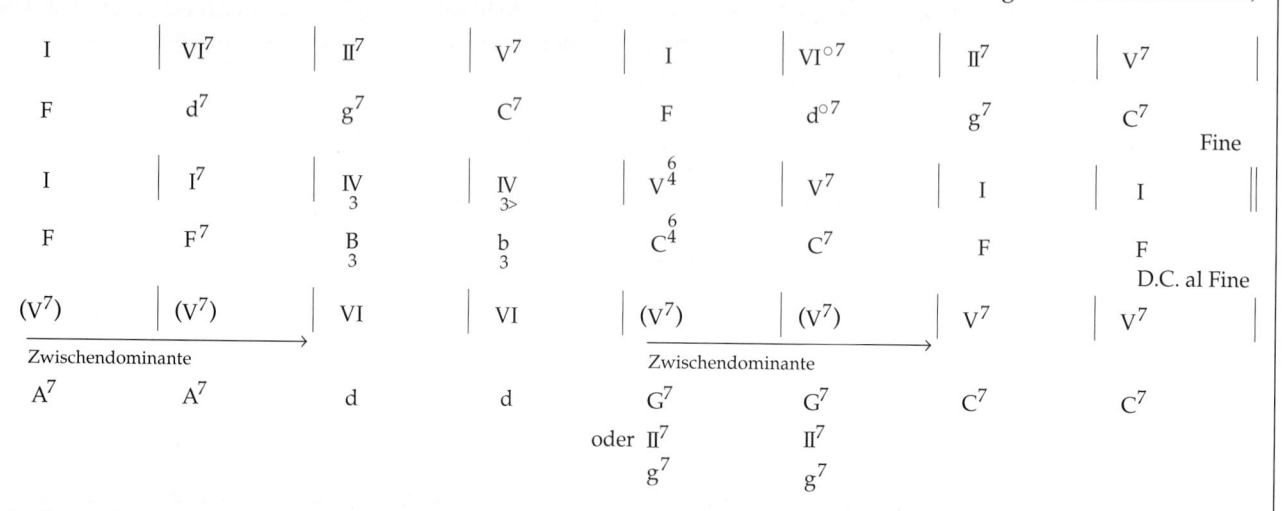

| I | $VI^7$ | $II^7$ | $V^7$ | I | $VI^{\circ 7}$ | $II^7$ | $V^7$ |
|---|---|---|---|---|---|---|---|
| F | $d^7$ | $g^7$ | $C^7$ | F | $d^{\circ 7}$ | $g^7$ | $C^7$ |

Fine

| I | $I^7$ | $IV_3$ | $IV_{3>}$ | $V^6_4$ | $V^7$ | I | I |
|---|---|---|---|---|---|---|---|
| F | $F^7$ | $B_3$ | $b_3$ | $C^6_4$ | $C^7$ | F | F |

D.C. al Fine

| $(V^7)$ | $(V^7)$ | VI | VI | $(V^7)$ | $(V^7)$ | $V^7$ | $V^7$ |
|---|---|---|---|---|---|---|---|
| Zwischendominante → | | | | Zwischendominante → | | | |
| $A^7$ | $A^7$ | d | d | $G^7$ oder $II^7$ $g^7$ | $G^7$ $II^7$ $g^7$ | $C^7$ | $C^7$ |

b) Tango, Rumba, Cha-Cha-Cha (mit $I^6$ statt I), Nocturne, Jagdmusik

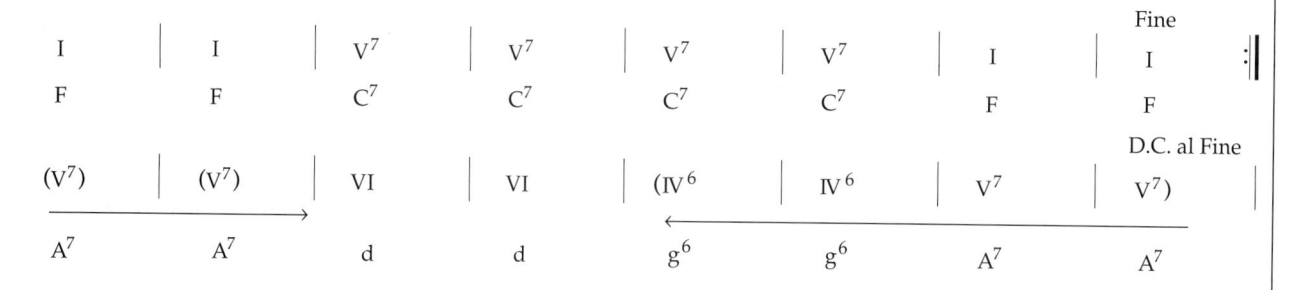

Fine

| I | I | $V^7$ | $V^7$ | $V^7$ | $V^7$ | I | I :|| |
|---|---|---|---|---|---|---|---|
| F | F | $C^7$ | $C^7$ | $C^7$ | $C^7$ | F | F |

D.C. al Fine

| $(V^7)$ | $(V^7)$ | VI | VI | $(IV^6$ | $IV^6$ | $V^7$ | $V^7)$ |
|---|---|---|---|---|---|---|---|
| → | | | | ← | | | |
| $A^7$ | $A^7$ | d | d | $g^6$ | $g^6$ | $A^7$ | $A^7$ |

c) Ragtime, Foxtrott

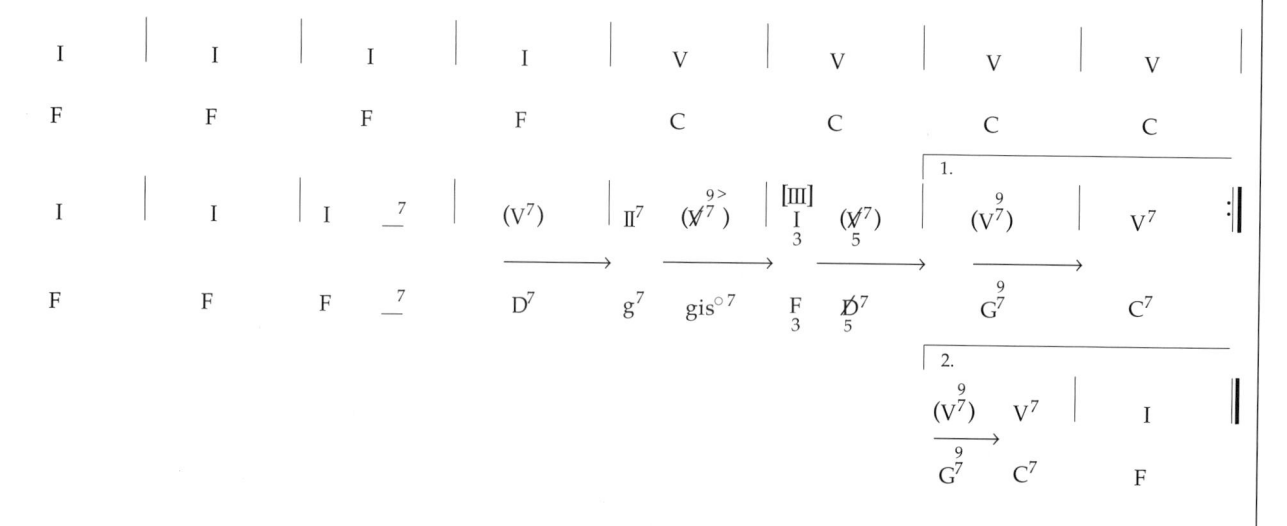

| I | I | I | I | V | V | V | V |
|---|---|---|---|---|---|---|---|
| F | F | F | F | C | C | C | C |

1.

| I | I | $I\underline{\phantom{x}}^7$ | $(V^7)$ | $II^7$ | $(V^{9>}_7)$ | $[III]$ $I_3$ | $(V^9_7)_5$ | $(V^9_7)$ | $V^7$ :|| |
|---|---|---|---|---|---|---|---|---|---|
| | → | → | → | → | → | | | | |
| F | F | $F\underline{\phantom{x}}^7$ | $D^7$ | $g^7$ | $gis^{\circ 7}$ | $F_3$ | $D^7_5$ | $G^9_7$ | $C^7$ |

2.

| $(V^9_7)$ | $V^7$ | I |
|---|---|---|
| → | | |
| $G^9_7$ | $C^7$ | F |

d) Blues, Boogie
(12taktiges Bluesschema)

*Musikwerkstatt*

# Lösungen – Hinweise

## Methodische Hinweise

Im Gegensatz zur Arbeitsweise anderer künstlerischer Fächer wie Literatur oder Bildender Kunst wird unter ›Musikmachen‹ in der Regel das Reproduzieren von Noten verstanden, die meist nicht von den Spielern komponiert worden sind. Obwohl in Musik die Produktionsschwierigkeiten größer sind als in Bildender Kunst oder Literatur, sind doch der Reiz und die Befriedigung groß, wenn man Musik selbst entworfen, hörend überprüft und aufgeführt hat.

<u>Ziele</u>: Um zu einem auch für ein mittleres Leistungsniveau erreichbaren Ergebnis zu kommen, ist hier das Problem auf den Bau einstimmiger Melodien reduziert worden. Die Melodien können in sich abgeschlossene Musikstücke sein (das ist das Hauptziel dieser Unterrichtseinheit), sie können aber auch in Beziehung zu bereits komponierter Musik gesetzt und dann als Analyse- und Interpretationsmittel bei der Werkbetrachtung verwendet werden. Ausgeklammert bleiben muß aus Platzgründen das ›Liedermachen‹, dessen Methoden - bei gegebenem Text - aus den hier vorgestellten Übungen vom Lehrer abgeleitet werden können:
1. Abwandlung einer bekannten Melodie,
2. Melodiebildung in einer Skala,
3. Melodiebildung über einem Akkordgerüst.

<u>Voraussetzungen</u>: Man sollte nicht ›voraussetzungslos‹ an diese Tonsatzübungen herangehen. Vielmehr sollten folgende Fähigkeiten bei den Schülern vorhanden sein oder vorweg - auch im Hinblick auf andere Bereiche des Musikunterrichts - geübt werden:
1. In der Skala sich hörend orientieren können. Die *Tonika-Do-Methode* ist hier brauchbar, verbunden mit Vom-Blatt-Singen und Gehördiktaten, bezogen immer auf die Töne der Skala, d.h. ohne Modulation und Chromatik.
2. Rhythmische Gliederung spüren und in Notenwerten notieren können. Hierzu verhelfen das sprechende Einprägen rhythmischer Muster und deren Notierung nach Gehör.
3. Akkorde nach Akkordbuchstaben bauen können. Hinweise finden sich hierzu auf AB 25/3.

<u>Methoden</u>: Versteht man unter Komponieren in diesem Zusammenhang das Erfinden charakteristischer Melodien, die nach der musikalischen Vorstellung geformt sind, wobei die Vorstellung mitunter einer besonderen Anregung bedarf, so ergeben sich drei Wege, auf denen dieses Ziel erreichbar ist. Nach ihrer Komplexität geordnet sind dies:
1. nach Vorbildern komponieren durch Nachahmung und Abwandlung (AB 25/1 und 25/2),
2. nach technischen Regeln ›generieren‹, d.h. aus einer begrenzten Zahl von Regeln eine unbegrenzte Zahl von Ergebnissen erzeugen (AB 25/4-7),
3. musikalische Charaktere komponieren (AB 25/8-10). Dieser letzte Weg setzt eine gewisse handwerkliche Geübtheit im Sinne von 1. und 2. voraus.

**Zu den Arbeitsblättern 25/1-25/10** (s. Aufgaben S. 103-112)

AB 25/1 und 25/2: Es empfiehlt sich nicht, mit einem *Motiv* als Melodiebaustein anzufangen, weil ›motivische Arbeit‹ ein hochentwickeltes Verfahren ist, das darüber hinaus nicht für jede Melodie Gültigkeit hat. Ein Stück weit in den Melodiebildungsprozeß hinein kommt man mit der Zweitaktphrase, die bei den hier ausgewählten Melodietypen an charakteristischer Stelle wiederholt wird. Wie schwer motivische Arbeit ist, werden Lehrer- und SchülerInnen merken, wenn es um die ›Entwicklung‹ beim zweiten Melodietyp geht.

Die unterschiedlichen (oder unbeabsichtigt identischen) Kompositionsergebnisse der SchülerInnen sollen Anlaß sein, sich über die Wirkungen und Ausdrucksabsichten der jeweiligen Komponisten, einschließlich der historischen Beispiele, zu verständigen. Aber auch im Hinblick auf das Werkhören sollen die hier vorgestellten Thementypen Anschauungsmodelle für zwei ausgewählte Formideen sein: die Idee des Gleichgewichts in der *klassischen Periode* und die Idee der Entwicklung (der eingreifenden Veränderung auf kleinstem Raum) beim *klassischen Entwicklungstyp*. Von hier aus lassen sich komplexer oder ganz anders gebaute Themen der Musikgeschichte seit 1600 verbal charakterisieren und in ihrem kompositorischen Sinn verstehen, z.B. der *barocke Fortspinnungstyp* oder das auf AB 25/2 mitgeteilte SCHUBERT-Thema, das durch seine Formanlage und Bewegung eine Vorstellung von Unendlichkeit hervorruft, die durch das abrupte Ende in der Generalpause zerschlagen wird.

AB 25/3: Die Regeln sollen erst an dieser Stelle ausgeteilt werden, da ihre Funktion als sinnvolle Hilfe besser begriffen wird, wenn eine gewisse Kompositionserfahrung bereits gemacht ist, als wenn die Regeln als vorgegebene ›Spielregeln‹ mißverstanden werden, über deren Einhaltung die Lehrerin/ der Lehrer als SchiedsrichterIn zu wachen hätte.

AB 25/4: Als Vorstufe zur Blues-Pentatonik können auch jazzartige Zweitaktphrasen aus nur zwei (f' und as') oder drei Tönen (f', as', es') gebildet werden.
Klangliche Härten zwischen blues-pentatonischer Oberstimme und Baßlinie in Dur sind nicht in jedem Fall überzeugend. Um sie zu vermeiden, sollte die Baßlinie zu einer dorischen Skala abgewandelt werden (f, es, d, c, B, As, G).

AB 25/7: Aus der letzten Zweitaktphrase des c.f. läßt sich zur Belebung der Chorusfolge auch ein *Boogie* oder *Rock 'n' Roll*-Stück entwickeln.

AB 25/8: Der Ragtime kann auch in einer kürzeren Fassung ausgeführt werden. Für diesen Fall wird in Takt 8 ein Wiederholungszeichen gesetzt und die Wiederholung der Takte 1-6 mit den Takten 7a und 8a abgeschlossen.
Weitere Anregungen in: MANFRED SCHMITZ: Bausteine Ragtime für Klavier, Leipzig 1986.

AB 25/9: Die genaue Lektüre der Textvorlage und das Vorlesen der Fortsetzung sollen verhindern, daß nur Noten nach irgendwelchen Regeln hingeschrieben werden. Vielmehr sollen die Musikstücke etwas vom Sinn der Musik mitteilen: den Musikanten des Märchens zum Selbstbewußtsein und zum Überleben zu verhelfen gegen Arbeitslosigkeit, Geringschätzung und Existenzbedrohung.
Erst als die Tiere sich dessen bewußt werden, können sie sich erfolgreich gegen die Ellbogengesellschaft der Räuber behaupten, ohne ihre eigene Natur zu verleugnen.

AB 25/10: Erfahrene SchülerInnen (z.B. AkkordeonspielerInnen) sollten (auch) mit der Aussetzung der Begleitung beauftragt werden. Der Begriff »Zwischendominante« muß vorher vom Lehrer/ von der Lehrerin erklärt werden.

*Musikwerkstatt*

# Lösungen – Hinweise

**Zu Arbeitsblatt 25/1** (s. Aufgaben S. 103)

**Zu Arbeitsblatt 25/2** (s. Aufgaben S. 104)

1. HAYDN: Phrase (a), Gegenphrase (b), Phrasenwiederholung (a'), Schlußphrase (b') = klassische Periode
BEETHOVEN: Phrase (a), Phrasenwiederholung (a'), Entwicklung (3 × Motiv und Kadenzierung zum Halbschluß) = klassischer Entwicklungstyp
SCHUBERT: Phrase (a), Gegenphrase (b), Phrasenwiederholung (a'), Schlußphrase (b' verlängert und in Wiederholung der ganzen – nicht mehr klassischen - Periode bzw. in deren Abbruch mündend)

**Zu Arbeitsblatt 25/4** (s. Aufgaben S. 106)

Pentatonik

Blues-Pentatonik

*Musikwerkstatt*

# Lösungen – Hinweise

## Zu den Arbeitsblättern 25/5 - 25/8 (s. Aufgaben S. 107-110)

Die Lösungen zu AB 25/5 und 25/6 ergeben sich aus den angegebenen Beispielen.

**Zu AB 25/7:**

**Zu AB 25/8:**

## Zu Arbeitsblatt 25/9 (s. Aufgaben S. 111)

| Tier | musikalischer Charakter | musikalische Mittel |
|---|---|---|
| Esel | gleichmütig, empfindsam: Walzer, Foxtrott | 3/4 bzw. 4/4, Dreiklangs- oder Sekundmelodik, Lautenimitation |
| Jagdhund | schnaufend, eckig, springend: Marsch, Jagdmusik | 4/4 bzw. 6/8, Quartsprünge, Paukenimitation |
| Katze | melancholisch, schleichend: Nocturne, Tango | 2/4 (Tango), 3/4 bzw. 6/8 (Nocturne), geschmeidige Sekundmelodik |
| Hahn | schreiend (evtl. schrill) temperamentvoll: Boogie, Ragtime, Rumba | 4/4 (Rumba: 3+3+2 Achtel), rhythmisch betonte, wiederholte Zweitaktphrasen, evtl. Imitation des Krähens |

## Zu Arbeitsblatt 25/10 (s. Aufgaben S. 112)

a) Walzer des lautenschlagenden Esels (Schülerarbeit: Susanna Re)

Eine weitere Lösungsmöglichkeit zeigt HB 30.

*Musikwerkstatt*

# Lösungen – Hinweise

**HB 32**

a) Marsch des paukenschlagenden Hundes (Schülerarbeit: Daniel Re)

**HB 33**

b) Tango der Katze, die sich auf die Nachtmusik versteht (Schülerarbeit: Andreas Franken)

**HB 34**

c) Ragtime des Haushahns, der eine gute Stimme hat (R. Caspari)

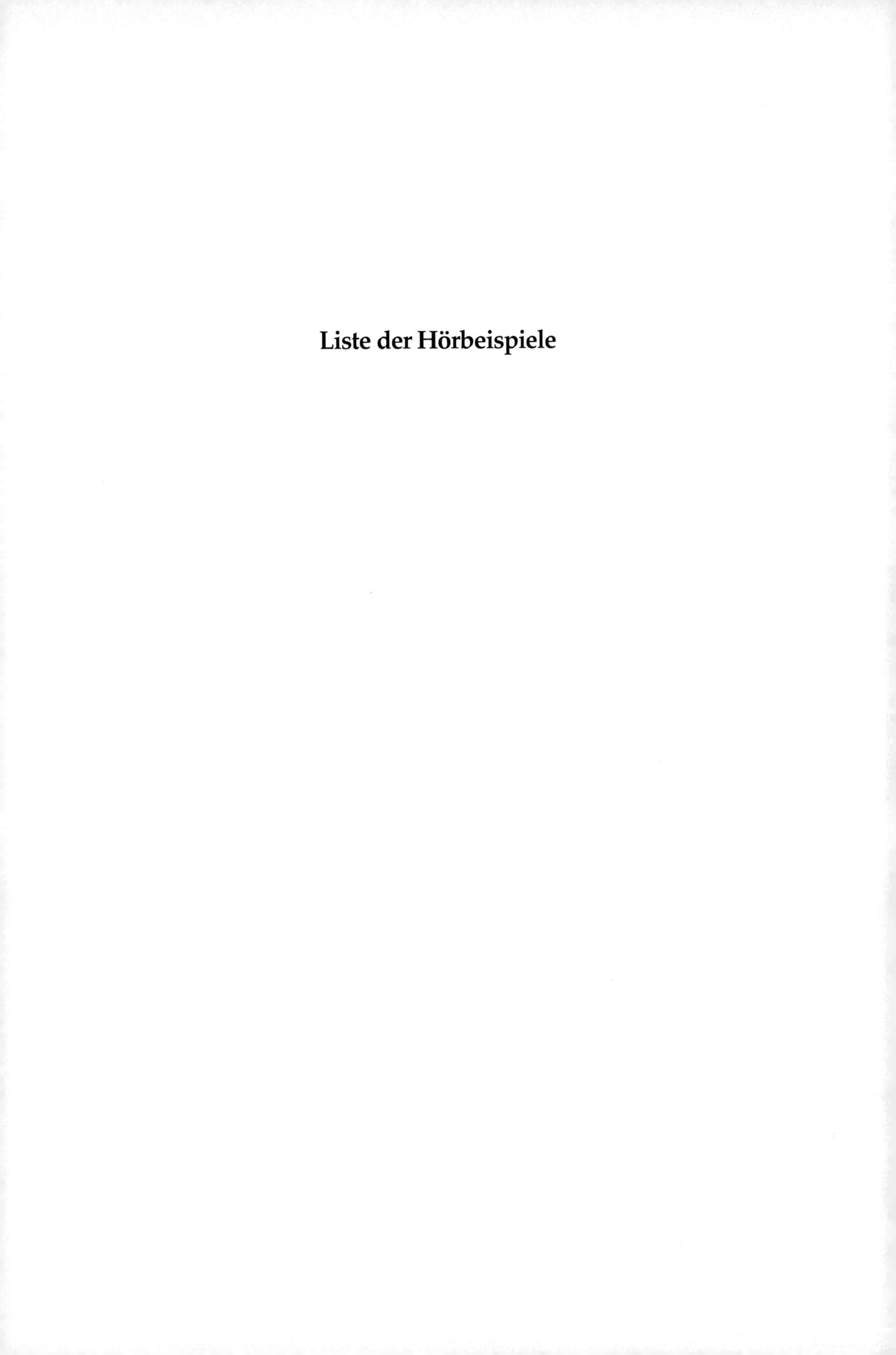

## Liste der Hörbeispiele

# Liste der Hörbeispiele

| HB-Nr. | Titel | Komponist | Ausführende | Quelle | Dauer |
|---|---|---|---|---|---|
| **A-Seite** | | | | | |
| 1 | Kindertotenlieder Nr. 1, ›Nun will die Sonn' so hell aufgeh'n‹ (Anfang) | Gustav Mahler | Dietrich Fischer-Dieskau (Bar.) Berliner Philharmoniker Ltg.: Karl Böhm | DGG 415 191-2 | 2'22 |
| 2 | Altenberg-Lieder, op. 4, Nr. 3, ›Über die Grenzen des All‹ | Alban Berg | Margaret Price (Sopran) London Symphony Orchestra Ltg.: Claudio Abbado | DGG 423 238-2 | 1'38 |
| 3 | Kammersinfonie, Nr. 1, op. 9 (Anfang: Langsam) | Arnold Schönberg | Ensemble Modern Ltg.: Peter Eötvös | BMG 09026 611792 (RCA) | 5'41 |
| 4 | Orchesterstück Nr. 3 aus: Sechs Stücke für Orchester, op. 6 | Anton von Webern | Berliner Philharmoniker Ltg.: Herbert von Karajan | DGG 423 254-2 | 1'00 |
| 5 | Sinfonie Nr. 1, D-Dur, 3. Satz (Anfang) | Gustav Mahler | Tschechische Philharmonie Ltg.: Vaclav Neumann | Supraphon 11 0721-2 | 2'30 |
| 6 | Voiles, Nr. 2 aus Préludes, Band I | Claude Debussy | Arturo Benedetti Michelangeli | DG 413 450-2 | 4'20 |
| 7 | Prélude à l'Après-midi d'un Faune Beispiel 1: Anfang mit Hauptthema der Flöte Beispiel 2: Oboenthema (Takt 37ff.) Beispiel 3: Flötenthema (Takt 55ff.) | Claude Debussy | London Symphony Orchestra Ltg.: André Previn | EMI CDC 7 47001-2 | 0'35 1'00 1'28 |
| 8 | Le Sacre du Printemps ›Danse sacrale‹ | Igor Strawinsky | Berliner Philharmoniker Ltg.: Herbert von Karajan | DG 415 979-2 | 4'37 |
| 9 | Klavierstück, op. 19, Nr. 6 | Arnold Schönberg | Claude Helffer | Harmonia mundi 90752 | 1'11 |
| 10 | Suite für Klavier, op. 25 Trio | Arnold Schönberg | Claude Helffer | Harmonia mundi 90752 | 0'36 |
| 11 | Structure I a für zwei Klaviere | Pierre Boulez | Klavierduo Kontarsky | Wergo 60011 | 1'29 |
| 12 | Studie II | Karlheinz Stockhausen | Karlheinz Stockhausen WDR-Studio Köln | © Tonband: Stockhausen-Verlag, 51515 Kürten DG 136 322 | 2'59 |
| 13 | Zyklus für einen Schlagzeuger (Ausschnitt) | Karlheinz Stockhausen | Chr. Caskel | Wergo 60010 | 0'45 |
| 14 | Anaklasis (Ausschnitt) | Krysztof Penderecki | Warschauer Philharmonisches Orchester Ltg.: A. Markowski | Wergo 60020 | 2'00 |
| 15 | La fabbrica illuminata (Anfang) | Luigi Nono | Carla Henius (Sopran) Chor der RAI, Mailand Ltg.: Giulio Bertola Tontechnik: Marino Zuccheri | Wergo 286038-2 | 4'00 |
| 16 | s. HB 15 (Ausschnitt) | | | | 0'49 |
| 17 | s. HB 15 (Ausschnitt) | | | | 0'57 |
| 18 | s. HB 15 (Ausschnitt) | | | | 0'58 |
| 19 | s. HB 15 (Ausschnitt) | | | | 2'30 |

# Liste der Hörbeispiele

| HB-Nr. | Titel | Komponist | Ausführende | Quelle | Dauer |
|---|---|---|---|---|---|
| **B-Seite** | | | | | |
| 20 | Architectura Caelestis (Live-Mitschnitt) | Manfred Trojahn | Chor und Sinfonieorchester des NDR<br>Ltg.: Peter Keuschnig | LP Deutscher Musikrat Nr. 9, DMR 1025-27, Harmonia mundi | 12'15 |
| 21 | Wölfli-Liederbuch, Zweites Lied | Wolfgang Rihm | Wolfgang Müller-Lorenz (Barit.)<br>Sinfonieorchester des SWF<br>Ltg.: Jiri Belohlávek | LP Deutscher Musikrat Nr. 10, DMR 1028-30, Harmonia mundi | 1'39 |
| 22 | Cantus in memory of Benjamin Britten | Arvo Pärt | Staatsorchester Stuttgart<br>Ltg.: Dennis Russel Davies | ECM 1275, 817 764-2 | 5'00 |
| 23 | Trio für Violine, Horn und Klavier (1. Satz: Andantino con tenerezza) | György Ligeti | Saschko Gawriloff (Violine)<br>Hermann Baumann (Horn)<br>Eckart Besch (Klavier) | Wergo 60100-50 | 6'14 |
| 24 | s. HB 23 (Anfang 2. Satz: Vivacissimo molto ritmico) | | | | 0'56 |
| 25 | s. HB 23 (Anfang 3. Satz: Alla marcia) | | | | 0'58 |
| 26 | s. HB 23 (Ende 4. Satz: Lamento. Adagio) | | | | 2'07 |
| 27 | Jagt die Wölfe zurück! (Anfang bis Takt 11) | Adriana Hölszky | Deutsches Schlagzeugensemble:<br>Franz Lang, Dennis Kuhn,<br>Edith Salmen-Weber,<br>Horst Friedel,<br>Martin Rosenthal,<br>Franz Bach<br>Ltg: Alexander Winterson<br>Aufnahme des SWF | Dabringhaus und Grimm<br>LC 6768<br>MD + G A 3450 | 1'12 |
| 28 | s. HB 27 (Takt 94 bis Ende) | | | | 5'28 |
| 29 | Landschaften für großes Orchester, Nr. 1 - Farben Live-Mitschnitt | Friedrich Schenker | Rundfunk-Sinfonieorchester Leipzig<br>Ltg.: Herbert Kegel | NOVA 885167 VEB Deutsche Schallplatten Berlin DDR | 2'24 |
| 30 | Ragtime | Jan Schneider | Jan Schneider (Keyboard) | Eigenaufnahme | 1'11 |
| 31 | Walzer des lautenschlagenden Esels | Susanna Re | Jürgen Krämer (Keyboard)<br>Rolf Caspari (Klavier) | Eigenaufnahme | 1'10 |
| 32 | Marsch des paukenschlagenden Hundes | Daniel Re | Eigenaufnahme<br>Birgit Selb (Akkordeon) | | 0'47 |
| 33 | Tango der Katze, die sich auf die Nachtmusik versteht | Andreas Franken | Jürgen Krämer (Keyboard)<br>Rolf Caspari (Klavier) | Eigenaufnahme | 1'03 |
| 34 | Ragtime des Haushahns, der eine gute Stimme hat | Rolf Caspari | Jürgen Krämer (Keyboard)<br>Rolf Caspari | Eigenaufnahme | 1'06 |